조선국 왕자 경평군

# 조선국 왕자 경평군

초판 1쇄 인쇄일 2025년 9월 23일 ● 초판 1쇄 발행일 2025년 10월 1일
편저 이준용
펴낸곳 도서출판 예문 ● 펴낸이 이주현
등록번호 제307-2009-48호 ● 등록일 1995년 3월 22일 ● 전화 02-765-2306
팩스 02-765-9306 ● 홈페이지 www.yemun.co.kr

ISBN 978-89-5659-493-4 03910

# 조선국 왕자 경평군

이준용 편저

대한민국 국보 제317호

**조선태조어진**

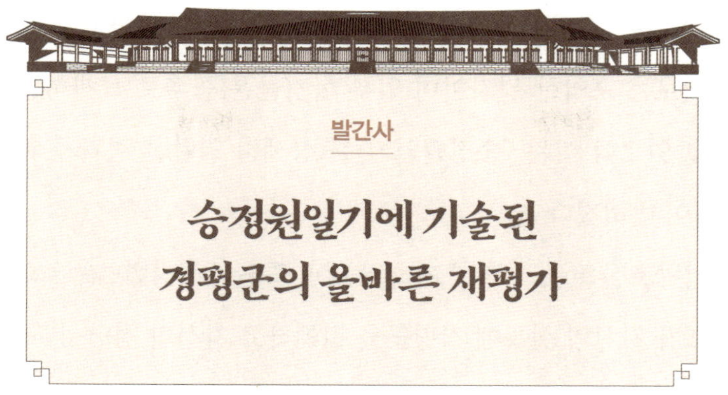



# 승정원일기에 기술된
# 경평군의 올바른 재평가

경평군은 조선 14대왕 선조의 11남이자 온빈한씨의 차남이다. 경평군은 평생 곧은 성품과 근신하는 태도로 임하여 정국의 대소사에 직접 관여하지 않으면서 왕실의 종친부 수장으로서 종친들의 안위를 위하여 전심을 다하였다.

경평군은 1600년 6월 18일 출생하여 1673년 11월 28일 졸하였다. 생졸년을 보면 알 수 있듯이, 선조 임금의 11남으로 광해군과 인조, 효종, 현종 등을 포함 5왕조에 걸쳐서 살아오는 동안 동복형同腹兄 흥안군興安君 李瑅은 이괄의 난을 주도한 주모자로, 이복형 인성군仁城君 역시 이괄의 난에 연루되었다는 죄로 살해되는 처참한 상황을 목격하였다. 이에 공은 생과 사의 촌극과 부귀공명의 부질없음 등을 느끼고 스스로 산수를 유람하면서 왕자로서의 신분을 내세우지 않고 자신을 낮추어 자적하고 학문 수양에 힘썼다.

일부에서는 경평군을 임해군이나 순화군처럼 패악하고 온갖 비행을 저지르는 포악한 왕자이며 일부 학자들은 꼽추로 묘사하는 주장을 하고 있으나 이는 『승정원일기』를 상세히 열람한 결과 근거 없는 허구임이 밝혀졌다.

『조선왕조실록』인조실록에 기록된 경평군은 계해정변인조반정의 승자인 인조가 자신의 실록에 경평군을 폄훼하고 자신의 정당성다른 삼촌들을 제쳐두고 왕위서열을 찬탈한 파렴치한 행위을 주창하고자 기록한 왜곡된 역사사관일 뿐이다.


인조실록의 기록을 보면 1616년광해군 8년 음력 4월 1일 형 흥안군과 함께 사간원에서 탄핵을 받았는데, 당시 사간원에서는 흥안군과 경평군이 새로운 궁궐을 짓기 위해 마련된 빈 부지에 일부 사대부들이 집을 지었다는 이유로 소란을 피우며, 당시 부지 내에 있던 사대부들의 집을 무단으로 철거하거나, 종들을 풀어 집들을 뺏었다고 보고하였다. 또 두 형제가 늙은 부녀자를 구타하고, 과부들을 능욕하는 등의 행위도 저질렀다고 하였다.


위 실록에서도 보듯이 경평군은 1600년에 출생한 것으로 되어있다. 그런데 위 기록에는 1616년에 흥안군 등 두 형제가 '사대부들의 집을 무단으로 철거하거나 또 늙은 부녀자를 구타하고 과부들을 능욕(?)하는 등' 이라는 구절이 있다. 그런데 이제 16살밖에 안 된 경평

   조선국 왕자 경평군

군이 과부들을 욕보였다는 것이 과연 가능하겠는가? 얼마나 다급하고 졸속적으로 만들었으면 위와 같이 말도 안 되는 기록을 실록이라고 남겼는가.

일반적으로 우리 역사의 최대 기록물이라 하면 『조선왕조실록』을 떠올리는 경우가 많다. 그러나 그 역사적 실제사실 기록물은 바로 『승정원일기』다.

『승정원일기』는 당시의 정치·경제·국방·사회·문화 등에 대한 생생한 역사를 그대로 기록한 것이다. 영화나 드라마 장면처럼 사관이 매일 기록하는 문서가 바로 『승정원일기』이고, 왕의 사후에 『승정원일기』를 비롯해 『사초史草』, 『의정부등록』, 『조보朝報』, 『비변사등록』, 『일성록』 등을 집대성해 편집한 것이 『실록』이다.

실제 기록의 양만 보더라도 『실록』은 848책4,770만 자이고, 『승정원일기』는 3,243책2억2,650만 자으로 차이가 크다.

중국 최대의 기록이라고 하는 『명실록明實錄』이 1,600만 자라는 점과 비교하더라도 그 차이를 쉽게 짐작할 수 있다. 1994년 시작된 『승정원일기』의 번역 결과는 100년이 넘을 것이라는 추산이고 보면 그 결과를 21세기 말이 돼서야 완전히 확인할 수 있다는 것이다.

경평군은 4남을 두었으니 곧 영양군 · 영흥군 · 영주군 · 영림군 등

인데, 여기에서부터 경평군<sub>파시조</sub> 자손들이 전국적으로 번성하게 되었다.

    끝으로 본 책자의 제작과 편집, 교정을 위해 물심양면으로 도와주신 로마린다 국제대학교 이해덕 총장님께 깊은 감사를 드리며, 동료이신 목릉봉양회 종원 여러분에게도 심심한 사의를 표합니다.

2025년 9월 18일
경기도 연천문화원장  이 준 용

# 차례

# 조선국
# 왕자
# 경평군
# 이야기

# 경평군
# 이륵의 생애

**경평군 이륵**

慶平君 李玏 (1600~1673)

## 제1장

# 경평군 이륵 약사

선조대왕의 11남이며 휘는 륵玏, 호는 냉천정冷泉亭, 시호는 정간공 貞簡公이다. 어머니는 온빈溫嬪 청주한씨이고 배위는 삭녕최씨, 남양홍 씨, 하음전씨이다.

경평군慶平君 이륵李玏은 성품이 맑고 곧으며 말수가 적은 편이며 초 라한 선비의 차림이었으나 의지가 굳세고 문장 짓는 재주가 뛰어나 7, 8세에 재주와 덕행이 세상에 알려졌다.

또한 어진 사람을 존경하며 비록 자신은 왕자 신분이나 자신을 낮 추어 조야에서 "금일의 맹자孟子"라 하여 이를 일생일대의 영예로 여 겼다.

영조英祖왕께서 항상 "양녕대군讓寧大君 이후에는 그런 사람은 오 직 한 사람뿐이다" 하시고는 거듭 특별한 은혜를 베풀었다.

임신년王申年: 1752년에 정간공貞簡公이란 시호諡號를 내려 증직贈職하였는데 청백淸白함을 지키는 것을 정貞이라 하고 덕德을 하나라도 게을리하지 않는 것을 간簡이라 한다.

경평군 이륵은 평생 곧은 성품과 근신하는 태도로 임하여, 정국의 대소사에 직접 관여하지 않으면서, 왕실 안위를 위하여 전심을 다하였다.


이와 같이 안으로는 정치적인 격변과 함께 밖으로는 병자호란丙子胡亂을 겪으면서, 경평군은 권력과 부귀공명의 부질없음 등을 느끼고 스스로 산수山水를 유람하면서 왕자王子로서의 신분을 내세우지 않고 자신을 낮추어 자적自適하고 학문 수양에 힘썼다.


그는 74세의 수를 누렸는데, 이는 선조의 많은 왕자들 중 가장 장수한 기록이다.

선조의 왕자 14인의 평균수명은 우리 나이로 39.2세인데, 이처럼 평균 40세도 미처 살지 못했던 여러 형제들에 비해 경평군은 적어도 수명만큼은 대단한 복록을 누린 셈이다. 그 다음으로 67세의 광해군, 57세의 의창군이 있을 뿐, 나머지 12인의 형제들은 모두 50세조차 넘기지 못했다.

경평군보다 두 살 많은 친형 흥안군興安君은 앞 장에서 언급했듯이 '이괄의 난' 때 명분파 장수들에게 옹립되어 27세의 젊은 나이에 죽임을 당했다. 이 때문에 경평군은 왕실종친 주도로 홍안군이 왕으로 등극한 사실로 인하여, 평생토록 왕실과 인조반정 공신세력들로부터 견제와 감시를 받아야 했다.

현재 전주이씨대동종약원 홈페이지에 기재되어 있는 '경평군파'의 항목에서는 경평군의 일생을 다음과 같이 서술하고 있다.

경평군은 선조대왕의 11남으로 평생 곧은 성품과 근신하는 태도로 임하여 정국의 대소사에 직접 관여하지 않으면서 왕실의 안위를 위하여 전심을 다하였다. 경평군은 4남을 두었으니 영양군·영흥군·영주군·영림군인데, 여기에서 비롯하여 경평군의 자손들이 번성하게 되었다.

경평군은 생졸년을 보면 알 수 있듯이, 선조와 광해군, 인조, 효종, 현종을 포함하여 5왕조에 걸쳐서 살아오는 동안 폐위된 광해군의 정치 여파로 영창대군(永昌大君)·진릉군(晉陵君)·능창군(綾昌君)이 피살되고 포형(胞兄) 홍안군(興安君)과 중형 인성군(仁城君)이 차례로 살해되는 처참한 상황을 목격하였다. 이와 같이 안으로는 정치적인 격변과 함께 밖으로는 병자호란을 겪으면서 공은 생과 사의 촌극과 부귀공명의 부질없음 등을 느끼고 스스로 산수를 유람하면서 왕자로서의 신분을 내세우지 않고 자신을 낮추어 자적하고 학문 수양에 힘썼다. 경평군의 장남 영양군(複陽君) 또한 인조·효종·현종의 혼란기에 나라의 어려운 일을 잘 수행하였다.

위에 적힌 내용으로만 보면, 경평군은 몹시 불우한 시대를 만나서 자신을 낮추고 음모와 살육으로 점철된 현실 정치를 멀리하는 한편, 산수를 유람하며 유유자적한 삶을 산 것으로 되어 있다.

1986년에 간행된 『경평군파 선원속보』의 경평군 항목에도 경평군은 거짓으로 정신병이 있는 듯한 행세마치 흥선대원군 이하응이 상갓집 개 파락호 행세를 하며, 험난한 세상을 현명하게 피해 간 것으로 나온다.


실제로 선조의 자녀들 모두 그러했듯이, 경평군 또한 왕자로서의 신분적 제약으로 인해 항상 권신정변세력들의 견제에 시달려야 했고, 여기에 광해군시대와 인조반정계해정변 그리고 흥안군 반정이괄의 난으로 인하여, 인조와 서인들에 눈엣가시 같은 존재로서 어떻게 하든 역모 죄를 씌워, 제거해야 할 왕자 1순위로서 감시를 받은 중년기를 잘 처신하고 살아남아서, 말년에는 왕실 종친부조선의 최고 관서 최고 어른 수장으로서 20년간 "국왕 예우"를 받은 왕자로서 조선시대 총 104왕자대군 포함가운데 최장기 기록과 최고의 광영光榮을 누렸다.

제 2 장

# 경평군 이륵의 서삼릉 태실과 석함

서삼릉으로 태를 옮겼지만 태봉산에 석함은 남아 있었다. 본래부터 태봉산에 태비가 없었다고 한다. 봉우리 정상부에 묻혀 있었던 석함은 현재 대전광역시 문화재자료 제26호로 지정되어 있고 대전 역사박물관에 전시 보관하고 있다.

몸체와 뚜껑으로 구성되어 있는 석함은 높이 142cm, 직경 115cm이며, 몸체와 뚜껑은 석회로 단단하게 붙여진 상태였다. 몸체에 직경 50cm, 깊이 50cm의 둥근 홈을 내고 홈바닥에는 직경 15cm의 구멍이 뚫려 있다.

1991년 8월 대전-논산 간 도로 확장공사로 인하여 발굴된 태실은 이미 1934년 9월에 주민들의 신고로 조사된 바 있다. 당시 조사보고서에 의하면, 석함 내부에는 태를 담은 크고 작은 두 개의 백자로 된 태항아리와 태지석이 들어 있었다. 출처: 경평군 태실 - 선조대왕 왕자|작성자 태실연구소

경평군 이륵은 1600년선조33 선조와 온빈한씨 사이의 차남으로 태어났는데, 그의 바로 손위 형이자 온빈한씨 소생의 장남인 흥안군興安君 이제李瑅는 경평군보다 2년 앞선 1598년선조31에 태어났다.

경평군은 선조의 왕자들 중 가장 장수했지만, 반면에 그와 관련된 문헌사료들은 적게 기록 되어 있다. 그것은 왕위 정통성이 취약했던 인조정권에 의해 가장 심한 견제인조실록에서는 '이미 실성한 사람'이라는 프레임으로 매도하여, 선조의 방계 손자인 인조가 왕위를 계승해야만 하는 사유를 정당화 할 목적으로, 또한 정치적으로 일부러 폄하하였다는 것이라는 일부 사학자의 견해도 있음와 제거의 대상 왕자였기 때문이다.

보편적으로 '왕자의 난'이거나 혼란한 시기에 잠재적인 왕위계승자는 상대편 신료들에게 견제의 대상이며 제거해야 할 위험요인이기 때문이다.


오늘날 대전광역시 유성구 상대등에 있는 대전시립박물관에는 경평군과 관련된 문화재가 전시관 입구에 놓여 있어 주목할 만하다. 바로 경평군의 태실 석함이다. 조선시대에는 국왕의 자녀가 탄생하면 그들의 장수와 왕실의 안녕을 빌고자 명산을 찾아 자리를 잡고 태실胎室을 조성했다.

이는 곧 아기의 태胎를 묻어두는 의식으로서, 태실은 수도권을 비롯한 전국 각지의 길지吉地에 조성되었다. 국왕 자녀의 태실은 보통 아지태실阿只胎室이라 한다. 나중에 국왕으로 등극한 아지태실은 석물에 더욱 치장하고 격을 높였는데, 이를 가봉태실加封胎室이라 한다.

우리가 흔히 말하는 태실은 그 외형만 보면 곧 태실 석함石函이라고도 할 수 있다. 이 석함은 말 그대로 원통 모양의 몸체와 뚜껑으로 이루어진 돌 상자이다. 돌 상자 안에는 태胎를 담은 내·외 2점의 태항아리, 주인공의 생년·월·일·시를 적은 태지석胎誌石, 기타 동전 등이 담긴다.

따라서 태실이라고 하면 이 석함과 그 안에 담긴 부속 유물 일체를 가리키는 용어이다. 이 밖에 무덤의 주인을 알리는 묘비처럼, 태실 또한 그 주인을 알리는 태실비를 조성하였다.

태실을 묻은 태봉胎峰은 나지막한 산봉우리이다. 우리나라 전 지역

서삼릉 태실 집안지 경평군 태실 전면(좌),
대전시립박물관 야외전시장 경평군 태실 태석함(우)  출처: 한국학중앙연구원

을 답사하다 보면 '태봉'이라는 산 지명이 상당히 많음을 알 수 있는데, 이런 지명이 남아 있는 곳은 거의 모두 태실이 묻혔던 곳이라고 보면 된다.

규장각에 소장된 『태봉등록胎峰謄錄』을 보면, 태봉은 국왕, 대군, 군에 따라 그 길지에 1~3등급의 구분을 두었다.

1910년 이후 일제강점기가 되자 일제는 약화된 왕실의 관리 미흡으로 태실이 훼손되는 것을 막고 온전히 보전한다는 명분 아래, 1929~1940년 간 서삼릉 내의 일정 공간을 지정하여 전국의 태실을 멋대로 옮겼다. 이에 따라 현재 서삼릉에는 조선의 국왕·왕자·왕녀 등의 태실 54기가 조성되어 있다. 이 과정에서 태실의 중요한 요소인 '길지吉地'라는 장소성과 본래의 역사적인 맥락이 훼손되었고, 태실을 꾸민 석물 등의 문화재도 흩어져 방치 되어버렸다.

한편 경평군의 태실을 묻은 태봉은 본래 대전시 서구 가수원동에서 정림동 방향으로 가수원교를 건너 바로 왼쪽에 있었다. 이곳의 태실 석함에는 본래 경평군의 태를 담은 내·외 2점의 태항아리와 태지석이 있었다. 그런데 이 태봉의 태실은 일제강점 시절인 1934년에 우연히 발견되었다.

이와 관련하여 동아일보의 1934년 9월 16일 자 신문에 매우 흥미로운 기사가 있어 주목된다. 이 기사의 제목은 '고대 왕족의 태분胎墳'이고, 그 아래 부제로 '대전군 태봉산에서 원형 화강암의 대석관大石棺을 발굴'이라 되어 있다.



조선국 왕자 경평군

이 기사 내용을 오늘날 어법과 의미에 맞게 풀어서 정리, 소개하면 다음과 같다.

대전군 기성면 가수원리에서는 고대왕족의 태분(胎墳)이 발견되어서 매일 구경꾼이 답지하고 있다. 지방 주민과 청년들은 이 태분을 지키는 한편, 대표자를 내어 총독부에 고적 발견계를 제출하고 전문가의 감정을 기다리고 있는 중이라 한다. 발견된 곳은 호남선 가수원역 부근의 들 가운데 우뚝 솟아 있는 약 5천평가량 되는 조그마한 산인데, 옛날부터 왕족의 태분이 있다 하여 이름을 '태봉산'이라 한다. 전해오기를, 이 태분 속에는 보물이 들어 있는데 이곳에 다른 사람의 묘를 쓰면 부근 촌락이 전멸된다는 전설이 있다. 이곳은 풍치상으로도 이름이 있는 곳이므로 보안림(保安林)에 편입되어 부근 주민이 서로 경계하며 지켜왔다.

그런데 지난 9월 9일, 이 전설의 보물에 욕심이 나서 고관천(高寬千)을 비롯한 조선인 2명과 일본인 1명 등 3명이 공모하여 이 산에 있는 태분을 팠다. 하지만 주민에게 발견되어 3명은 대전경찰서에 유치, 취조 중이라 한다. 이 태분은 아직 전부를 발굴하지 않았으므로 밑에 얼마가 있는지 알 수 없으나, 지금 노출된 것은 원형화강암으로 된 석곽이 직경 1미터 두께가 1척 6촌이라 한다.

우리는 이 기사에서 말하는 '고대왕족'이 곧 경평군이고, '태분'이 태실을 뜻한다는 것을 알 수 있다.

아울러 이 기사를 통해 조선 왕실의 태실에 관한 이해가 전혀 없던 당시 사람들이 이를 어떻게 바라보았는지 생생하게 볼 수 있어 흥미롭다. 어쨌든 이 발견 이후 태실을 조사하러 내려온 사람은 조선총독부박물관의 촉탁으로 있던 일본인 노모리 겐野守健이었는데, 그는 경평군 태실 발굴 후 총독부에 보고하기 위한 '복명서復命書', 즉 보고서를 작성했다.

그런데 당시 일제는 석함은 그대로 두고 그 내부의 태항아리와 태지석만 서삼릉으로 가져갔다. 방치되었던 태실 석함은 1991년에 이곳 인근 도로를 확장하고 옛 가수원교 옆에 신新 가수원교를 놓는 과정에서 태봉이 헐리며 발견되었다.

이로써 태봉조차도 사라져 현재는 경평군 태실의 흔적을 전혀 찾을 수 없다. 옛 가수원교는 1934년에 처음 가설되었다고 하는데, 그렇다면 아마도 당시 이 다리를 놓는 과정에서 경평군 태실이 발견되고 또 발굴되었던 것으로 보인다. 그런데 1991년에 신新 가수원교를 건설하면서 최초 발견 이후 그대로 묻혀 방치되었던 태실 석함이 또다시 발견되었으니, 가수원교와 경평군 태실의 인연이 참으로 모질다고 하겠다.

한편 1996년 국립문화재연구소는 서삼릉의 태항아리와 태지석을 일괄 발굴 조사하고 수습하여 국립고궁박물관으로 이전했다. 경평군 태실의 유물도 비로소 이때 제대로 수습되었는데, 당혹스럽게도 당시 태항아리는 2개가 아니라 3개였다고 한다. 이는 본래의 내·

외 태항아리가 서삼릉에 묻힐 때 이미 많이 파손되어, 깨진 조각들을 담기 위해 또 다른 백자 항아리 한 개를 더 제작했기 때문이라고 한다.

현재 대전광역시 문화재자료로 지정되어 대전시립박물관 입구에 전시된 경평군의 태실 석함은 1991년 도로공사 중에 발견된 것이고, 전시실에 전시된 태항아리와 태지석은 1996년 서삼릉에서 고궁박물관으로 옮겨진 진본 유물의 복제본이다.

1991년 발굴 당시 태실 석함은 태봉 꼭대기의 240cm 깊이 구덩이 속에 묻혀 있었다고 한다. 석함의 높이는 142cm인데, 몸체에는 태항아리가 놓일 깊이 50cm의 홈을 판 후 밑바닥에 배수를 위한 구명을 뚫어 놓았다. 이 구명은 태의 주인공과 땅의 기원을 연결하려는 풍수적인 목적에서 만든 것이라고도 한다.

경평군의 태지석은 앞면과 뒷면으로 구분되는데, 앞면의 경우 '황명만력 이십팔 년 유월 십팔일 인시생 왕자아지씨 태皇明萬層二十八年六月黃時生王子阿只氏胎'라고 새겨져 있다.

이처럼 태지석은 무덤으로 치면 곧 묘지석墓誌石과 같은 것인데, 비록 이름이 없더라도 생년월일을 대조해보면 주인공이 누구인지 알 수 있다. 즉, 여기서 말하는 만력 28년은 1600년선조33이고, 이 해 6월 18일 출생의 왕자는 곧 경평군인 것이다. 또한 태지석의 뒷면에는 '황명만력 삼십육년 시월 초칠일장皇明萬層三十六年十月初七日藏'이라고 되어 있어, 이 태실이 경평군이 9세 되던 1608년선조 41에 안장되었다는 사실을 알 수 있다.



조선국 왕자 경평군

## 제3장

# 경평군과 광해군

경평군의 태실이 조성된 1608년선조 41은 선조가 승하하고 광해군이 갓 등극한 때였다. 즉 선조는 이 해 2월 1일음력에 승하했고, 경평군 태실은 그로부터 8개월 가량 지난 10월 7일이었다.

경평군의 태실은 광해군 등극 이후 조성된 것으로 보인다. 광해군 시대에 경평군에 대한 또 다른 기록이 등장한다.

경평군의 혼사와 관련되어 광해군국왕이 매우 적극적이었던 사례를 보면 이를 알 수 있다. 경평군은 15세가 되던 1614년광해 6에 삭녕최씨朔寧崔氏 최윤조崔胤祖의 딸과 혼례를 치르는데, 혼례 한 해 전인 1613년에 광해군은 경평군의 배필을 고르기 위해 반가의 처녀들을 대궐로 부르도록 명했다.

이에 사헌부와 사간원의 대간臺諫들은 전례에 없는 일이라며 명을 거두어줄 것을 요청했다.

1613년 10월 2일의 『실록』에는 다음과 같은 기사가 등장한다.

배대유(裵大維) 등이 아뢰기를, "군신의 분수는 비록 지극히 작은 일이라 해도 터럭만큼도 어긋남이 있어서는 안 되는데, 하물며 혼인이란 큰 예에 있어서겠습니까. 이제 경평군은 단지 종실(宗室)의 한 지친일 따름인데, 어찌 그의 배필을 고르기 위해 외람되게 처녀들을 대궐로 부르는 일을 거행하여 분의(分義)를 손상시킬 수 있겠습니까. 어렵게 여기지 마시고 빨리 중지하도록 명하소서." 하니, 상(임금)이 답하기를, "이미 유시하였다. (윤허하지 않는다.)" 하였다.

배대유는 당시 사헌부 장령으로 있었다. 그의 주장에 따르면, 경평군이 선왕의 왕자이자 국왕의 동생일 뿐 세자도 아닌데, 마치 세자처럼 간택령을 내려 여러 처녀들을 대궐로 불러들이는 일은 분의分義, 즉 임금과 신하가 각각 지켜야 할 합당한 의리에 맞지 않는다는 것이다.

결국 그의 뜻은 사헌부와 사간원 대간들의 뜻이기도 했다. 며칠 뒤인 10월 5일 자 기사에도 사간원에서는 이를 철회할 것을 요청했으나, 광해군은 "이것은 오늘날 처음 하는 일이 아니라 이전부터 내려온 구례이다. 다시 번거롭게 하지 말라."고 강력하게 대간들의 의견을 묵살했다.

광해군은 이런 일이 "이전부터 내려온 구례"라고 했다고 기록되어
있다.『실록』에는 이 문제와 관련된 논의가 더 이상 보이지 않는 것으
로 보아 광해군의 뜻이 관철되었던 것 같다.

경평군은 15세가 되던 이듬해 가을에 최윤조의 딸과 혼례를 치르는
데, 혼례를 올릴 때 광해군은 이복동생 경평군에게 혼례에 관한 은혜
를 베풀었다는 기록이 있다.

## 제4장

# 경평군에 관한 실록

## 새로 정한 궁궐터(새로운 궁궐부지)로 인한 분쟁

광해군시대에 등장하는 경평군 관련 청소년 시절 기사는 1616년광해군 8 음력 4월 1일 형 홍안군과 함께 사간원에서 탄핵을 받은 것이다. 『실록』 기사를 보자.

간원이 아뢰었다. "인왕산 아래에 새로 정한 궁궐터에는 별로 당장 공사를 시작할 기약이 없으니, 사민(土民)들이 국가의 처치를 기다린 뒤에 집을 옮겨도 괜찮습니다. 그런데 홍안군 이제(李瑅)와 경평군 이륵(李玏)은 그들의 저택이 금지 표시 안에 들어갔다는 이유로 먼저 스스로 놀라 소란을 떨며 그 집을 철거하고는 종들을 사방으로 풀어 사대부(양반)의 집을 빼앗은 것이 한두 곳이 아닙니다. …… 집안일은 가장의 책임이니 징계하지 않아서는 안 됩니다. 아울러 추고하도록 명하소서." 하였다. 주인(왕손)의 세도를 믿은 종들은 함부로 사대부(양반)의 집을 빼앗았고,… 대간들이 이를 문제 삼는다……

이 실록의 내용을 오늘날 용어로 쉽게 설명하면 다음과 같다.

- **분쟁원인** "새로 정한 궁궐터" 내에 이주 건축물(집)
- **분쟁발단** 사대부들의 집(이주 건축물)
- **분쟁발생** 이주 과정에서 사대부들의 가노와 경평군의 가노들 간에 분쟁이 일어난다.
- **탄핵사유** 이주건축물 소유자인 사대부의 집을 압류한다.
- **사건내용** 사헌부가 이미 경평군 가노들을 구속하고, 연좌제를 적용하며 경평군을 탄핵한 사건이다.

여기에 대한 상임금의 판결전교이다.

상(임금)이 전교하기를, "경평군의 가노(家奴)를 모두 가두었다고 하는데, 나이 어린 왕자(19세)가 비록 잘못이 있다 하더라도 혹 추고하여 잘못을 뉘우치게 하면 된다. 그 가노까지 가두는 것은 온당하지 못한 일인 듯하다. 모두 석방하라." 하였다.

이에 승정원에서 아뢰기를, "경평군의 가노를 석방할 일로 사헌부에 말했더니, 답하기를, '이 일은 바야흐로 논계하려 하고 있으므로 받들 수 없다'고 했습니다."라고 하였다.

상(임금)이 알았다고 전교하고, 이어서 상이 전교하기를, "그 집주인(경평군)을 이미 추고했으니 스스로 조심할 것이다. 그 하인까지 반드시 아울러 다스릴 것은 없다고 사헌부에 말하라." 하였다.


결론 이 실록을 근거로 하여 일부사학자들은 경평군의 성격이, 어려서부터 재물을 탐하여 이웃사대부 집이나 빼앗는 '포악한 성격'의 소유자로 소개하는 기록들이 다수 있으나, 이는 잘못된 성격학적 분석으로 시정할 부분이다. 참조: 조선왕실문화 연구소


그리고 다음의 기록을 자세히 살펴보면, 경평군의 그때 상황을 더 자세히 알 수 있는 기록이 등장한다.

1년가량 지난 1617년 3월, 광해군은 "경평군과 그 여동생 정화옹주의 집을 더 지을 곳이 있으면, 담장 바깥의 빈터를 많이 들여서 더 짓도록 하라."라는 명전교을 내린다.

이 기록대로 본다면, 이미 1년에 전에, 이 문제로 탄핵집 문제을 받은 사건에 대하여, 다시 상임금이 거론하면서 오히려 더 크게 집을 짓도록 하라는 전교명를 내린다. 이 기록을 있는 그대로 해석하면, 당시 경평군의 집이 왕자로서 너무 격품계에 어울리지 않는 초라한 집에 거주

하였다고 볼 수 있다.

이것으로 보아 경평군은 비록 자신의 왕자 신분이나 자신을 낮추어 격품계에 어울리지 않은 작은 집에서 거주하였다는 것으로 해석된다. 이는 경평군이 성품이 맑고 곧으며 말수가 적은 편이며 초라한 선비의 차림이었다는 기록과도 서로 일치되는 실록의 내용이다.

그래서 사학자들 간에 경평군은 당시 조야에서 "금일의 맹자"라 칭송하였다고 주장하는 학자와 어려서부터 '성격이 포악'했다고 주장하는 학자들로 간에 서로 상반되게 해석하고 있으며, 또 지금까지 서로 상충되는 기록이 존재하는 것도 사실이다. 이러한 사실을 객관적으로 본다면 "금일의 맹자"라 함이 옳을 것이고, 폄하하는 입장에서 본다면 "어려서부터 성격이 포악했다"고 해야 할 것이다. 물론 전자의 사학자들이 더 설득력 있는 주장이라 사료된다. 그럼에도 불구하고 이는 후세와 독자들의 몫이라 생각한다. 참고: 조선왕실문화 연구소

## 인조실록에 기록된 경평군에 대한 질병 유무

인조실록에서 인조가 "경평군은 실성한 사람"사람이라고 한 사실

을 근거로 "경평군은 미쳤거나 정신분열증 환자"라고 주장하면서, 그 근거로 경평군의 행적과 관련된 기사들이 대부분 부정적이었다는 것을 실례로 든다.


  그 당시 경평군이 부정적으로 기록되어야만 할 시대적 환경조건이 충분하다. 그 이유는 다음과 같다.

  첫째, 하극상으로 왕위를 찬탈한 인조정권의 정통성이 가장 큰 문제이다.

  둘째, 명분파에 의하여 이미 확인된 정통 왕자계승 왕자들을 "역적이나 역모의 주동자"로 모는 자체는 도적이 주인 행세를 하는 꼴인 형국의 시대이다.

  셋째, 명분적으로 왕위계승이 취약한 인조와 추종세력들은 정통왕자들을 폄하하여, 인조의 왕위 찬탈을 정당화 하고자하는 작업의 일환으로 고의적으로 그렇게 할 수 밖에 없던 것으로 판단되는 충분한 소지가 있다.

  넷째, 인조와 추종세력들의 당시 만행을 열거하면, 다만 정치적인 견해를 달리한다는 이유로만 "처형된 신료가 100여 명"인데, 여기서 주목해야 할 문제는 처형의 집행과정이다.

  정치적 견해를 서로 달리하는 문제이므로 귀양을 보내거나 단순히 처형하면 될 일을 가지고, 마치 '연산군이 원수'를 복수하듯이 신료 38명을 정형正刑으로 처단한다. 그렇다면 여기서 정형이란 어떤 처형



조선국 왕자 경평군

인지 주목하여 보아야 한다.

### 정형과 육시

**정형(正刑):** 백관이 둘러서서 보는 가운데 거리에서 육시(戮屍)하는 형벌임.
**육시(戮屍):** 죽은 사람의 시신(屍身)의 머리를 베고, 팔, 다리, 몸을 6조각으로
　　　　　　다시 참형(斬刑)을 가하는 것.

인조는 당시 조정 신료들을 죽이는 것도 모자라, 죽은 시신을 여섯 조각으로 나눠 다시 참형斬刑을 가하는 형벌인 정형으로 조정 신료 전부를 잔인하게 죽여야 할 수밖에 없는 정권이었다.

일부 학자들은 인조의 왕위찬탈의 부당성을 죽음으로 동조하지 않은 충신들에게 정형을 가했다고 주장하기도 한다.

그렇지 않고서야 철천지 원수지간도 아닌데, 연산군보다 더 잔인한 살육을 자행한 것에 대하여 도저히 이해되지 않는 것이다. 참고문헌: 연려실기술 제23권/인조조 고사본말(仁祖朝故事本末)/계해년의 죄적(罪籍), 광해군일기 15년 3월 14일 등

다섯째, 인조실록에서 "경평군이 실성한 사람"이라는 기록을 보고, 정말 경평군이 정신질환자라고 해석하는 것에는 동의할 수 없다.

그 이유는 인조와 추종세력의 만행은 조선시대 전체 역사 속에서 가장 많이 잔인한 살육을 저지른 정권이며, 심지어는 자신인조의 아들도

의심하여 죽이고, 아녀자인 며느리조차도 의심하여 죽인다. 이러한 인조야말로 현대식으로 말하면 정신질환자라 해도 과언이 아니다.

이런 정황을 참작하면 '당시 실성한 사람은 경평군이 아니고, 권력에 미친 인조능양군가 실성한 것'이다. 그렇지 않고서야 수많은 신료들을 잔인하게 죽이고, 그것도 모자라 혈연관계인 삼촌 왕자들을 죽이고, 더 나아가서는 자신의 아들과 며느리까지 죽인 사람인조이 한 말을 근거로, 경평군이 실성한 정신병자라는 주장은 억지라고 해도 지나치지 않다. 이것에 대한 판단과 시비는 후세와 독자들의 몫이다. 참조: 조선왕실문화 연구소.



조선국 왕자 경평군

## 1. 처형된 사람: 약 100명

### 1) 정형(正刑 또는 참수)된 사람: 38명

3월 13일, 행동대장 격인 이귀(李貴)가 한찬남, 이위경, 정몽필, 병조참의 백대형(白大珩)을 즉결 참수함. 또 병조참판 박정길, 좌부승지 박홍도와 김상궁(金尙宮)도 즉결 참수(정형)함. 도원수 한준겸이 평안감사 박엽(朴燁)과 의주부윤(義州府尹) 정준(鄭遵)을 효수함. 당일 9명이 처형됨.

3월 15일, 합천 가야면 각사마을에 살고 있는 전 영의정 정인홍(88세)을 체포함.

3월 19일, 부원군 이이첨, 부제학 정조(鄭造), 전 대사헌 윤인(尹訒), 형조참의 이위경, 전 승지 및 통진현감 이홍엽, 전 공조참의 이익엽, 박응서(朴應犀, 영의정 박순 아들), 전 판윤 및 충청병사 한희길(韓希吉) 등 9명이 참수(정형)됨. 이이첨 등은 종루(종각) 길거리에 진을 치고 백관들이 죽 늘어선 가운데 목을 벰.

3월 25일, 광해군의 모친 공성왕후(恭聖王后) 김씨(金氏)의 신주를 태워 버림.

이와 같이 "공성왕후의 신주를 태워버린 것"은 사자(死者)에 대한 왕실 능멸이며 불효의 극치이다. 이렇게 능양군(후일 인조)은 폐모 이상의 만행을 자행하였다.

3월 28일, 합천에서 압송한 전 영의정 내암 정인홍을 의금부 감옥에 가둠.

4월 3일, 전 영의정 정인홍, 전 양산군수 유세증(兪世曾), 이조좌랑 민심(閔□), 이조정랑 서국정, 한정국, 이조참의 이정원, 장령 채겸길, 전한(典翰) 홍요검, 전 전한 황덕부, 이이반, 유몽옥(劉夢玉), 이여계, 이병, 이수 등 14명이 정형됨. 특히 능지처사된 정인홍은 백관이 늘어선 가운데 거행됨.

정인홍, 이이첨, 한찬남, 정조, 윤인, 이위경 등의 머리는 사방(四方)에 전시되고, 가산은 적몰, 집은 파가 저택됨.

이 외 정형(正刑 또는 참수)된 사람: 대사성 이대엽 외 3명.

● 능양군 교서: 죄인은 그 한 사람만 베는 것에 그치거나 혹 원방에 귀양 보내서 오직 가벼운 쪽을 따르는 형벌을 거행하지 말 것을 왕위에 오른 "능양군(후일 인조)"이 교서함. (다시 말해서 정변 당시 정형 집행 근거의 교서이다.)

참고로, 조선 500년 동안, 정승(영의정 등)을 역임하고, 80세 이상의 나이를 먹었음에도 참수당하고, 또 그 시신을 여섯 조각으로 나눠 다시 참형을 가하는 형벌로 죽임을 당한 사람은, 내암 정인홍이 유일하다.

영의정 내암 정인홍은 1894년(고종31) 매천 황현(梅泉 黃玹, 1855~1910. 09)에 의해 위대한 인물로 재평가되고, 단재 신채호(丹齋 申采浩,

1880~1936)는 정인홍을 4대 영웅(을지문덕· 최영· 이순신· 정인홍)으로 평가하며 이렇게 말했다.

"영의정 유영경, 영의정 기자헌, 영의정 허적, 좌의정 송시열 등은 예외 없이 사약을 먹고 사사되거나 자결했다. 개혁적 경세가였던 영의정 내암 '정인홍'은 행동대장 이귀 및 정변(쿠데타)세력들에 의해 처참하게 죽임을 당했다."

### 2) 복주(伏誅)된 사람: 59명

우참찬 이병(李覮), 이조참판 유희발(柳希發), 승지 박종주(朴宗胄) 외 56명

### 2. 원찬(遠竄), 즉 멀리 귀양 간 사람: 116명

한림 유명립(柳命立)·급제 유정립(柳正立, 유희분 아들) 외 114명

### 3. 중도부처(中道付處)된 사람: 80명

부원군(府院君) 이시언(李時言), 이조참판 이성(李惺) 외 78명

### 4. 위리안치(圍籬安置)된 사람: 67명

순녕군(順寧君) 경검(景儉), 무림군(茂林君) 선윤(善胤) 외 65명

### 5. 관작을 삭탈당하고 내쫓긴 사람: 23명

좌의정 박홍구(朴弘耉), 이조참판 유몽인(柳夢寅, 8월 9일 참수됨), 대사간

유대건(兪大建)·임취정(任就正), 파평군(坡平君) 윤공(尹鞏) 외 18명

## 6. 파직(罷職)된 사람: 44명

부제학 송응순(宋應洵), 판서 이지완(李志完), 감사 황경중(黃敬中) 외 41명

## 7. 관작(官爵) 삭탈(削奪)당한 사람: 12명

우의정 조정(趙挺), 인성군(仁城君) 홍(珙), 황해감사 이명(李溟) 외 9명

## 8. 사판(仕版)에서 삭제된 사람: 12명

금부도사 이숭원(李崇元), 첨지 배대유(裵大維) 외 10명

## 9. 관작을 추탈당한 사람: 14명

영의정 한효순(韓孝純), 우의정 민몽룡(閔夢龍), 부원군 김신원(金信元) 외 11명

참고문헌: 연려실기술 제23권/인조조 고사본말(仁祖朝故事本末)/계해년의 죄적(罪籍), 광해군일기 15년 3월 14일 등

## 제5장

# 경평군의 말년 행적

## 인조 사후에 경평군의 행적

인조의 사후 효종~현종 때의 경평군 관련 사적은 『실록』에 여러 번 등장하지 않지만, 『승정원일기』에는 효종 때 22회, 현종 때 46회 나 등장한다. 이와 같이 동시대의 인물이 『실록』에는 등장하지 않지만, 다른 기록인 『승정원일기』에는 무려 68회가 등장하는 것으로 보아 『실록』에 등장하지 않는다는 이유만으로 짐작하여, 무리하게 해석하여 폄하하거나 추측하는 것은 오류이다. 그것이 『실록』이 가지고 있는 장점 임에도 불구하고, 해석할 때 발생하는 한계점이다.

그러나 이때 인조 사후의 기사들 중에서는 광해군이나 인조시대처럼 백성들에게 횡포를 부린 일로 대간의 '탄핵을 받는 기사가 등장'하지 않는다. 동일인 경평군에 대한 기록이 이렇게 180도 달라지는 것으로 미루어 보아, 인조시대의 『실록』은 다분히 정치적 의도를 가지고 기록되었다고 해도 지나치지 않다.

　인조와 서인세력의 입장에서는 경평군은 늘 눈엣가시 같은 존재로서 제거해야 할 1호 왕자였을 것이다. 왜냐하면 인조는 왕위를 찬탈하기 위하여 흥안군, 인성군 등을 죽였다. 또한 인조의 만행은 여기서 끝나지 않고, 자신의 장남 소현세자와 며느리 민희빈 강씨조차도 의심하여 죽였다.

　경평군이 『실록』에 등장하지 않는 이유 중 하나는 그런 인조가 죽었기 때문인 것도 인조 사후에 있다고 사료된다.

조선시대 관공서 정1품아문의 하나인 종친부 경근당과 옥첩당
출처: 국가유산포털

　　　　　　　　　　　　　　　　　　　**조선국 왕자 경평군**

# 『실록』을 해석하거나 이해할 때 유의할 점

**실록에 등장하는 것:** 왕실 종친이나 왕자가 실록에 등장하지 않는 것은 조용히 처세를 잘하고 있다는 것과 일치된다. 특히 혼란의 시대에 실록에 등장하는 경우, 거의 역모이거나 좋지 않은 일에 연루되었거나, 집안의 하인들의 문제로 탄핵 등에 등장하는 것이다.

**왕자들의 주거지:** '왕자들은 잠재적인 왕위계승자'라는 정치적 특성 때문에 주거는 항상 지정된 근처에 주거해야만 한다. 그러기 때문에 "왕자들의 일거수일투족"은 권력의 시찰을 받고 있다. 왕자들은 일거수일투족이 권력의 시찰을 받고 있다는 사실을, 어려서부터 누구보다 잘 알고 있기 때문에 언행을 늘 조심해야 하며, 하인들의 실수조차도 주인인 왕자들의 탄핵 사유가 된다는 것을 잘 알고 있다.

**권력의 속성:** 권력은 부자간에도 나눌 수 없으며, 형제간에도 나눌 수 없는 비정한 세계이기 때문에 잠재적인 왕위계승자들은 사소한 실수로도 목숨을 잃을 수 있으며 또한 억울하게 죽은 사실을 우리는 역사에서 목격한다.

**정신분열증이란 주장:** 동서고금을 막론하고 역사를 보면 권력으로 부자간의 싸움이나 형제간에 싸움이 빈번한데, 이것을 일반 학자들이 "왕자들(잠재적인 왕위계승자들)의 정신분열증"으로 단정하는 것은 권력의 속성을 이해하지 못한 무지의 소산이거나 오류라고 일부 사학자는 해석한다.

위와 같은 사항을 고려하면 왕자들이 실록에 자주 등장하지 않는 것은, 매년 행하는 크고 작은 왕실행사에서 처신을 잘하고 있다는 증거이다. 마치 무소식이 희소식이라는 속담을 여기에 써야 할지는 모르겠다.

## 효종시대 경평군 이야기: 20년간 국왕 예우를 받다

효종이 등극하던 1649년은 경평군의 나이가 50이 되던 해였다. 이 시기는 경평군이 왕실 종친부를 이끌고 있는 최고 어른 수장이었다. 효종실록에는 경평군과 관련된 기사가 등장한다.

여기서 왕실 종친부정식 관서에 대해서 이해할 필요가 있다. 왕실 종친부는 조선시대 정식 관아로서, 최고 어른 수장은 "왕과 같은 예우"를 받는 최고 품계의 자리이다. 품계는 정1품 영의정보다 높은 품계로서 무계상계이다. 즉 국가가 시행하는 "공식행사에서 국왕에 준하는 예우"를 받는 자리이다.

경평군은 왕실 종친부관서의 최고 어른 수장으로서, 20년간 크고 작은 왕실행사를 단 한 번의 실수도 없이 성공적으로 잘 이끌어, 그 기간 동안 어느 누구의 탄핵이나 불평을 받은 사실이 없다.

이는 조선시대 전체를 통해서도 최장기 왕실 종친부의 최고 어른 수장국왕 예우이었다는 것이 역사적 사실이다.

그렇다면 왕실 종친부는 어떤 업무를 관장하는 관서이며, 그 관서 수장의 품계와 지위는 어떠한지, 기록을 통하여 사실을 검증해야 할 필요가 있다.

 조선국 왕자 경평군

왕실 종친부의 최고 어른 수장의 지위가 "왕과 같은 예우"라는 사실과 관련한 기록은, 1657년효종 8 1월 신년을 맞이하여 신하들은 인조의 계비인 자의대비 조씨에게 "신년하례"를 올렸다는 데서 확인할 수 있다.

이에 대해 『승정원일기』의 기사를 참고하여 전후 내용을 살펴보면 다음과 같다.

1657년 1월, 신년을 맞이하여 신하들은 인조의 계비인 자의대비 조씨에게 신년하례를 올렸다. 이때 경평군의 나이는 58세였다. 보통 하례 때 왕자가 반열에 나가면 동반과 서반의 문·무 신하들은 비록 재상의 자리에 있더라도 일단 일어서서 예를 표한 다음 자리에 앉는 것이 상례였다.

하물며 정1품 재상도 아니고 정2품 예조판서인 이후원李厚源이 예를 어기자, 주변에 있던 여러 사람들도 얼결에 예법을 어겼다. 이에 경평군은 정2품 예조판서 이후원의 그릇된 행실을 문제 삼아 계사啓辭: 논죄에 관하여 임금에게 올리던 글를 올린 것이다.

이 글을 주목할 만한 까닭은 왕실 종친부 수장 경평군의 지위와 품계 등을 알 수 있기 때문이다. 그래서 굳이 이 글을 번역하여 소개하고자 한다. 아래는 1657년 1월 6일 『승정원일기』의 기사 중, 경평군이 올린 계사 중 주요 부분이다.

어리석은 신은 비록 비루하지만 임금과 신하의 위계는 존엄해야 하고, 그런 기세가 성대해야만 국법이 지엄해집니다.

며칠 전 본조(本朝)의 진하(陳賀) 때 동반과 서반이 모두 정렬해 앉아 있었는데, 용렬한 신이 걸어서 반열에 걸어 들어갔을 때 서반은 지체 높은 공경(公卿: 삼공(三公)과 구경(九卿)을 아울러 이르는 말)들이 곧바로 모두 일어섰지만, 예조판서 이후원(李厚源)은 동반의 으뜸으로서 망령되이 스스로 높여 점점 교만 방자해진 결과 신을 흘겨보고 일어나지 않을뿐더러 더욱 편히 뻗고 앉았습니다.

아아, 이후원은 예조판서의 지위에 있으면서도 예양을 버리고 국법을 어겼습니다…… 이는 전에 없던 일로 후일에 폐단이 없을 수 없을 것입니다. 전부터 왕자(王子)가 반열에 나아갈 때에는 재상의 자리에 있더라도 곧바로 일어서고 도로 앉았는데, 하물며 품계에 따른 재신(宰臣)이겠습니까.

이에 신은 살아서는 당시에는 무익하고 죽어서는 후세에 부끄러울 것입니다. 신이 고달프고 지친 탓에 경시를 받아 체면을 손상시키고 명분을 더럽힌 것이니, 장차 무슨 면목으로 머리를 쳐들고 대궐 뜰에 물러나 있겠습니까. ……

신의 작명(爵名)을 삭탈하고 속히 형장(刑章)을 가하시어, 허물을 다스리고 무너진 기강을 진작하여 저들의 마음을 시원하게 해주십시오.

황공하고 부끄러워 감히 와서 아뢰옵니다." 하니,

상(임금)이 답하기를, "이 계사를 보니 예조판서 이후원의 일은 매우 잘못되었다. 추고하게 하겠으니, 경은 안심하라." 하였다. 참고: 조선왕실문화 연구소

공식행사에서 "왕실 종친부 최고 어른 수장이 입장할 때, 삼공三公: 정1품 영의정, 좌우정, 우의정과 구경九卿: 정2품 좌.우참찬 , 정3품 육조판서, 정2품 한성판윤들이 곧바로 모두 일어섰지만…"이라는 기록이 등장한다.

삼정승과 육조판서 모두가 일어서야만 하는 품계는 오직 "국왕"뿐이다.

그런데 이와 동등하게 예우를 행한 것이 "전부터 내려온 예전례"라는 사실로 보아, 왕실 종친부 최고 어른 수장의 품계는 국왕에 준하는 예우를 받는 자리라는 것을 알 수 있다.

그럼전부터 내려온 전례에도 불구하고, 유혈 정변쿠데타으로 권력을 찬탈한 서인들의 좌장 '간신배 정2품 예조판서인 이후원'이 왕실 종친부 수장에 대한 예의를 고의적으로 어기자, 그들의 잔당 권신들도 함께 무더기로 '왕실을 능멸한 사건'이다.

당시 서인들의 권력이 하늘을 찌르고 있는 시대임에도 불구하고, 경평군은 죽기를 각오하고, 조선왕실의 법도를 바로잡고자 계사啓辭: 논죄에 관하여 임금에게 올리던 글를 올린 것이다. 이로 인하여, 조선왕실을 능멸했던 정변세력서인들에게 날벼락이 떨어졌으며, 실로 조선왕실을 바로 잡는 계기가 된다.


이 사건에서 『효종실록』에 등장하는 경평군 관련 기사는 바로 경평군이 계사를 올린 이틀 후, 즉 1월 8일에 올라온 '대사헌 김남중의 계사'이다.

그 또한 진하 당일 경평군<sub>왕실 종친부 최고 어른 수장</sub>이 들어올 때 일어서지 못했던 사람 중 하나였다.

대사헌 김남중이 인피(引避: 스스로 잘못을 책임지고 관직을 물러날 뜻을 밝힘)하기를, "지난번 진하(陳賀)를 할 때 분잡하고 소요스러움이 매우 심하여, 왕자(王子)께서 반열(班列)에 나오시는 것도 깨닫지 못해 미처 자리에서 일어서지 못하였습니다. 어제 들으니, 경평군이 이것을 진계(陳啓)하여, '예조 판서 이후원이 반열의 우두머리로서 추고'를 당하였다 합니다. 신이 외람되게 헌장(憲長)으로 있으니 예의를 잃은 책임을 면하기 어렵습니다. 신을 체직(遞職: 벼슬을 갈아냄)하소서." 하였다.

대사간 김좌명(金佐明), 헌납 정만화(鄭萬和), 장령 박세성(朴世城), 정언 안후열(安後說)도 모두 이 일로 인피(引避: 스스로 잘못을 책임지고 관직을 물러날 뜻을 밝힘)하였다.

지평 권격(權格)은, 미처 일어서지 못한 잘못이 여러 동료들과 다를 바가 없는데도 추고하는 문서 아래에다 멍청하게 서명을 했다는 이유로 인피하였다.

헌부에서 처치하여, 김남중·김좌명·정만화·박세성·안후열은 출사시키고 권격은 체차하기를 청하니, 상(임금)이 따랐다.


위의 기사 말미에 언급된 인물 중 '김좌명은 당시 사간원 대사간'이었고, 정만화는 사간원 헌납, 박세성은 사헌부 장령 등 모두 사헌부와 사간원의 대간들이었다.

그럼에도 불구하고 이들서인의 세력이 강령하여, '권격權格' 1명만을 제외하고는 체차관리를 다른 사람으로 바꾸는 일 되지 않고, 다시 권력에 자리를 유지하는 하극상을 보였다.

경평군의 계사는 정2품 예조판서 이후원을 비롯해서 당시 대간의 고위관료들이 모두 곤욕을 치른 사건으로 유명하다.

경평군의 친동생인 영성군은 1649년인조 27에 44세의 나이로 사망했고, 2년 뒤인 1651년효종 2에는 정빈민씨 소생의 인흥군마저 49세로 세상을 떠났다.

같이 일하던 아우왕자들이 먼저 세상을 떠났지만 조금도 흐트러짐 없이 왕실 종친부를 이끌면서, 20여 년간 경평군은 왕실 최고의 어른 수장으로서 "국왕의 예우"를 받으면서 묵묵히 종사하였다.

이 시기에는 그가 종실을 대표하여 정청政廳에 앞장서 건의하는 기사도 몇몇 보인다.

그토록 서인쿠데타세력들이 왕실 종친부를 능멸하고, 그렇게 악평하고 미친놈으로 프레임 씌우면서 눈엣가시처럼 여겼던, 경평군은 조선왕실 종친부 최고 어른 수장국왕 예우으로, 20년간 수많은 공식행사에서, 단 한 번도 탄핵이나 불미스러운 일로 실록에 등장하지 않은 최장수 조선왕실 종친부 최고 어른 수장으로 조선왕실을 위하여 말없이 헌신하면서 74세에 생을 마감했다.

경평군 묘
출처: 전주이씨경평군파 홈페이지

 **조선국 왕자 경평군**

# 경평군에 관한 승정원일기 (효종시대 22회 기록)

**1  효종 1년 4월 21일** 갑진 1650년

신병이 있는 부모를 모신 李俔을 보낼 수 없으므로 改差할 것을 청하는 吏曹의 계목

吏曹啓目, 粘連嶺陽君俔上疏云云。此時若非情勢萬分切迫, 則爲人臣子, 何敢以此陳疏? 慶平君之病患, 國人所知, 獨子遠離, 實爲矜憫, 改差, 何如? 啓依允。

> **해설**  이조 계목에, 영양군嶺陽君 이현李俔의 상소에 운운하였습니다. 이러한 때에 정세가 매우 절박하지 않다면 신하 된 자가 어찌 감히 이런 내용으로 상소하겠습니까?
> 경평군慶平君의 병환은 나라 사람들이 아는 바이고, 독자獨子가 멀리 떨어져 있는 것은 실로 가련하니, 개차하는 것이 어떻겠습니까?
> 그대로 윤허한다고 계하하였다.

**2  효종 7년 4월 10일** 무오 1656년

신병이 있으므로 溫陽에 沐浴하러 가는 일을 허락해 주기를 청하는 李玏의 계

慶平君啓曰, 愚昏鄙臣, 手肩酸疜, 步走跛艱, 左右脚滯, 事意促窮, 長大譹聲, 扁華才衰, 藥石棄置, 天地生育, 冀願聖慈, 溫陽沐浴, 緻擁絲縷, 限暇快許, 餘喘期保, 惶灼縮危, 敢徐陳啓。答曰, 安心往來。

 경평군慶平君이 아뢰기를 어리석고 혼미한 신은 손은 어깨에 시달리고 시달리며 걸음걸이는 절름발이가 어렵고, 좌우의 다리가 꽉 막히며, 일은 뜻이 궁지에 몰려 큰 소리를 내며 화려한 재주로 쇠약해졌으므로 약석藥石과 같은 것을 버리고, 천지가 만물을 생육하는 것과 같아, 자애로운 성상께서 온양溫陽에 목욕하러 가기를 바라는 것은 사실絲實을 겨우실 수 있을 것이니, 여생을 기한으로 보전해 주시기 바랍니다. 안심하고 다녀오라고 답하였다.

## 3 효종 7년 4월 10일 무오 1656년

부친을 병구완하러 가는 것을 허락해 주기를 청하는 李俔의 상소

嶺陽君俔上疏。大槪, 許臣從往病父事。入啓。答曰, 省疏具悉。卿其依願焉。仍傳曰, 慶平君沐浴下去時, 給馬。

 영양군嶺陽君 이현李俔이 상소하였다.

대개 신이 따라가는 아비의 일을 허락한다는 것입니다.

입계하였다.

답하기를, 상소를 보고 잘 알았다.

경은 원하는 대로 하라.

이어 전교하기를, 경평군慶平君이 목욕을 하러 내려갈 때 말을 지급하라고 하였다.

## 4 효종 8년 1월 6일 기유 1657년

무례한 행동을 한 禮曹判書 李厚源에 대한 불만으로 작명의 삭탈을 청

하는 慶平君의 상소

慶平君疏曰，庸懇陋臣，忝居宗班，虛存崇秩，實享重祿，凤如氷蹈，
常懼鼎折，名斷察緊，分甘投閑，百里故容，萬死餘生，玄灰復爇，
白骨再肉，施重海山，報蔑絲毫，雨露曲露，草木滋榮，昔年今日，
千載一時，空谷傳聲，明鏡照物，情同葵藿，誠若犬馬，青雲絶望，
紫陌棲意，聖明在上，群彦滿朝，一草片木，無不得所，嗟獨愚臣，
困惱靡容，命也如何? 忽欲忘生，敢將私懇，……

해설　경평군이 상소하기를, 용렬하고 비루한 신이 종반宗班의 자리
에 있으면서 높은 지위를 헛되이 차지하고 실로 녹봉을 축출하여, 일찌
감치 얼음을 밟은 것처럼 항상 두려운 마음을 품어 명절名截이 엄절嚴切
한 것을 살피고 한직閑職에 제수하는 것을 달갑게 여겨, 모든 일에 걸려
들었으므로 만 번 죽을 고비를 넘기고 살아 있을 때에는 현회玄灰를 다
시 뒤집고 백골白骨이 다시 살을 도려내는 것을 두려워하여 명경지수明
門不水와 같은 중요한 일에 대해 털끝만큼도 보답하지 못하고, 우로雨露
와 같은 용기와 청운靑雲의 자로는 영예가 자라서 현회玄灰를 다시 뒤집
고 백골白骨이 다시 살아나 밝은 안목과 큰 산을 비추는 것은 정리情理와
같고 해독葵藿과 같으니, 참으로 개와 말과 같으며 청운靑雲과 자재滋在
의 희망이 옛날에는 천 년 자맥紫奕이 마음에 깃들어 있어 밝은 성상께
서 위에 계시고 뭇 인재들이 조정에 가득하여 한 마디짜리 나무도 얻지
못하는 것이 없는데, 아, 어리석은 신은 고단하여 몸 둘 바를 모르겠으
니, 명하시는 것이 어떻겠습니까?

홀연히 목숨을 잊고 싶었기에 감히 사사로운 간청을 하려다…

陳賀시에 무례함을 방지하지 못하였다하여 체직을 청하는 金南重의 계

大司憲金南重啓曰, 頃日陳賀時, 東西外班分坐之際, 紛擾太甚,
不覺王子君出班, 未及起立矣。昨聞慶平君, 以此陳啓, 禮曹判書
李厚源, 以班首, 旣有推考之命, 臣忝在風憲之長, 難免失禮之責,
固不敢晏然仍冒, 而適緣賤疾, 今始來避, 所失尤大, 請命遞斥臣職。
答曰, 勿辭, 退待物論。

> **해설**  대사헌 김남중金南重이 아뢰기를, 지난번 진하陳賀 때 동반東班
> 과 서반西班의 반열에 나누어 앉을 때 너무 심하게 소란스러웠는데, 왕
> 자군王子君이 반열에서 나와 미처 일어서지 못하였습니다.

어제 듣건대, 경평군慶平君이 이 일로 진계陳啓 하였고, 예조 판서 이후원
李厚源은 반수班首로서 이미 추고하라는 명이 있었는데, 신이 외람되이
풍헌風憲의 장長으로 있으면서 실례失禮의 책임을 면하기 어려우니 참으
로 감히 태연하게 그대로 있을 수 없는데, 마침 병으로 인하여 지금에서
야 와서 피혐하니 잘못이 더욱 크니, 신의 직임을 체차하도록 명하소서.
답하기를, 사직하지 말고 물러나 물론物論을 기다리라고 하였다.




慶平君에게 속히 돌아오도록 下諭하라는 전교

傳曰, 如此極熱, 驅馳不已, 則不但致傷可慮, 一路之弊, 亦不可不慮。
速爲還朝事, 本院措辭, 下諭于慶平君處。已上 內下記草

> **해설**  전교하기를, 이처럼 극심한 더위에 말을 달려 그치지 않는다

면 손상을 입을까 염려될 뿐만 아니라 일로一路의 폐단도 염려하지 않
을 수 없다.

속히 조정으로 돌아가라고 본원에서 말을 만들어 경평군에게 하유하라.

이상내하기초

## 7 효종 8년 7월 18일 기미 1657년

### 慶平君의 啓辭에 대한 비답

慶平君啓辭。答曰，前日忠淸監司之馳啓，殊涉虛妄，卿宜付之一
笑而已，何必相較，以傷事體乎？設有病故，不爲境上來候之失，
不但可駭，其於待王子之道，實涉埋沒，當令推考矣。有旨召還，
非有他意，爲慮暑月致傷也。卿宜安心，勿以爲慮。

**해설** 경평군慶平君의 계사啓辭입니다.

답하기를, 전일 충청 감사가 급히 올린 장계는 매우 허망한 것이었으니,
경은 일소一笑에 부쳐야 할 뿐이지 어찌 굳이 서로 비교하여 일의 체모
를 손상하는가.

설사 병고病故가 있더라도 경을 위해 올라오지 않은 잘못은 놀랄 만할
뿐만 아니라 왕자를 대우하는 도리로 볼 때 실로 볼품이 없으니 추고하
게 하겠다.

유지有旨를 소환한 것은 다른 뜻이 있어서가 아니라 여름철에 몸이 상
할까 염려해서이다.

경은 안심하고 염려하지 말라.

靜淑公主 吉禮時의 主昏望單子에 대한 전교

以靜淑公主吉禮時主昏望單子, 傳于李翊漢曰, 主昏, 慶平君爲之。

**해설**  정숙공주靜淑公主의 길례吉禮 때의 혼망 단자昏望單子와 관련하여 이익한에게 전교하기를, 주야主野는 경평군慶平君이 하라.




木綿을 훔쳐간 종을 잡아서 左邊捕盜官軍에게 보냈으나, 柳赫然이 囚禁하지 않은 일에 대해 아뢰는 李玏의 차자

慶平君玏箚曰, 伏以愚臣寢房側, 置木綿三十餘匹, 本月初七日丙夜, 臣奴一名, 直入偸出, 賊臟見捉, 其奴所招, 班奴偸來, 手給其奴, 接置閭家。庸臣, 卽伴左邊捕盜官軍, 眼前縛送, 而大將柳赫然, 廢閣不擧, 罔施一杖, 且不囚禁, 靡送一言。愚臣靡認赫然, 毋乃赫然, 受賂請囑而然耶? 無知武夫而然耶? 如猫捕鼠, 如雀畏鸇, 操弓不奇, 挾冊何望? 臣雖廢絶疲劣, 獨在...

**해설**  경평군慶平君 이륵李玏이 차자를 올리기를, 삼가 말하기를, 어리석은 신의 침방寢房 곁에 목면木綿 30여 필을 두었는데, 이달 7일 병자丙子에 신의 노奴 1명이 곧장 훔쳐 냈고 도둑질한 장물臟物이 잡혔으며, 그의 노비가 공초供招 한 것을 반노班奴가 훔쳐 왔고, 그 노비를 손수 주고 여염집에 두었습니다.

용렬한 신이 즉시 심부름꾼의 좌변 포도관군左邊捕盜軍官을 시켜 눈앞에 포박하여 보내도록 하였는데, 대장 유혁연柳赫然이 내버려 두고 거행하

지 않아 장杖을 한 대도 치지 않았고, 또 수금囚禁 하지 않고 한마디도 하지 않았습니다.

어리석은 신이 분명하게 알지 못하고 혁연赫然히 힘쓰지 않고 뇌물을 받고 청탁해서 그런 것입니까?

무지한 무부武夫여서 그런 것인가?

예를 들어 쥐를 잡는 것과 쥐가 쥐를 잡는 것과 같은 것은 마치 새가 두려워서 새가 날아가는 것과 같고 활을 잡는 것도 기특하니, 책을 끼고 무엇을 바라겠습니까.

신이 비록 몹시 쇠약하고 용렬하지만 홀로 남아 있습니다.


## 10  효종 8년 11월 10일 무신 1657년

李玏의 箚子에서 臺諫을 꾸짖고 배척하였으므로, 직임을 遞斥해달라는 金壽恒 등의 계

大司諫金壽恒, 司諫李殷相, 獻納李性恒啓曰, 臣等伏見慶平君玏箚子, 以可劾不言, 悠泛度日, 貪戀榮寵, 苟患失職等語, 詆斥臺諫, 臣等, 職在臺諫, 揆以體例, 有不敢晏然, 請命遞斥臣等之職。答曰, 勿辭。

> **해설**  대사간 김수항金壽恒, 사간 이은상李殷相, 헌납 이성항李性恒이 아뢰기를, 신들이 삼가 경평군慶平君 이륵李玏의 차자를 보니, 논핵할 만한 것은 말하지 않고 그럭저럭 세월만 보내며 영화와 총애에 연연하여 직임을 잃을까 걱정한다는 등의 말로 대간을 헐뜯고 배척하였으니, 신들이 대간의 직임에 있으면서 체례體例로 헤아려 볼 때 감히 태연히 있을 수 없으니, 신들의 직임을 체차하도록 명하소서.

답하기를, 사직하지 말라고 하였다.

## 11  효종 8년 11월 11일  기유 1657년

慶平君의 箚子에 詆斥된 내용을 들어 직임을 遞斥해달라는 郭之欽 등의 계

掌令郭之欽·趙克善, 持平鄭晳啓曰, 臣等伏見諫院避辭, 蓋以慶平君箚中, 多有詆斥事故也。臣等亦何敢晏然而已乎? 請命遞斥臣等之職。答曰, 勿辭。

해설　　장령 곽지흠郭之欽과 조극선趙克善, 지평 정석鄭晳이 아뢰기를, 신들이 삼가 간원諫院의 피혐계사避嫌啓辭를 보니, 경평군慶平君의 차자 중에 헐뜯고 배척하는 일이 많았기 때문입니다.

신들이 또한 어찌 감히 태연히 있을 수 있겠습니까.

신들의 직임을 체차하라고 명하소서.

답하기를, 사직하지 말라고 하였다.

## 12  효종 8년 11월 11일  기유 1657년

身病과 慶平君의 箚子 내용을 들어 직임을 遞斥해달라는 許穆의 상소

持平許穆疏曰, 伏以臣半身偏虛, 氣息沈綿, 近者麻木轉甚, 痰火熾盛, 症狀奇怪, 腰背强急, 不得運動, 委身枕席, 職事久曠, 屢呈辭單, 見阻未達, 憂遑縮默, 不知所爲。又被共戚所詆斥, 臣固當引嫌自列, 病不能扶曳詣闕, 徒晏然無懟, 臣以彼以此, 俱不可在職, 伏乞聖明, 亟遞臣職, 萬萬幸甚。答曰, 省疏具悉。爾其勿辭, 更加調理察職。

己上燼餘

   지평 허목許穆이 상소하기를, 삼가 아뢰기를 신은 반신半身이 편허偏虛하여 기식氣息이 이어지고 있는데 근래에는 마비 증세가 더욱 심해지고 담화痰火가 치성하여 증상이 기괴하고 허리와 등이 뻣뻣하여 몸을 움직일 수가 없고 침석枕席에 누워 직무를 오랫동안 방치하고 있으니, 여러 차례 사직단자辭職單子를 올렸으나 성상께 전달되지 못하여 근심으로 위축되어 어찌할 바를 모르겠습니다.

또 공척共戚의 배척을 받았으니 신은 진실로 인혐하며 스스로 논열論列해야 마땅합니다만, 병으로 몸을 이끌고 대궐에 나아갈 수 없어 그저 태연하게 부끄러워할 줄 모르니, 신이 이로 보나 저로 보나 모두 직임에 있을 수 없으니, 삼가 바라건대 성명께서는 속히 신의 직임을 체차하소서.

답하기를, 상소를 보고 잘 알았다.

그대는 사직하지 말고 다시 조리한 다음 직임을 살피라.


## 13 효종 8년 12월 28일 병신 1657년

勅使의 見官禮 문제로 館所에 나아갔다가 鄭致和의 지시로 참석하지 못하고 돌아왔다는 李玏의 계

慶平君啓曰, 即刻臣, 勅使見官禮事, 本府下吏, 請徠分發, 臣昨日進參迎勅, 且前有躬進之規, 故詣館所就班, 東・西班齊坐, 左・右相行禮于臣後, 禮曹判書鄭致和, 朝廷大會, 禮將入擧, 獨自搪突指揮, 却令辭属還出, 臣弗能進參, 即退出徠。臣雖庸陋, 爵是至親, 有傷事體, 愚臣靡諳世道, 敢遵古法, 脫有不可, 入啓搪塞, 致和擧動,移山岳, 呼吸, 變霜露, 世態甚可駭, 時風……

 경평군慶平君이 아뢰기를, 방금 신이 칙사가 현관례見官禮를 보고 본부의 하리가 와서 분발分發 하기를 청하였는데, 신이 어제 칙사를 맞이하는 일에 참석하고 또 전에 직접 올린 규례가 있었으므로 관소館所에 나아가 반열에 나아가 동반東班과 서반西班의 제좌齊坐에 좌상과 우상이 신의 뒤에서 예를 행하였고, 예조 판서 정치화鄭致和가 조정의 큰 모임에는 예장禮將이 들어가 거동擧動하여 독자적으로 지휘하고, 도리어 사려辭厲로 하여금 신의 뒤에서 예를 행하게 하였는데, 신은 나아가 참가하지 못한 채 즉시 물러났습니다.

신이 비록 용렬하고 비루하지만 관작은 지친至親이어서 일의 체모를 손상하는데, 어리석은 신이 세도世道를 알지 못하고 감히 옛 법을 준수하여 혹 불가능한 점이 있으면 입계하여 가로막았고, 화친을 일으켜 거둥하여 산악山岳을 옮기고 호흡이 변하여 세태가 매우 놀라웠으니 화변和變에 상로霜露가 변하여 세태世態가 매우 놀랄 만하였고 시풍時風이 바뀌어 세태世態가 매우 놀라워 시풍時風이 시풍時風에 휩쓸려 세태世態가 매우 놀라웠습니다.

14 **효종 8년 12월 28일** 병신 1657년

見官禮를 할 때 李玏을 참석시키지 않게 된 경위를 아뢰고, 拜跪를 하다가 失禮한 관원을 推考하도록 청하는 迎接都監의 계

李後山, 以迎接都監言啓曰, 卽刻百官, 行見官禮時, 慶平君亦欲參行, 來待館外, 而王子參行見官禮, 曾無規例, 非但慮有後弊, 與彼相接,亦涉難便，故臣等議于大臣，不必入參之意，面稟，則還爲出去矣。
百官行禮之際，參下官員中二人，拜跪失禮之故，勅使送言于臣等，
使之査出處置，失禮官員，令攸司推考，何如? 傳曰，允。

 이후산이 영접도감의 말로 아뢰기를, 방금 백관이 현관례見官禮를 행할 때에 경평군慶平君도 참석하고자 하여 관소館所에 와서 대령하고 있는데, 왕자가 현관례見官禮를 참석하는 것은 일찍이 규례가 없으니, 뒷날의 폐단이 있을까 염려될 뿐만 아니라 저들과 접촉하는 것도 불편할 듯하므로 신들이 대신에게 의논하니, 굳이 참석할 필요가 없다는 뜻으로 면품面稟 하였더니 도로 나갔습니다.

백관이 예를 행할 때에 참하 관원 가운데 2인이 절하고 절하는 예를 잃었기 때문에 칙사가 신들에게 말을 전하여 그로 하여금 조사해 내어 처치하게 하였으니, 예를 잃은 관원을 유사攸司로 하여금 추고하게 하는 것이 어떻겠습니까?

윤허 전교하기를 윤허한다고 전교하였다.

## 15 효종 9년 10월 13일 병자 1658년

### 慶平君의 沐浴呈辭

慶平君 溫陽地沐浴呈辭，入啓。傳曰，天氣漸寒，卿其更竢日暖，爲之。

 경평군慶平君 온양溫陽에 목욕沐浴하러 가는 정사를 입계하였다. 전교하기를, 날씨가 점점 추워지니 경은 다시 날씨가 따뜻해지기를 기다려 하라고 하였다.

## 16  효종 9년 11월 22일 을묘 1658년

### 大殿別監의 揀擇에 관한 李玏의 계

慶平君玏啓曰, 庸駑陋臣, 忝仕璿列, 宿似淵步, 恒懷餗覆, 頃在首春, 謬膺新命, 驚喜過望, 以至感泣, 東隅失志, 西底垂景, 粉骨糜肌, 何以仰報? 龍墀擧顔, 猶極不足, 對人齟齬, 與世秣搬 [抹搬], 已使朝廷, 認臣受任, 揆分揣量, 取笑貽譏, 綴旒復實, 枯涸便華, 世上酸鼻, 地下瞑目, 聖主之恩, 不可勝量, 生死殞結, 報效猷滿, 自知不稱, 人謂斯何? 默念刲瀝, 自犯弗赦, ……

**해설**　경평군慶平君 이륵李玏이 아뢰기를, 용렬하고 비루한 신이 외람되게 선열璿列에 벼슬하여 깊은 보련步輦인 듯하여 항상 복록覆錄을 품고 있었는데, 지난 첫머리에 새로 제수하는 명을 잘못 받들고는 놀랍고 기쁘며 희망이 지나쳐 감동하여 눈물을 흘리기까지 하였으니, 동쪽 모퉁이에서 뜻을 이루지 못하여 서변西邊 아래가 드리워져 뼈가 가루가 되고 살이 붙었으니 어찌 우러러 보답할 수 있겠습니까.

용지龍墀가 얼굴을 든 것도 오히려 지극히 부족하여 사람을 대하는 것이 어긋나서 세상과 먹먹거리가 없어져서 세상에서 취하지 못하게 되었으며, 이미 조정으로 하여금 신이 직임을 받았다는 것을 알고 분수를 헤아려 볼 때 비웃음을 사게 되어, 목숨을 부지하고 다시 실결實結로 돌아가 고마른 것이 화華하여 세상에서 시신이 시달리고 지하에서 눈을 감을 것이니, 성주聖主의 은혜를 이루 다 헤아릴 수 없고, 살아서는 목숨을 바치고 죽어서는 결초보은結草報恩하여 보답하고 계책을 세우는 것이 걸맞지 않다는 것을 스스로 알고 있으니, 사람들이 뭐라고 하겠습니까.

묵묵히 생각을 하다 스스로 불사不赦 스스로 죄를 범하였다.

## 17 효종 10년 3월 12일 계묘 1659년

慶平君이 溫陽에 沐浴하러 간다고 呈辭함

慶平君, 溫陽地沐浴呈辭, 入啓。傳曰, 不但春寒尚峭, 湖西之飢荒,
近古所無, 廚傳之弊, 實所不忍, 卿亦必不自安於心也。姑待秋來後,
往來似當矣。

**해설**　　경평군慶平君이 온양溫陽에 목욕沐浴하는 일로 정사呈辭를 입
계하였다.

전교하기를, 봄추위가 아직 매서울 뿐만 아니라 호서의 기근은 근고近古
에 없던 것으로 주전廚傳의 폐단은 실로 차마 하지 못할 바이니, 경 또한
필시 스스로 마음이 편치 않을 것이다.

우선 가을이 오기를 기다린 뒤에 왕래하는 것이 마땅할 듯합니다.

## 18 효종 10년 3월 13일 갑진 1659년

溫陽에 沐浴하는 일을 아뢰는 慶平君의 계

慶平君啓曰, 陋姿庸臣, 二歲沐浴後, 前年不治右邊手臂, 比逞刺疼,
冷弗能擧, 針藥無效, 步走跛躄, 左右脚滯等症, 日漸危劇。三光弗
照覆盆之內, 四目奚知天門之外枝癢不可禁抑, 薪火豈亦救減? 冒呈
辭單, 前承天氣漸寒, 姑俟日暖爲之敎, 不料聖批, 嚴峻靳命, 驚怖
至死, 回徨失措, 臣雖駑劣, 豈要廚傳之侵哉? 非不識私往, 而靡受

恩由，臣誤屛嬰畏愼，議容除弊簡趨，……

 경평군慶平君이 아뢰기를, 누추한 자질을 가진 용렬한 신이 2년 동안 목욕재계한 뒤, 지난해에는 오른손의 손과 팔을 다스리지 않고 비위를 찌르면서 찌르는 듯한 통증을 가졌으며, 차가운 것도 들지 못하고 침과 약도 효과가 없으며 걸음걸이는 앉은뱅이와 같으며, 좌우 다리가 막히는 등의 증세가 날로 점점 심해졌습니다.

삼광三光이 비춤이 비추지 않은 곳 안에는 네 가지 눈으로 어찌 천문天門 밖의 가지와 가려움을 금지할 수 없다는 것을 알 수 있으며, 땔나무를 어찌 또한 불을 끌 수 있겠습니까.

외람되이 사단辭單을 올렸는데, 전에 날씨가 점점 추워지니 우선 날씨가 따뜻해지기를 기다려 하겠다고 하교하셨는데, 뜻밖에 성상의 비답이 엄준하고 엄명嚴命하여 죽음이 두려워 죽을 때까지 갈팡질팡하여 신이 비록 어리석고 못났지만 어찌 주전廚傳의 침해를 받으려고 하겠습니까.

간사가간은 은혜로운 말미를 받지 않은 것은 아니나, 신은 틀어박고 두려워하면서 의용하고 용모의 폐단을 제거하는 간추簡趨,

## 19 효종 10년 3월 13일 갑진 1659년

饑饉으로 인하여 慶平君의 給暇하라는 명을 還收할 것을 청하는 承政院의 계

政院啓曰，臣等伏見慶平君啓辭之批，許令速爲往哉。臣等固知聖上親親之意，難爲廢閣之歸，臣等竊悶焉。目今一路饑饉，至春轉甚，民將塡壑，荒政日急，而王子之行，事體尊重，兩道監司之迎侯，許多

差員之陪行，自有常規，雖使十分從簡，弊之及民，勢所必至，況以
往年之事推之，亦安保其必無他慮乎？且所患，本非大段，不可以不
急之行，俾貽饑民之弊，請仍前旨，還…

해설    정원이 아뢰기를, 신들이 삼가 경평군慶平君의 계사에 대한 비
답을 보니 속히 가도록 허락하셨습니까라고 하였다.

신들은 진실로 성상께서 친척을 친애하시는 뜻이 폐기되어 버리기 어
렵다는 것을 알기에 신들은 삼가 걱정스럽습니다.

현재 일대―道의 기근이 봄에 이르러 더욱 심해져 백성들이 장차 구렁
에 나뒹굴게 되어 황정荒政이 날로 급한데, 왕자의 행차는 일의 체모가
높고 중하며, 두 도의 감사가 영후迎候를 맞이하고, 허다한 차원差員이
배행陪行하는 것은 본디 상규常規가 있으니, 비록 열 가지 백성들이 간소
하게 나누더라도 폐단이 백성에게 미치는 것은 필연적인 형세이니, 더
구나 왕년의 일로 미루어 보면 또한 반드시 다른 염려가 없으리라고 어
찌 보장하겠습니까.

또 앓고 있는 병은 본래 대단한 것이 아니니, 급하지 않은 일 때문에 굶
주린 백성에게 폐해를 끼치게 해서는 안 되니 이전의 전지傳旨대로 돌
아가기를 청합니다.

## 20  효종 10년 3월 13일 갑진 1659년

列邑에 폐를 끼친 것이므로 慶平君을 賜暇沐浴하라는 명을 還收할 것
을 청하는 司諫院의 계

仍復陳啓，强蒙恩暇。此雖出於聖上親親憂愛之意，而慶平君，曾以

沐浴事, 下去溫陽, 臣於是時, 適在鄉曲, 備聞其貽弊列邑, 罔有紀極。外方沐浴, 事涉重難, 若非大端重病, 則初豈下去, 遊觀內浦, 樂而忘返, 各官支供, 一一點退, 至於撤破杯盤, 鞭扑浪藉, 子弟泣諫, 終不回聽, 至有道臣啓聞之擧。況 飢荒, 近古所無, 則其難堪, 必倍於前。請還收慶平君賜暇沐浴之命。答曰, 不允。

 이어 다시 아뢰어 억지로 말미를 받았다.

이는 비록 어버이를 친애하고 나라를 사랑하는 성상의 뜻에서 나온 것이기는 하지만, 경평군慶平君이 일찍이 목욕沐浴하는 일로 온양溫陽으로 내려갔는데, 신이 이때 마침 시골에 있었기 때문에 열읍에 끼치는 폐해가 끝이 없다고 들었습니다.

지방에서 목욕하는 것은 일이 매우 중대하고 어려우니, 만약 대단한 병이 아니라면 처음에 어찌 내려가서 내포內浦에서 유람하며 즐겁게 돌아서 돌아왔으며, 각 고을에서 지공支供하는 것은 1억조億兆에서 퇴짜를 놓았으며, 심지어 배반陪盤과 반반盤盤을 철거하고 채찍과 몽둥이로 마구 때리기까지 하였는데, 자제子弟가 울면서 간하여 끝내 마음을 돌리지 않고 도신이 장계로 보고하기까지 하였습니다.

더구나 기황飢荒은 근고近古에 없던 것이니, 감당하기 어려운 것이 반드시 전보다 갑절이나 됩니다.

경평군慶平君에게 휴가를 내려 목욕하라는 명을 도로 거두어들이소서.

답하기를, 윤허하지 않는다.



조선국 왕자 경평군

 **효종 10년 3월 13일** 갑진 1659년

南九萬이 입시하여 慶平君 沐浴給由의 命을 還收하는 문제에 대해 논의함

又所啓, 慶平君沐浴事, 有給由之命, 而即今海西, 飢荒特甚, 大賓之行, 廚傳之費, 決難責供於窮民。自上不逆其請, 誠是好意, 而臣等之事執, 亦不可已也。請還收慶平君沐浴給由之命。上曰, 不允。

**해설**　　또 아뢰기를, 경평군慶平君의 목욕沐浴에 대한 일에 대해 말미를 주라는 명이 있었는데, 지금 해서海西는 굶주림과 흉년이 특히 심하니 대빈大賓의 행차와 주전廚傳의 비용을 곤궁한 백성에게 공급하기 결코 어렵습니다.

상께서 그 청을 거스르지 않으시는 것은 참으로 좋은 뜻이지만, 신들이 쟁집하는 것도 그만둘 수 없습니다.

경평군慶平君의 목욕沐浴에 대해 말미를 주라는 명을 도로 거두소서.

상이 이르기를, 윤허하지 않는다.


 **효종 10년 3월 14일** 을사 1659년

金鏡의 罷職, 李時益 賞典의 還收, 慶平君의 賜暇沐浴 등을 청하는 司諫院의 계

諭, 强請恩暇, 聖明之許令往來, 雖出於親親憂疾之義, 而慶平君, 曾以沐浴事下去溫陽, 臣於是時, 適在鄕曲, 備聞其貽弊列邑, 罔有紀極。外方沐浴, 事涉重難, 若非大段疾病, 初豈下去, 而遊觀內浦, 樂而忘返, 各官支供, 一一點退, 至於擲 破杯盤, 鞭扑浪藉, 所經

一路，莫不騷然。況今凶荒，近古所無，生民之飢餧日甚，列邑之賑
政方急，夙夜遑遑，不……

 유서諭書를 내려 억지로 은혜로운 말미를 청하며, 밝은 성상께서 다녀오도록 허락한 것이 비록 어버이를 친애하고 병을 근심하는 뜻에서 나온 것이기는 하지만, 경평군慶平君은 일찍이 목욕沐浴하는 일로 온양溫陽으로 내려갔는데, 신이 이때 마침 시골에 있었으므로 열읍列邑에 끼치는 폐해가 끝이 없습니다.

지방에서 목욕하는 것은 일이 매우 중대하고 어려우니, 대단한 질병이 아니라면 처음에 어찌 내려가겠습니까마는, 내포內浦를 유람하면서 즐거이 돌아왔고 각 고을에서 지공支供하는 것은 수많은 백성들이 퇴짜를 놓았으며, 심지어 배꼽을 던져 버리기까지 하고 채찍질을 해 대기까지 하였으니 지나온 일로一路가 모두 소요하였습니다.

더구나 지금 흉황凶荒은 근고近古에 없던 것으로 백성들의 굶주림이 날로 심해지고 열읍列邑의 진휼 정사가 한창 시급하여 밤낮으로 허둥대며 불이 나는 듯 밤낮으로 허둥대고 있으니, 밤낮으로 황급하여 불不을 맞으면 불不을 맞으며 밤낮으로 허둥대고 있습니다.

# 경평군에 관한 승정원일기 (현종시대 46회 기록)

## 1 현종 즉위년 8월 9일 정유 1659년

鄭太和는 百官을 거느리고, 慶平君은 諸宗을 거느리고 權道를 따르도록 庭請을 함

領相鄭太和率百官, 及慶平君率諸宗, 從權事, 庭請爲之。

해설　영상 정태화鄭太和가 백관을 거느리고 경평군慶平君이 종친들을 거느리고 권도를 따르도록 정청庭請하였다.


## 2 현종 즉위년 8월 10일 무술 1659년

鄭太和는 百官을 거느리고, 慶平君은 諸宗을 거느리고 權道를 따르도록 庭請을 함

領相鄭太和率百官, 及慶平君率諸宗, 從權事, 庭請二爲之。

해설　영상 정태화鄭太和가 백관을 거느리고 경평군慶平君이 종친들을 거느리고 권도權道를 따르도록 정청庭請 두 번 하였다.


## 3 현종 즉위년 12월 19일 을사 1659년

해당 各司에서 典僕을 숫자대로 備給할 것을 청하는 李玏의 계

慶平君玏啓曰, 本府婢人・侍女擇入, 代差請告, 允許准批, 伊時判決事金汝鈺, 凌蔑上司, 淪喪理義, 迺敢外方, 塞責苟充, 防拒委塡, 道臣若報, 豈可周對? 世道傾衰, 人心淺歹。請令該各司, 典僕依數備給, 惶縮危悶, 敢來啓。答曰, 依啓。

 경평군慶平君 이륵李玏이 아뢰기를, 본부本府의 비인婢人과 시녀侍女를 가려 들여 대신 차임하도록 청하여 윤허를 받았으나, 그때 판결사判決事 김여옥金汝鈺이 상사上司를 능멸하고 의리와 의리를 무너뜨려 이에 감히 외방外方에서 책임을 때우려고 구차히 채워 넣었는데, 방거절하는 일을 막았다는 것을 도신이 보고하였다면 어찌 두루 대답할 수 있겠습니까. 세도世道는 쇠퇴하고 인심은 천심淺尋 합니다.

해당 각 관사로 하여금 전복典僕을 숫자대로 갖추어 지급하게 해 달라고 청하여 황공하고 위축되어 감히 와서 아룁니다.

아뢴 대로 하라고 답하였다.


## 4 현종 1년 5월 22일 병자 1660년

遞差해주도록 청하는 慶平君의 계

慶平君啓曰, 鄙 [駃] 愚臣, 猥仕宗戚, 夙恐覆餗, 常若蹈氷。伏逢聖主, 賴存簪履, 一草一木, 無不得所, 奚獨困惡? 酸歎危裂, 命也, 奈何? 忽焉忘生, 惟罄心力, 圖報涓埃, 學未變化, 才莫熏陶, 性賦鶻突, 行輒鯁丁, 舊惡新蘗, 疊現層畍, 蔑答當時, 罔聞后世, 請改有司, 敢塡可用。神縮膽破, 氣摧精飄, 格切懷鬱, 敢悚陳啓。答曰, 卿其安心勿辭。

 경평군慶平君이 아뢰기를, 어리석은 신이 외람되이 종척宗戚에 종사하면서 일찍부터 음식을 엎어질까 두려워 항상 얼음을 밟는 것 같았습니다.

삼가 성주聖主를 만나 옛 벼슬자리를 보존하여 풀 한 포기 나무 하나를 얻지 못하는 것이 없으니, 어찌 유독 곤혹스럽기만 하겠습니까.

시탄이 산란하다고 한 것은 명분이니, 어찌하겠는가?

갑자기 삶의 뜻을 잊은 채 오직 마음과 힘을 다하여 티끌만큼이라도 보답하고자 하였으나, 학문이 변화되지 않고 재주도 전도戰陶를 더럽히지 못하였고, 타고난 성품이 우매하여 곧 강직한 정丁이 되어 예전의 허물과 새로운 잘못이 거듭 드러나 당시에 답하지 못하였고, 후세들이 유사有司를 고치기를 청하면서 감히 쓸 만한 것을 써넣지 못하였습니다.

신축神縮이 위축되고 간담이 서늘하며 정기精氣가 왕성하여 격앙되고 답답한 심정을 감히 진계陳啓합니다.

답하기를, 경은 안심하고 사직하지 말라고 하였다.

<br>

## 5 현종 2년 6월 14일 신묘 1661년

慶平君의 병으로 本府의 春夏等褒貶을 기한 내에 할 수 없음을 아뢰는 有司堂上의 계

南龍翼, 以宗親府郎廳, 以有司堂上意啓曰, 本府今春夏等褒貶, 當爲磨勘, 而有司堂上三員內, 慶平君臣玏, 身有病患, 一員未差, 限內不得爲之之意, 敢啓。傳曰, 知道。

**해설**　남용익이 종친부 낭청이 전하는 유사 당상의 뜻으로 아뢰기를, 본부의 이번 춘하등 포폄을 마감해야 하는데, 유사 당상 3원(세 사람) 중에 경평군慶平君 이륵李玏은 신병이 있고, 일원(한 사람)은 아직 차임되지 않아 기한 내에 할 수 없다는 뜻으로 감히 아룁니다.

알았다고, 전교하였다.

## 6 현종 2년 11월 11일 병술 1661년

興平尉 納采의 禮가 끝나고 復命한다는 鄭萬和의 계

又啓曰, 吉禮都監郞廳來言, 主婚慶平君, 興平尉納采禮畢後, 還復命。傳曰, 知道。

**해설** 또 아뢰기를, 길례도감 낭청이 와서 말하기를 주혼主婚 경평군慶平君과 흥평위興平尉의 납채례納采禮를 마친 뒤에 돌아와 복명하였습니다.

알았다고, 전교하였다.


## 7 현종 3년 2월 8일 임자 1662년

慶平君 등에게 賞을 賜給하라는 비망기

備忘記, 傳曰, 主婚慶平君　鞍具馬一匹, 堂上判書金南重·參議姜栢年, 各熟馬一匹, 判書趙珩·參判南老星, 各上弦弓一張, 參判兪㯙, 兒馬一匹賜給。

**해설** 비망기에, 혼혼한 경평군慶平君에게 안구마鞍具馬 1필을, 당상인 판서 김남중金南重과 참의 강백년姜栢年에게 각각 숙마 1필을, 판서 조형趙珩과 참판 남노성南老星에게 각각 상현궁 1장을, 참판 유철兪㯙에게 아마 1필을 사급하라.


## 8 현종 3년 6월 14일 을묘 1662년

李玏의 未差로 기한 내 磨勘하지 못함을 아뢰는 宗親府의 계

李殷相, 以宗親府郞廳, 以有司堂上意啓曰, 本府今春夏等褒貶,

當爲磨勘, 而有司堂上三員內, 慶平君臣玏, 身有病患, 一員未差,
限內不得爲之之意, 敢啓。傳曰, 知道。

해설　이은상이 종친부 낭청이 전하는 유사 당상의 뜻으로 아뢰기를, 본부의 이번 춘하등 포폄을 마감해야 하는데, 유사 당상 3원 중에 경평군慶平君 이륵李玏은 신병이 있고, 1원(한 사람)은 아직 차임되지 않아 기한 내에 할 수 없다는 뜻으로 감히 아룁니다.

알았다고, 전교하였다.

9　**현종 3년 12월 14일** 계축 1662년

秋冬等褒貶을 기한 내에 磨勘하지 못한다는 宗親府의 계

鄭橉, 以宗親府郞廳, 以有司堂上意啓曰, 本府, 今秋冬等褒貶,
當爲磨勘, 而有司堂上三員內, 慶平君臣玏, 身有病患, 一員未差,
限內不得爲之之意, 敢啓。傳曰, 知道。

해설　정익이 종친부 낭청이 전하는 유사 당상의 뜻으로 아뢰기를, 본부의 이번 추동등 포폄을 마감해야 하는데, 유사 당상 3원(세 사람) 중에 경평군慶平君 이륵李玏은 신병이 있고, 1원(한 사람)은 아직 차임되지 않아 기한 내에 할 수 없다는 뜻으로 감히 아룁니다.

알았다고, 전교하였다.

10　**현종 4년 4월 17일** 갑인 1663년

本府의 錄事를 差定하여 該曹로 하여금 米布를 題給하도록 청하는 慶平君의 계

慶平君啓曰，庸愚陋臣，忝居宗班，三樂己缺，十手且怕，前若虎履，后同氷步，身係紫陌，志栖綠水，頃緣疾遘，久稽問候。本府，尊在上司·錄事，他上司，幾盡設置，本府獨無，王子進過，隻盭多吊，請本府錄事差定，令各該曹，米布題給，一望龍墀，四念猶極，座載禮影，立慈神魂，纈燮膽煎，精爽心隕，靦傷惶　，敢徠瀆啓。答曰，當令所司，依啓辭施行矣，卿其安心焉。

해설 경평군慶平君이 아뢰기를, 어리석고 비루한 신이 외람되이 종반宗班의 자리에 있으면서 세 가지 즐거움이 자신의 결함에 놓여 있고, 열 가지 일에도 두려움이 있어 전에는 호랑이와 같고, 임금은 얼음과 발걸음에 매여 몸이 자맥紫脈에 매여 있고 뜻이 녹수綠水에 흘러갔는데, 지난번에 병에 걸려 오랫동안 문후하지 못하였습니다.

본부는 상사上司와 녹사錄事를 존재하여 다른 상사上司를 거의 다 설치하였는데, 본부本府만 홀로 없어 왕자王子가 나아가 저지하고 피아被漁가 다들 조회弔會 하여 본부의 녹사錄事를 차정差定하여 각 해당 조로 하여금 미米와 포布를 제급하게 하고, 한 번 용지龍墀를 바라보매 마음이 오히려 지극하여 좌재座載와 예영禮影에 자모慈母의 신혼神魂을 세웠으니, 안절부절못하며 가슴이 답답하고 마음이 떨려 감히 성가시게 해 드립니다.

답하기를, 담당 관사로 하여금 계사대로 시행하게 할 것이니, 경은 안심하라고 하였다.

11 **현종 5년 3월 21일** 계미 1664년

李國華가 慶平君夫人 題主官으로 楊州에 나감

承文正字李國華, 慶平君夫人題主官, 楊州地出去。

 승문원 정자 이국화李國華, 경평군부인慶平君夫人의 제주관題主官

이 양주楊州로 나갔다.


12 **현종 5년 3월 21일** 계미 1664년

李時楳가 들어옴

京畿監司李時楳, 慶平君落後入來。已上朝報

 경기 감사京畿監司 이시매李時楳와 경평군慶平君이 뒤에 떨어져

들어왔다. 이상 조보


13 **현종 5년 3월 23일** 을유 1664년

李國華가 慶平君夫人의 題主를 한 뒤에 들어옴

承文正字李國華, 慶平君夫人題主後入來。已上朝報

 승문원 정자 이국화李國華가 경평군부인慶平君夫人의 제주題主

를 한 뒤에 들어왔다.

이상 조보


14 **현종 5년 3월 24일** 병술 1664년

崔爾嶷 등이 慶平君夫人의 禮葬을 치른 뒤에 들어옴

歸厚別提李炯, 加定官崔爾嶷, 慶平君夫人禮葬後入來。已上朝報

해설 귀후서 별제 이경李坰과 가정加定한 관원 최이억崔爾億이 경평군부인慶平君夫人을 예장禮葬한 뒤에 들어왔다.

이상 조보

## 15 현종 5년 11월 7일 갑오 1664년

平城府院君의 遷葬과 溫嬪의 發引 때에 慶平君이 산소에 가는 문제를 該道가 살피라는 전교

朝家待功臣自別, 今此平城府院君遷葬時, 旣有朝家顧視之擧, 成殯廳
參酌造給事, 分付本道。此出內下記草 又傳曰, 溫嬪發引之時, 慶平君
當往山所, 如此寒節, 不可露處, 所處草家, 令本道隨便造給。

해설 조정에서 공신을 대우하는 것이 자별自別한데, 이번에 평성부원군平城府院君을 천장遷葬할 때 이미 조정에서 돌보아 주는 거조가 있었으니, 성빈청成殯廳에서 참작하여 만들어 지급하도록 본도에 분부하라. 이는 대내大內에서 내린 기초記草에서 또 전교하기를, "온빈溫嬪이 발인"할 때에는 경평군慶平君이 산소에 가야 하는데, 이처럼 추운 계절에 한데에서 지내서는 안 되니, 거처하는 초가草家를 본도로 하여금 편의에 따라 만들어 주게 하라고 하였다.

## 16 현종 7년 12월 4일 경술 1666년

金益廉 등이 사은함

謝恩, 慶平君, 弼善金益廉, 說書申翼相, 校書博士金聖佐, 奉化
縣監李碩堅。

 경평군慶平君, 김익렴金益廉, 설서說書 신익상申翼相, 교서관 박사校書館博士 김성좌金聖佐, 봉화 현감奉化縣監 이석견李碩堅이 사은하였다.

## 17 현종 8년 3월 26일 경자 1667년

이번 거둥 때 慶平君에게 隨駕하지 말라고 史官을 보내 傳諭하라는 비망기

備忘記, 傳于尹飛卿曰, 今番擧動時, 慶平君, 將欲隨駕云, 纔經草土, 年氣俱衰, 遠路驅馳, 浹月露處, 疾病之來, 烏得免乎? 第念昔日王子, 存者幾希, 予心慮念, 豈淺淺哉? 欲爲隨駕, 雖出至誠, 朝家亦不可無別樣擧措, 勿爲隨駕之意, 遣史官傳諭。

 비망기로 윤비경에게 전교하기를, 이번에 거둥할 때에 경평군慶平君이 수가하려 한다고 하는데, 막 상喪을 치르고 나는 뒤라고 기운이 모두 쇠하여 먼 길을 달려와 한 달 동안 한데에서 지냈으니 질병을 어찌 면할 수 있겠는가.

백성들이 생각하기에 옛날 왕자가 남아 있는 자가 거의 없으니, 나에 마음이 어찌 얕겠는가.

수가하고자 하는 것이 비록 지극한 정성에서 나온 것이지만 조정에서도 별도의 거조가 없어서는 안 되니, 수가하지 말라는 뜻으로 사관을 보내어 전유하게 하라.

## 18 현종 8년 윤4월 14일 무자 1667년

問安하던 날에 李徵이 무례하게 행동했으므로 자신의 削職을 청하는 慶平君의 계

慶平君啓曰，凡問安厥日，晉進班首發言，縱有司堂上，弗能自判，乃流來故規。頃日崇善君徵 [崇善君澂]，靡議於在首之庸臣，恣譸于隨庭之書吏，攘放勃呃，擅改臣言，指詘數番，禮多逕庭，事有掣肘，弗足與較，煩瀆極懼，魏置度外，靡果糾正矣。弗特此也，且前溫陽嚴警之日，排班立齊，朝廷大會，汎得虞譽，諂悅全毀，弗行禮于陋臣，獨致揖於右相，弗修則已，其施欠儀，…

 경평군慶平君이 아뢰기를, 무릇 그 날을 문안할 때 진晉 나라가 반수班首가 발언하는 것은 유사 당상有司堂上이라도 스스로 판단하지 못하는 것이 바로 전해 내려오는 옛 규례입니다.

지난번에 선군善君 이징李徵을 숭선군崇善君 이징李澂이 수범首犯의 용렬한 신하에게 의논하지 않고 궁궐 뜰에 있는 서리書吏를 방자하게 굴면서 함부로 날뛰고 함부로 신의 말을 고쳤는데, 몇 번番을 손가락으로 꼽을 때에 예법과 현격한 차이가 있어 일에 구애되는 바가 있어 따질 것이 못 되고, 번거롭게 해 드린 것이 지극히 두려웠으므로 치아 둔 채 내버려 두고 잘못을 바로잡지 않았습니다.

이뿐만 아니라, 또 전에 온양溫陽에서 엄하게 경계하던 날에 반열을 배열하고 제齊 자를 세워 조정의 큰 모임에 대해 범범하게 우칭하고 칭찬하였으며, 아첨하고 기뻐하여 미천한 신에게 예를 행하지 않고 홀로 우상에게 읍하고 닦지 않으면 그만이지만, 흠례欠禮를 베푸는 데에는 흠이 되고 의식을 베푸는 것이 부족하다.

還宮하던 날 右議政의 실례에 대한 문제로 물의를 일으켰으므로 削職을 청하는 慶平君의 계

慶平君啓曰, 庸陋愚臣, 忝居瓊系, 賊恩圮族, 叢瑕萃癥, 古暴今白, 辭竭意罄, 縱恣傲慢, 略無顧忌。臣在首席, 弗能愼默, 猥溱危衷, 觸犯嗔怒, 貳度失儀, 咸指王子, 小毋他訛, 斷莫越外。拾參日還宮, 東西班列, 齊會, 堂上以上, 超床踞坐, 右相西班, 遠視處降馬步來, 臣以班首, 果起還据, 臣之開口, 匪獨右相事也。糾謬惜禮欠缺, 右相作止適議, 庸臣隨駕入闕, 問安罷歸, ……

> **해설**  "신이 수석首席의 자리에 있으면서", 신중하고 침묵을 지키지 못하여 외람되게 불안한 마음을 품고 노여움을 촉발하여 두 번이나 법도를 잃어 모두 왕자王子를 가리키니, 조금도 다른 말을 하지 말고 절대로 어길 수 없습니다.

13일에 궁으로 돌아오고, 동반과 서반의 반열에 모두 모여서 당상 이상이 자리를 뛰어넘어 앉은 채 우상이 서반西班에서 먼 곳에서 말에서 내려 걸어서 왔으므로 신이 반수班首로서 과연 다시 발계하였으니, 신이 입을 여는 것은 우상만의 일이 아닙니다.

잘못을 규탄하여 예禮를 아껴서 우상이 『동몽선언同病通言』에 그치고, 용렬한 신이 수가隨駕하여 입궐하여 문안을 파하고 돌아왔으니, 문안을 파하고 돌아오고 나서 문안하고 돌아가는 것을 마치고 돌아오라.

本府의 錄事를 傳旨에 의거하여 더 差定하는 일에 대한 慶平君의 차자

慶平君箚曰, 本府錄事, 更依傳旨, 加數差定事。入啓。答曰, 省箚
具悉卿懇。使之先定, 送于卿者, 意有所在, 卿何以此, 深以爲未
安乎? 卿宜安心, 須勿爲辭。

**해설**  경평군慶平君이 차자를 올리기를, 본부의 녹사錄事는 다시 전

지傳旨대로 인원수를 늘려 차정하라고 하였다. 입계하였다.

답하기를, 차자를 보고 경의 간절한 마음을 잘 알았다.

먼저 정하게 하여 경에게 보낸 것은 뜻한 바가 있어서인데, 경은 어찌하

여 이것을 가지고 매우 온당치 못하다고 여기는가?

경은 안심하고 부디 사직하지 말라.




宮家가 中路에서 생선을 겁탈하고 西江漁商을 禁抑한다고 權格이 말한
일은 백성을 侵虐한 일이 아님을 밝히는 慶平君의 계. 尹衡聖의 상소에
대해 사직하지 말라는 비답

慶平君啓曰, 掌令權格引見時, 宮家稱以斜水, 奪取生鮮, 斜水漁所,
已極不可, 況可以白奪於京中乎? 且魚廛之人, 欲爲專利, 西江漁商,
一切禁抑。又從而邀往中路, 公然刦奪云, 事甚可駭。此等侵虐之
事, 竝令痛禁, 何如? 右議政鄭曰, 責在平市署矣。見徙怖仄, 置身
無所, 猛厲陳達, 頗甚訝惑。臣生宮裏, 未識世冗, 只前聞宮家折
受, 稅魚捧納, 定施規例, 臣未知格之所聞…

 경평군慶平君이 아뢰기를, 장령掌令이 권격權格을 인견하였을 때 궁가宮家에서 사수斜水라고 일컬으며 생선을 탈취하였는데 사수斜水의 어소漁所가 이미 지극히 불가한데 하물며 경중京中에서 빼앗을 수 있겠습니까.

또 어전魚廛 사람들이 이익을 독차지하고자 하여 서강西江의 어상漁商이 일절 금지하고 있습니다.

또 뒤 따라 가서 중로中路에 가서 공공연히 빼앗았다고 하니, 매우 놀라운 일입니다.

이렇게 침학하는 일을 모두 통렬히 금하게 하는 것이 어떻겠습니까?

우의정 정전이 아뢰기를, 책임이 평시서平市署에 있습니다.

유래가 두려워 몸 둘 곳을 몰라 맹렬하게 진달하였으니 매우 의아스럽습니다.

신생궁이라서 세태를 알지 못하고 단지 전에 궁가宮家의 절수折受와 세어稅魚를 봉납捧納한 것에 대해 규례를 정하였는데, 신은 격례格例 들이 들은 바를 알지 못하여 격례(格例) 들이 들은 바를 알지 못하겠습니다.

## 22 현종 8년 10월 11일 임오 1667년

자신을 욕한 慶平君의 啓辭를 보고 체직을 청하는 權格의 계

掌令權格啓曰, 臣伏見慶平君啓辭, 醜詆臣身, 不遺餘力, 臣不勝懼然之至。當初陳弊曲折, 聖明旣已洞燭, 臣不敢更爲爭辨, 自就煩瀆也。且臣以屬病之人, 只勉供劇, 茶時, 有或不行於本府之日矣, 監察所坐家主多發不恭之言, 欲爲治罪, 則稱以典醫監主簿,

呈訴本監，至以監察不識事體，移關於本府，諸監察，皆懷不安，
絶 [爭] 先退去，無非臣不行茶時於……

　장령 권격權格이 아뢰기를, 신이 삼가 경평군慶平君의 계사를
보니, 온 힘을 다해 신을 비방하고 욕하였으므로 신은 지극히 두려운 마
음을 금할 수 없습니다.

당초 폐단을 진술한 곡절에 대해서는 밝으신 성상께서 이미 통촉하고
계시니, 신이 감히 다시 쟁변하여 스스로 번독스럽게 하지 못하겠습
니다.

또 신은 병약한 사람으로 단지 극무劇務를 수행하느라 다시茶時를 혹 본
부本府에서 행하지 않는 날이 있었는데, 감찰이 연루된 집주인이 불공不
恭한 말을 많이 하여 죄를 다스리려고 하자 전의감 주부가 본감本監에
정소呈訴하여 감찰이 일의 체모를 알지 못하여 본부에 관문關文을 보내
기까지 하였고 감찰監察들이 모두 불안한 마음을 품어 앞다투어 먼저
물러갔다고 하니, 모두가 신이 행차시行茶時에 시제時第를 올리지 않은
데다 감찰이 일의 체모를 알지 못하여 본부에 관문關文을 보내기까지
하였고 감찰監察들이 모두 불안한 마음을 품어 앞다투어 먼저 물러갔으
니, 모두가 신이 시제時製에서 시제時製를 행하지 않은 데다가, 감찰이
일의 체모를 알지 못한다는 것으로 본부에 관문關文을 보내기까지 하여
감찰監察들이 모두 불안한 마음을 품어 앞다투어 먼저 물러갔으니, 모두
가 신이 행차시行茶時 ……

　　　　　　　　　　　　　　　　　　　　**조선국 왕자 경평군**

權格의 魚市에 관한 論啓는 자신과 함께 의논하였기에 체직하기를 청하는 尹衡聖의 계

掌令尹衡聖啓曰，臣以掌令權格處置，詣闕，伏見慶平君啓辭，向日榻前陳達魚市一款，蓋與臣相議論啓者，則其所被詆，亦難免，臣何敢晏然處置乎? 請命遞斥臣職。答曰，勿辭。

> **해설**　장령 윤형성尹衡聖이 아뢰기를, 신이 장령掌令 권격權格을 처치하는 일로 예궐詣闕 하였는데, 삼가 경평군慶平君의 계사를 보니, 지난 번 탑전榻前에서 아뢴 어시魚市에 관한 한 조항은 신과 상의하여 논계한 것으로 그 비난을 받은 것을 또한 면하기 어려우니, 신이 어찌 감히 태연히 처치할 수 있겠습니까. 신의 직임을 체차遞差(관리의 임기가 차거나 부적당할 때 다른 사람으로 바꾸는 일을 이르던 말)하라고 명하소서. 답하기를, 사직하지 말라고 하였다.




貞和翁主의 장례를 양주에서 치루니, 멀지만 왕래할 수 있게 해달라는 경평군 李玏의 계

慶平君玏啓曰，貞和翁主楊州卽遠，同家二三字缺克堪存，花零更明，人逝不返，愛實會葬四五字缺塗，控牘私滓，釋網旒煩，伏冀聖慈，特命恩由，猥縮新恐，能徯陳啓。傳曰，安心往來。

> **해설**　경평군慶平君 이륵李玏이 아뢰기를, 정화옹주貞和翁主가 양주楊州에 즉위하여 동가同家 2, 3자字를 모두 감당할 수 있었는데, 꽃이 가라

앓고 다시 밝아져 사람이 죽었는데도 돌아오지 않았고, 애실愛實과 회장
會葬에 4, 5자를 다 발랐는데, 글을 올려 사사로운 마음을 찌푸리고 그물
에 빠져 번거롭게 해 드렸으니, 삼가 바라건대 자애로운 성상께서는 특
별히 은혜로운 말미를 내려 주시어 신이 두려워 떨고 있을 것이라 여겨
진계陳啓할 수 있었습니다.

안심하고 다녀오라고 전교하였다.


## 25 현종 8년 11월 24일 갑자 1667년

慶平君에게 말을 지급하라는 전교

以慶平君啓辭, 傳于鄭鑰曰, 給由馬。

**해설** 경평군慶平君의 계사와 관련하여 정륜에게 전교하기를, 유마由
馬를 지급하라고 하였다.


## 26 현종 8년 11월 24일 갑자 1667년

貞和翁主의 발인이 내일인데 各殿中使 5員으로 護喪하라는 명령이 있
었으나, 1원만 보내서 경기민의 부담을 줄이자는 洪命夏의 箚

方在飢饉之中, 而諸中官, 各帶廠人, 往來厨傳之弊, 爲如何哉?
至於慶平君會葬之行, 悲心所感, 而聖明又許恩由, 楊州一邑, 不
能獨當支供, 故分定遠近各邑云。此時民事, 不可不慮。禮意雖不
可廢, 亦豈無隨時減損之道乎? 護喪中使一員之外, 特令停寢, 以
除畿民一分之弊, 不勝幸甚, 取進止。答曰, 省箚具悉卿懇。一員外
無進去山所之事, 卿未能詳知而然矣。以上燼餘 參出朝報




조선국 왕자 경평군

 현재 기근이 들었는데, 여러 중관中官이 각각 창인倉人을 데리고 다니니 왕래하는 과정에서 주전廚傳 하는 폐단이 어떠하겠습니까.

경평군慶平君이 회장會葬하는 일에 이르러서는 슬픈 마음에 감응하였고, 밝은 성상께서 또 은혜로운 말미를 허락하시어 양주楊州 한 고을이 홀로 지공支供을 담당할 수 없었기 때문에 멀리 각 고을에 분정分定하였다고 합니다.

지금 농사일을 염려하지 않을 수 없다.

예의禮意는 비록 폐할 수 없지만 또한 어찌 때에 따라 줄이는 방도가 없겠습니까?

호상 중사護喪中使 1원 외에 특별히 정지하여 경기 백성의 폐해를 조금이라도 제거해 주신다면 더없이 다행이겠습니다. 답하기를, 차자를 보고 경의 간절한 마음을 잘 알았다.

1원 외에는 산소에 나아갈 일이 없으니, 경이 자세히 알지 못해서 그런 것이다.


## 27 **현종 9년 2월 22일** 신묘 1668년

慶平君이 穆陵獻官으로 왕래할 때 給馬하라고 분부하는 전교

傳曰, 慶平君, 穆陵獻官往來時, 給馬事, 分付。

 전교하여 이르기를, 경평군慶平君과 목릉 헌관穆陵 獻官이 왕래할 때 역마를 내주도록 분부하라고 하였다.

**28**  **현종 9년 2월 22일** 신묘 1668년

張善瀓이 慶平君을 陪行하는 일로 나감

京畿監司張善瀓, 慶平君陪行事, 出去。

> **해설**  경기 감사 장선징張善瀓이 경평군慶平君을 배행陪行하는 일로 나갔다.


**29**  **현종 9년 2월 22일** 신묘 1668년

京畿監司의 肅拜單子에 대한 전교

以京畿監司肅拜單子, 傳曰, 此時畿甸之弊, 不可不慮, 今此慶平君回還時, 京畿監司, 陪行於城外事, 分付。

> **해설**  경기 감사의 숙배단자肅拜單子(임금께 인사를 올리는 글)와 관련하여 전교하기를, 이러한 때에 기전畿甸의 폐단을 염려하지 않을 수 없으니, 이번에 경평군慶平君이 돌아갈 때 경기 감사가 성 밖에서 배행陪行(윗사람을 모시고 따라감)하도록 분부하라고 전교하여 분부하셨습니다.


**30**  **현종 9년 2월 23일** 임진 1668년

張善瀓이 慶平君을 陪行한 뒤에 들어옴

京畿監司張善瀓, 慶平君陪行後入來。

> **해설**  경기 감사 장선징張善瀓이 경평군 배행후입래慶平君 陪行 後入來하고 들어왔다.

종친 연소배들의 망령된 행위에 대하여 개탄하는 慶平君의 계

慶平君啓曰, 福昌君楨, 福善君枏, 福平君㮒, 失負, 雖靡認何緣, 而大司諫李, 正言李·下 憎蔑至親, 此後王子宗室, 私自出入鄉曲者, 嚴加禁斷, 以重法制, 貳百餘載, 不宜有辜, 駁礪行, 明鶺直, 識法且叵覺, 縶束王子手足, 毋逮李將靡有, 若是之簡諱, 莫不入學, 洞開重門, 豈匪盛庸, 保全宗戚, 有累當代, 貽譏后世? 李 等, 那昧佳謨, 又何知他日…

**해설** 경평군慶平君이 아뢰기를, 복창군福昌君 이정李楨, 복선군福善君 이남李枏, 복평군福平君 이연李㮒이 실패失敗한 것이 무슨 인연인가를 알 수 없지만, 대사간 이씨李氏, 정언 이씨李氏, 이변李枏이 지친至親을 미워하고, 이후로 왕자 종실王宗室이 사사로이 향곡鄕曲에 출입한 자는 엄히 금단하여 법제를 중히 여겼고, 이와 같이 하지 않은 자가 없었으니, 이와 같이 서투른 자가 모두 입학하였고, 명절明節이 곧고 지모知謀 또한 헤아리기 어려워서 왕자王子와 수족手足을 얽어매는 것이 이장李將이 없는 것이 이와 같았으니, 이와 같이 서투르지 않은 자가 없고, 학행學行을 논박하지 않은 자가 없으며, 명골明骨이 곧고, 법을 아는 중문重門을 활짝 열어 놓은 것이 어찌 성대한 일이 아니겠으며, 종척宗戚을 보전하여 당대에 누가 되고 후세에 기롱을 받는 것이겠습니까?

이등이 훌륭한 모훈謨訓에 어두울 줄 어찌 모릅니다만 훗날 또 무슨 훗날에 훗날을 알겠는가.

慶平君에게 내린 비답에 간관들에 대해 年少輩妄作이라는 내용이 들어 있다는 이유로 遞斥을 청하는 李泰淵 등의 계

大司諫李泰淵, 正言李□□啓曰, 臣等伏見慶平君啓辭, 及自上賜答之批, 不勝惶愧之至。頃日請推宗戚之時, 非不欲竝論同行之王子, 而王子事體, 與宗戚自別。故只以禁其私自出入之意, 略及於啓辭末端矣。今以一啓竝擧, 出於年少輩妄作爲敎, 臣等身居諫職, 旣有汚玷臺閣之羞, 且負妄作之失, 何敢晏然仍冒? 請命遞斥臣等之職。答曰, 勿辭, 退待物論。

**해설** 대사간 이태연李泰淵, 정언 이계李□□啓가 아뢰기를, 신들이 삼가 경평군慶平君의 계사와 상께서 내리신 비답을 보니, 지극히 두렵고 부끄러운 마음을 금할 수 없습니다.

지난번 종척宗戚을 추고할 것을 청할 때 함께 동행한 왕자를 함께 논하고자 하지 않은 것은 아니지만 왕자의 사체는 종척과는 자별하다.

그러므로 단지 사사로이 출입하는 것을 금지하라는 뜻으로 계사의 말단에 대략 언급하였던 것입니다.

지금 한 차례 계사를 올려 함께 거론한 것이 연소한 무리의 망녕된 행위에서 나왔다고 하교하셨는데, 신들이 간직諫職에 있으면서 대각臺閣을 더럽힌 부끄러움이 있고 또 망녕되이 행동한 잘못을 저질렀으니, 어찌 감히 태연히 그대로 자리를 차지하고 있을 수 있겠습니까?

신들의 직임을 체차하라고 명하소서.

답하기를 사직하지 말고 물러나 물론物論을 기다리겠다고 답하였다.

召對할 때 鄭太和 등이 입시하여 李光鎭의 推考, 宣惠廳堂上 3원 중 하나로 李慶億을 堂上에 差下하는 일 등을 논의함

依爲之。右副承旨吳斗寅所啓，年高宗班，皆蒙恩典，而慶平君，以親王子，年歲亦高，而以一歲未 滿之故，未與於恩典之中，外議多以爲欠事矣。上曰，予亦有此意，方欲言及而未果矣，一依李領府事例，擧行，可也。上曰，閭閻火患，近日愈甚，至於延燒甚多，事極驚慘，失火之處，若撤毀其隣家，則似無延及之患矣。鄭太和曰，舊有禁火司，閭閻火起，則以鉤鐵及大索，……

**해설** 그대로 하라.

우부승지 오두인이 아뢴 내용에, 연로한 종반宗班은 모두 은전을 입었는데, 경평군慶平君은 친왕자親王子로서 나이도 많았는데 한 해가 차지 않았기 때문에 은전恩典에 포함되지 못하였으니, 바깥의 여론은 흠이 되는 일이라고 합니다.

상이 이르기를, 나도 이런 뜻이 있어 바야흐로 언급하려다가 하지 못하였으니, 한결같이 이 영부사李領府事의 사례대로 거행하라.

상이 이르기를, 여염閭閻의 화환火患이 근래 더욱 심해져 불에 탄 경우가 매우 많아 일이 몹시 놀랍고 참혹하니, 불이 나는 곳은 이웃집을 철거하면 번질 걱정이 없을 것 같다.

정태화鄭太和는 이르기를 옛날에는 금화사禁火司가 있었고, 여염閭閻에서는 불이 나면 구철鉤鐵 및 삭索, 삭索, 삭索을 넣는다고 하였습니다.

**34** **현종 9년 3월 23일** 신유 1668년

成命을 거두어 달라는 慶平君의 차자

慶平君箚子。大槪, 乞收成命, 俾寧危懷事, 入啓。

해설  경평군慶平君의 차자箚子(왕에게 올린 상주문의 일종으로서 조선시대에는 성종 연간에 서거정의 건의에 의해 정식으로 시행된 간소한 형식의 문서)를 올렸다.

대개 명을 거두시어 위녕危寧의 마음을 편안하게 하겠다는 일이었는데 입계入啓하자, 입계하였다.


**35** **현종 9년 3월 24일** 임술 1668년

사직하지 말라고 慶平君의 차자에 대해 내린 비답

答慶平君箚曰, 省箚具悉卿懇。今玆食物等輸送之擧, 誠非偶然之意, 古例有無, 何用强引? 卿宜安心勿辭焉。已上朝報

해설  경평군慶平君의 차자에 답하기를, 차자를 보고 경의 간절한 마음을 잘 알았다.

이번에 음식 등을 실어 보내는 일은 참으로 우연한 뜻이 아니니, 고례古例의 유무를 어찌 억지로 끌어댈 필요가 있겠는가?

경은 안심하고 사직하지 말라.

이상 조보


**36** **현종 9년 4월 9일** 정축 1668년

貞和翁主에게 앞으로 3년에 限하여 祿俸을 내려줄 것을 청하는 慶平君의 계

慶平君啓曰，貞和翁主，卒靡蓁哀，産萬簍乏，斗升繼艱，甫違祭廢，
極庸恨渴。東昌既歿，家喪輒譓，情恩撫義，解却誼棄，微疑陳危，
誰堪救急? 正月祿等，莫能送云。請如他規，限三年祿俸命賜，得
絶缺，則靈懇愳縮，敢來蟲啓。傳曰，自是朝家例用之特典，雖未
有命，尚何獨缺乎? 宜令攸司，依他例，限三年仍送焉。

 경평군慶平君이 아뢰기를, 정화옹주貞和翁主가 끝내 기년복朞年
服을 입지 못하였는데, 아주 궁핍하여 한 말의 새도 잇기가 어려워 제사
가 끊어진 것을 가까스로 어겼으니, 지극히 한탄스럽습니다.

동창東昌은 이미 죽었고 집안의 상喪에는 마속馬謖이 되어 정의情義와 위
무威撫에 대해 버려진 것을 풀어 주었는데, 은미하게 의심스러운 것을
진달하면 누가 위급한 상황을 감당할 수 있겠습니까?

정월록正月祿 등을 보내지 못한다고 합니다.

다른 규례대로 3년에 한하여 녹봉을 내려 주도록 명하신 것이 매우 이
지러진다면 두렵고 위축되어 감히 촉계蟲啓를 올립니다.

전교하기를, 본래 조정에서 의례적으로 쓰는 특전特典이니, 비록 명을
내리지는 않았지만 오히려 어찌 서운하겠는가.

마땅히 유사攸司로 하여금 다른 규례대로 3년에 한하여 그대로 보내도
록 해야 합니다.


37 **현종 10년 3월 9일** 임인 1669년

吏曹의 溫陽擧動時隨駕單子에 대한 전교

以吏曹溫陽擧動時隨駕單子，傳于姜鎬曰，宗親府王子三員，慶平

君想爲隨駕，前有遣史官傳諭之事矣。年齡，已高行路，病患，亦甚可慮。以須勿隨駕，安心留在之意，明日，遣史官傳諭。

 이조가 온양溫陽에 거둥할 때 수가한 단자와 관련하여 강호에게 전교하기를, 종친부의 왕자 3원(세 사람)과 경평군慶平君이 수가한다고 하였는데, 전에 사관을 보내어 전유한 일이 있다.
연령이 이미 높은 길에 올랐으니 병환도 매우 염려됩니다.
수가하지 말고 안심하고 머물러 있겠다는 뜻으로 내일 사관을 보내 전유傳諭(임금의 명령을 의정議政 또는 유현儒賢에게 전하는 일)하는 것으로 전유하게 하라.


## 38 현종 10년 4월 11일 계유 1669년

慶平君을 먼저 올라가게 하라는 전교

傳于張善澂曰，慶平君，當初不爲隨駕之意，遣史官傳諭矣，不意日昨，追後下來，此必出於缺然之情，良慰予心，而但念還都之日不遠，年紀已高之人，長路驅馳，必致傷損，須勿陪，先爲從容上去之意，遣史官傳諭，令兩道監司給馬護送。

 장선징에게 전교하기를, 경평군慶平君은 당초에 수가隨駕(거둥 때, 임금을 모시고 따라다니는 것)하지 않았다는 뜻으로 사관史官을 보내어 전유하였는데, 뜻밖에 어제 뒤따라 내려왔으니 이는 필시 서운한 마음에서 나온 것으로, 참으로 나에 마음을 위로한 것이지만 환도還都 날이 머지않았으니, 나이가 이미 많은 사람은 먼 길을 달려오면 반드시 몸을 상하게 하지 말라.

　　　　　　　　　　　　조선국 왕자 경평군

우선 조용히 올라가라는 뜻으로 사관史官을 보내어 전유傳諭(임금의 명령
을 의정議政 또는 유현儒賢에게 전하는 일)하고, 두 도의 감사에게 말을 주어
호송하게 하라.


## 39  현종 10년 8월 15일 을해 1669년

### 平君의 沐浴呈辭

慶平君 高城地沐浴呈辭，入啓。傳曰，舊時王子，只有卿一人而已，
朝家待之，亦異於他。今卿年滿七十，秋氣已涼，此時沐浴，必致
添傷，予心耿耿，屢日不已。玆遣史官，諭以至意，須體此意，勿爲
作行。

**해설**   경평군慶平君 고성高城의 목욕沐浴에 대한 정사呈辭를 입계하
였다.

전傳에 이르기를 옛날 왕자王子는 단지 경 한 사람뿐이었는데, 조정에서
대우한 것도 다른 사람과 달랐다.

지금 경은 나이가 70에 찼고 가을 기운이 이미 서늘해졌으며, 이러한 때
에 목욕沐浴하는 것은 필시 병이 더 심해질 것이니, 나에 마음에 잊히지
않는 것이 여러 날 그치지 않는다.

이에 사관史官을 보내어 지극한 뜻을 유시하니, 부디 이러한 뜻을 헤아
려 작행作行 하지 말고 길을 떠나지 말라.


## 40  현종 10년 8월 16일 병자 1669년

### 高城에서 沐浴을 하겠다는 慶平君의 상소

慶平君上疏。大槪, 高城溫水沐浴, 能治病劇潰殞事。入啓。

 경평군慶平君이 상소하였다.

대개 고성高城에서 온수溫水에서 목욕沐浴 하고 병이 심하여 극심하게 무너졌다는 일이었다. 입계.

## 41 현종 10년 8월 17일 정축 1669년

안심하고 갔다오라는 慶平君의 상소에 대한 비답

答慶平君疏曰, 省疏具悉卿懇。卿辭至此, 安心往來。仍傳曰, 給由馬。

 경평군慶平君의 상소에 답하기를, 상소를 보고 경의 간절한 마음을 잘 알았다.

경이 이렇게까지 사양하니 안심하고 갔다 오라.

이어 전교하기를, 유마由馬를 지급하라고 하였다.

## 42 현종 14년 2월 27일 정묘 1673년

召對할 때 貞明公主 등 종실 중에 부모의 나이가 70 이상인 사람들에게 食物을 題給하는 문제에 대해 논의함

召對時, 上曰, 靖社功臣, 旣已食物題給矣。慶平君, 曾有衣資食物之謝, 前例相考, 題給。貞明公主, 亦年踰七十, 一體題給, 宗室中有父母年七十以上者, 亦爲食物題給, 可也。侍讀官金萬重所啓, 玉候違豫累年, 今始開講, 中外莫不聳動, 伏聞王世子, 方講大學, 大學, 卽入德之門也, 卽今講院, 亦皆一時之選, 而如使贊善李惟泰, 出入於丙筵, 則必有所輔益, 若以誠意召之……



조선국 왕자 경평군

 소대할 때 상이 이르기를, 정사 공신靖社功臣은 이미 음식물을 제급하였다고 하였다.

경평군慶平君에게 일찍이 옷감과 음식을 하사한 사례가 있으니, 전례를 상고하여 제급하라.

정명공주貞明公主도 나이가 70이 넘었으니 똑같이 제급하고, 종실 가운데 부모의 나이가 70세 이상인 자도 식물食物을 제급하라.

시독과는 김만중金萬重이 아뢰기를, 옥후玉候가 여러 해 동안 미령하시어 지금에서야 개강開講 하여 중외中外가 모두 고무되었는데, 삼가 들으니 왕세자가 현재 『대학大學』을 강하고 있고, 『대학』은 곧 입덕入德하는 문으로, 지금의 강원講院도 모두 한 시대의 선발이니, 만약 찬선 이유태李惟泰로 하여금 병경연에 출입하게 한다면 반드시 도움이 될 것이니 성의로 부르는 뜻으로 불렀을 때의 문초(文招)로 말하면, 지금의 강원講院도 모두 한 시대의 선발이니, 찬선 이유태李惟泰로 하여금 병경연에 출입하게 한다면 반드시 보탬이 있을 것이니, 성의로 부르는 뜻으로 불렀을 때의 문초文招로 말하면, 지금의 강원講院도 모두 한 시대의 선발이니, 만약 찬선 이유태李惟泰로 하여금 병경연에 출입하게 한다면 반드시 도움이 될 것이니……

43 **현종 14년 11월 21일** 병술 1673년

慶平君의 병환에 御醫를 보내 看病케 하라는 전교

以慶平君病患, 傳于呂聖齊曰, 卽遣御醫權愉, 看病, 書啓。

 경평군慶平君의 병환과 관련하여 여성제에게 전교하기를, 즉시 어의御醫와 권유權愉를 보내 간병하고 서계書啓(왕명을 받은 봉명관奉命

臣이 일의 결과를 보고하는 복명서復命書를 말함)하게 하라고 하였다.

## 44 현종 14년 11월 28일 계사 1673년

慶平君 卒逝單子의 日子를 誤書한 宗親府의 當該堂上·郎廳의 推考를
청하는 呂聖齊의 계

呂聖齊啓曰, 以慶平君卒逝單子, 傳曰, 日子誤書, 而何以捧入耶事,
傳敎矣。二十八日之二字落書, 事甚可駭, 宗親府當該堂上郎廳, 難
免不察之失, 請竝推考, 臣亦未及覺察, 曚然捧入, 不勝惶恐, 敢啓。
傳曰, 知道。

> **해설**　여성제呂聖齊(조선 후기에, 병조판서, 우의정, 영의정 등을 역임한 문
> 신) 아뢰기를, 경평군慶平君의 졸에서 단자卒逝單子와 관련하여, 날짜를
> 잘못 썼는데 어찌하여 봉입하였는가라고 전교하셨습니다.
> 28일이라는 두 글자를 빠뜨린 것은 매우 놀라운 일이니, 종친부의 해당
> 당상과 낭청이 살피지 못한 잘못을 면하기 어려워 모두 추고하고, 신도
> 미처 살피지 못하고 멍청하게 봉입하였으니 황공한 마음을 금할 수 없
> 어 감히 아룁니다.
> 알았다고, 전교하였다.


## 45 현종 15년 1월 5일 경오 1674년

慶平君 초상의 墓幕은 仁興君의 전례대로 거행하라는 전교

傳曰, 卒慶平君喪事, 墓幕, 依仁興君例擧行事, 分付該廳。

> **해설**　전교하기를, 졸한 경평군慶平君의 상사喪事와 묘막墓幕을 "인흥
> 군仁興君의 예대로 거행"하도록 해당 청에 분부하라고 하였다.

인흥군仁興君의 예대로 경평군慶平君 륵玏은 선조대왕의 아들로서 선왕

先王의 숙부입니다. 그 지위는 품계가 없어 3공三政丞(영의정, 좌의정, 우의

정)보다 위上品階(상품계)입니다.


 **현종 15년 1월 17일** 임오 1674년

죽은 慶平君에게 祿俸을 3년동안 지급하도록 該曹에 분부하라는 전교

傳曰, 卒慶平君祿俸限三年仍給事, 分付該曹.

**해설** 전교하기를, 졸卒한 경평군慶平君의 녹봉을 3년에 한하여 그대

로 지급하도록 해당 조에 분부하라고 하였다.

## 제6장

# 종친부

## 왕실 종친부 (경근당)의 지위와 역할, 역사

왕실 종친부宗親府는 조선시대 왕, 상왕, 왕세자를 제외한 왕실 남성 및 그 후손과 관련된 업무를 담당하던 정1품 관청이다. 종친부는 국왕의 족보어보, 御譜를 관리하고, 국왕의 친척인 왕가 및 종실 인사들의 신분과 관직을 결정하는 역할을 맡았다. 또한, 종친들의 관혼상제冠婚喪祭와 관련된 사무를 처리하며, 왕족 간의 갈등을 조정하고 해결하는 기능도 수행했다.

종친부는 종친과 신료관료를 명확히 구분하여 왕족들에게 특별한 예우를 제공하면서도, 정치적 권력에 개입하지 못하도록 통제하려는 목적도 있었다. 왕족들은 정치 참여가 금지되었으며, 거주 이전의 자



조선국 왕자 경평군

유가 제한되기도 했다. 이는 왕실 내부에서 권력 다툼이 발생하는 것을 방지하기 위한 조치였다.

1412년태종 12에는 태조의 후손이 아닌 왕족들에게 봉군封君을 금지하는 조처가 내려진 바 있다. 이는 왕실의 권위를 유지하고, 불필요한 봉작으로 인해 국가 재정이 낭비되는 것을 막기 위한 정책이었다.

종친부는 실질적인 정치 권한은 없었지만, 형식적으로는 조선의 최고 관서로 인정받았다. 정1품 아문으로서 의정부보다 서열이 높았으며, 명목상으로는 조선의 최고 행정기관관서으로 여겨졌다.

종친부는 왕실과 관련된 다양한 업무를 담당했다.

**어보 및 어진 관리** 조선 역대 국왕들의 어보와 어진(御眞, 왕의 초상화)을 보관하고 관리했다. 어보는 국가의 공식 인장으로, 왕실에서 가장 중요한 물품 중 하나였다.

**왕실 의복 및 의례 관리** 국왕과 왕비의 의복을 관리했다. 종친들은 각종 국가 제사와 제향, 조회, 왕실 혼인, 흉례, 사신 접대, 대열이나 강무와 같은 군례 등에 참여할 의무가 있었다.

**왕족 신분 및 봉작 관련 업무** 종실(宗室) 제군들의 봉작, 승습(承襲), 즉 작위를 물려받는 절차를 담당했다. 왕실 구성원의 관혼상제와 관련된 전반적인 행정 업무를 처리했다.

　종친의 예우 문제나 구휼 등 종실의 품위 유지에 힘썼으며, 종친 간의 분규를 해결하는 역할도 했다.

종친부는 종반직에 제수되는 종친과 동반 관원으로 구성된 이중 체제로 운영되었다. 종친은 정치에 관여할 수 없었지만, 국가 의례에 참여할 의무가 있었다.

종친부의 기능과 역할은 시대에 따라 변화했다. 초기에는 왕족의 관리와 예우를 담당했으며, 후기에는 어보와 어진 관리, 선원제파璿源諸派 관장, 왕실 의복 관리 등도 맡았다.

조선 초기에는 재내제군소在內諸君所로 설치되었으나, 여러 번 명칭과 기능이 바뀌었다가 1428년세종 10에 재내제군소가 부府로 승격되었고, 1430년세종 12 11월 29일에 공식적으로 종친부宗親府로 개칭되었다.

1895년에 종친부가 종정사宗正司 및 종정원宗正院으로 개편되었고, 1905년에는 종부사宗簿司로 이름이 변경되었다가, 1907년에 종친부가 폐지되면서, 관련 업무가 규장각으로 이관되었다.

종친부는 조선시대 경복궁 동쪽 문인 건춘문建春門 맞은편에 위치했다. 당시 행정구역상으로는 한성부 북부 관광방觀光坊에 해당하는 지역이었다. 건춘문은 왕족, 외척, 상궁 등이 출입하던 전용 문으로, 궁궐 내부 질서를 유지하기 위한 중요한 출입구였다.

**서울 경복궁 건춘문 정측면** 출처: 한국민족문화대백과사전

건춘문은 '동쪽은 봄에 해당한다'라는 뜻에서 이름 지어진 것으로, 임진왜란 때 소실되었다가 흥선대원군에 의해 재건되었다. 이 문은 왕족, 척신, 상궁 등의 출입을 엄격히 관리하며 궁궐 질서 유지의 중요한 역할을 했는데, 건춘문 안쪽에는 왕세자의 거처인 춘궁春宮, 동궁이 자리 잡고 있었으며, 건춘문 바깥쪽에는 왕실 종친들의 교육 기관인 종학宗學이 위치했다.

종친부의 주요 건물로는 경근당敬謹堂과 옥첩당玉牒堂이 있다.

경근당   정면 7칸, 측면 5칸 규모의 목조 건축물로, 겹처마 팔작지붕 형

오늘날 종친부 경근당과 옥첩당 전경 출처: 한국민족문화대백과사전

태이다. 국왕의 어진(御眞)과 어보(御寶)를 보관했던 곳으로, 주요 의례와 행사를 치르기 위한 월대가 만들어져 있다.

**옥첩당**  정면 5칸, 측면 3칸 규모로 경근당보다 격이 낮은 건물이다. 실무 관헌들이 근무하던 공간으로 사용되었으며, 경근당과는 복도로 연결되어 있다.

종친부는 1981년 정독도서관 부지로 이전되었다가, 2013년 국립현대미술관 서울관으로 복원되었다. 이 과정에서 원래의 경근당과 옥첩당 현판도 다시 걸리게 되었다.



조선국 왕자 경평군

# 종친부의 품계

| 품작명 | 품계 | 설명 | 처(妻)의 품작 |
| --- | --- | --- | --- |
| 대군<br>大君 | 무품 | 왕의 적자嫡子·정궁의 아들 | 부부인<br>府夫人: 정1품 |
| 군<br>君:王子君 | 무품 | 왕의 서자庶子·후궁의 아들 | 군부인<br>郡夫人: 정1품 |
| 영종정경<br>領宗正卿 | 무품 | 대군大君·군君이 겸임 | |
| 군<br>君 | 정1품 | | |
| 판종정경<br>判宗正卿 | 정1품 | | |
| 군<br>君 | 종1품 | 대군을 승습한 적장자嫡長子 | 군부인<br>郡夫人 |
| 군<br>君 | 정2품 | 왕세자의 중자衆子·대군을 승습한 적장손嫡長孫·왕자군을 승습한 적장자嫡長子 | 현부인<br>縣夫人 |
| 지종정경<br>知宗正卿 | 종1품<br>~정2품 | | |
| 군<br>君 | 종2품 | 왕세자의 중손衆孫·대군의 중자와 적장증손嫡長曾孫·왕자군의 적장손 | 현부인<br>縣夫人 |
| 종정경<br>宗正卿 | 종2품 | | |
| 도정<br>都正 | 정3품<br>당상 | | 신부인<br>慎夫人 |

| 정<br>正 | 정3품 | 세자의 중증손(衆曾孫)·대군의 중손·왕자군의 중자와 적장증손 | 신인<br>慎人 |
|---|---|---|---|
| 부정<br>副正 | 종3품 | 대군의 중증손·왕자군의 중손 | 신인<br>慎人 |
| 수<br>守 | 정4품 | 왕자군의 중증손·대군의 서자 | 혜인<br>惠人 |
| 부수<br>副守 | 종4품 | 대군의 얼자·왕자군의 서자 | 혜인<br>惠人 |
| 영<br>令 | 정5품 | 왕자군의 얼자 | 온인<br>溫人 |
| 부령<br>副令 | 종5품 | | 온인<br>溫人 |
| 감<br>監 | 정6품 | | 순인<br>順人 |

출처: 『경국대전(經國大典)』 목판본 이전(吏典) 종친부 편(9면~13면), 외명부 종친처 편(4면~5면)

**품계의 원칙**　출처: 위키백과

● 승습하여 받는 작위는 부친의 사후에 승급되어 제수되는 것이다.

● 대군은 4대손까지, 왕자군은 3대손까지 종친으로 인정된다.

● 대군의 서얼이 낳은 아들은 종친으로 인정되지만, 왕자군의 서얼이 낳은 아들은 인정되지 않는다.

● 정1품 군은 공을 세우거나 국가의 행사로 승급을 하여 받는 품작이다. 본래 대군과 왕자군이 받은 품작이었으나 을사대전에서 무계로 조정되었다.

# 조선시대 종친의 품계

- **왕실 구성원으로서의 지위:** 국왕國王의 종친宗親은 8촌八寸 이내 친족으로, 왕실 구성원으로서의 품위를 유지할 수 있도록 종반직宗班職을 부여받고 대우받았다.

- **봉작과의 연계:** 종친에게는 품계와 함께 봉작封爵이 주어졌으며, 대군大君과 군君은 무품계無品階로서 최상의 지위를 누렸다.

- **무품계無品階:** 왕자군왕의 아들들은 품계 없이 무품無品으로 대우받았으며, 정1품의 상계上階에 해당하는 최고 지위였다.

- 초수初受, 승습承襲, 가자加資

  **초수 初受** 같은 항렬의 형제와 같은 품작으로 종친이 처음으로 받는 벼슬이나 품작을 의미한다. 초수 연령은 왕의 자녀는 7세, 왕손은 10세, 증손은 15세로 정해진다.

  **승습 承襲** 벼슬이나 직위를 이어받는 것을 뜻한다.

**가자 加資** 본래 품계보다 한 단계 올려주는 것을 의미하며, 종친을 관리하는 관청인 종친부에서 종친의 지위를 높여줄 때 사용되었다. 승습承襲은 상喪의 당해 삼년상三年喪을 끝낸 뒤 가자加資되었다.

- **종친 품작 12품계**: 대군, 왕자군을 제외한 종친에게는 정1품군(君)부터 정6품감(監)까지 12품계의 품계가 부여되었다.

| | |
|---|---|
| **대군 大君, 군 君** | 무품(정1품 상계) |
| **원윤 元尹** | 종2품 이상인 봉군되지 않은 종친 |
| **부원윤 副元尹** | 정3품인 종친 |
| **정윤 正尹** | 종3품인 종친 |
| **부정윤 副正尹** | 정4품인 종친 |
| **정 正** | 정3품인 종친 |
| **부정 副正** | 종3품인 종친 |
| **수 守** | 정4품인 종친 |
| **부수 副守** | 종4품인 종친 |
| **령 令** | 정5품인 종친 |
| **부령 副令** | 종5품인 종친 |
| **감 監** | 정6품인 종친 |
| **부감 副監** | 종6품인 종친 |



*조선국 왕자 경평군*

- 종친전용산계宗親專用散階

**왕자 王子** 정1품 무품계無品階, 중궁의 중자衆子는 대군大君으로 후궁의 아들은 군君으로 봉함.

**왕손 王孫** 적통은 종2품(군君)을 초수初受하여 승습 후 종1품으로 가자加資되고, 중손衆孫은 정5품(령令)을 초수初受함.

**증손 曾孫** 적통은 정3품(정正)을 초수初受하여 승습 후 정2품으로 가자加資되고, 중증손衆曾孫은 종5품(령令)을 초수初受함.

**현손 玄孫** 적통은 정3품(정正)을 초수初受하여 승습 후 종2품으로 가자加資되고, 중현손衆玄孫은 정6품(감監)을 초수初受함.

- 양자養子 및 계자系子로 입적하여 적자嫡子 신분이 되어도, 태생이 서자庶子였다면 1품계를, 얼자孽子였다면 2품계를 내린다.

세조대왕 때 일련의 개편 과정을 거친 직제가 이후 『경국대전』에 그대로 규정되었다. 즉 대군大君·왕자군王子君은 별도의 품계無品階가 없고, 대군의 적장자는 종1품 군君에 제수되며, 세자의 중자衆子, 대군의 적장손嫡長孫 및 왕자군의 적장자는 정2품 군君에 제수되었다. 세자의 중손衆孫, 대군의 중자와 적장증손嫡長曾孫, 왕자군의 적장손은 종2품의 군君에 제수되었다. 이 밖에 세자의 중증손衆曾孫, 대군의 중손, 왕자군의 중자와 적장증손은 정3품 당상관에, 대군의 중증손, 왕자군의 중손은 종3품 부정副正에 제수되었으며, 왕자의 중증손은 정4품 수守에 제수되었다.

## 제8장

# 경평군 이륵의 시문

조선시대 한강동작진 부위 대표적인 8개 누정樓亭 중 하나인 "망원정望遠亭"은 망원동에 있는 그 정자가 아니라 동작강가銅雀江頭에 있었던 정자인데, 이 정자는 경평군 이륵의 정자이다.

이로 알 수 있듯, 경평군은 왕자 신분으로 권력보다는 시詩와 문학을 사랑하는 서민적인 왕자였다. 높은 수준의 근체시近體詩 오언율시와 칠언율시를 다수 남긴 것으로 보아, 시인詩人이라 사료된다. 또한 조야에서는 그를 "금일오늘날에 맹자孟子"라 칭했다고 기록되어 있다.

# 경평군의 유고 시: 근체시

한시漢詩에 있어서 운율 면에서 비교적 자유로운 고시古詩 또는 고체시古體詩에 비하여, 금체시今體詩라고 불리기도 하는 근체시近體詩는 "운율의 형식이 엄격한 정형시定型試, 풀어 말하면 까다로운 형식에 그대로 맞춰 지은 시"로써 기승전결의 구법을 가진다. 고체시와의 차이는 구수句數, 평측平仄, 압운押韻 등의 규칙이 엄격한 데 있다.

또한 연의 구성과 대구의 구속이 있으며 그 주요 형태는 구수句數에 따라 4구로 이루어진 것을 절구絶句, 8구로 이루어진 것을 율시律詩, 대개 12구이상의 것을 배율排律이라 한다.


절구는 한 수가 4개의 구四句로 가장 짧은 길이로 이루어지며 단시형短詩形이기 때문에 찰나적 감정을 응축시키는 데 적절하며 "군더더기가 없는 표현으로 오랫동안 여운"을 남긴다. 1구가 5자인 오언절구五言絶句와 7자인 칠언절구七言絶句가 있다.


율시는 한 수가 8개의 구八句로 이루어진다. 율시는 절구와 같이 찰나적 감정을 응집적으로 노래하나 중간의 대구의 묘미, 치밀한 구성미 등으로 보다 복잡한 맛을 지닌다. 1구가 5자인 오언율시五言律詩와 7자인 칠언율시七言律詩의 두 가지가 있다.

서울 근교와 한강변 명소를 그린 겸재 정선의 경교명승첩 중 일부
출처: 국가유산포털

겸재 그림에서 나오는 한강 유역 유명한 8개의 정자 중에서 망원정은 경평군의 정자인 것으로 보아 시인으로 사료된다. 또한 정치적 격변기에 생명 부지를 위하여, 전국을 유람하면서 당대 최고수준의 오언율시와 칠언율시 등을 다수 남겼다. 그러나 아깝게도 경평군의 수많은 시들이 6·25사변으로 소실되고, 현재는 10여 편의 시만이 전해지고 있다.



조선국 왕자 경평군

# 금강산 유관
## 金剛山遊觀

**작시** 경평군 이록  · **년도** 인조 8년(경오년) 1630년 작  · **형식** 오언율시


### 첫째 절구

**관동제일산** 關東第一山　관동에서 제일의 산(금강산)에 오르니

**청경백석간** 淸磬白石間　맑은 풍경소리는 흰 바위 사이로 흐르고

**명월삼경야** 明月三更夜　밝은 달은 중천에서 야삼경의 한 밤을 지키고

**문승소어한** 聞僧笑語閑　스님들의 담소하는 소리 한가로이 들리네.


### 둘째 절구

**수류선경외** 水流仙境外　흐르는 물은 신선 경지를 벗어나고

**인거화도중** 人去畫圖中　사람은 물러가고 선경의 그림 속에 있네

**홍진종차사** 紅塵從此謝　속된 세상의 번거로움을 이제는 물리치고

**입산만려공** 入山萬慮空　산에 오르니 만 가지 시름이 사라지네.

## 셋째 절구

**백운심처조상풍** 白雲深處早霜風　하늘의 흰구름 저 깊은 곳에
어느새 서리바람 일고

**녹수잔원금수홍** 綠水潺湲錦繡紅　푸른 골 물 잔잔히 흐르고 비단
수놓은 듯 붉은 단풍

**산사오경승독기** 山寺五更僧獨起　산사(산속 절) 뜬 새벽 오경
밤에 스님 홀로 일어나니

**일성청경월명중** 一聲淸磬月明中　맑은 풍경의 한 소리(가닥)가 밝
은 달밤 속으로 울려 퍼지네

# 동작정자에서 우연히 읊조리다(동작정 우금)

銅雀亭 偶吟

**작시** 경평군 이륵　·**년도** 미상　·**형식** 칠언율시

**산조역지춘색만** 山鳥亦知春色晚　산새도 봄빛이 기우는 것을
아는지

**격강사일어화지** 隔江斜日語花枝　강건너 지는 해에 꽃가지에
앉아 조잘대네.



조선국 왕자 경평군

# 천안광덕사

## 天安廣德寺

**작시** 경평군 이륵 · **년도** 병신년 1656년 작 · **형식** 오언율시

둔운산외견 屯雲山外見　구름 걸친 둔 산을 멀리서 보고 있으니

청경동중문 淸磬洞中聞　맑은 풍경소리가 깊은 골속으로 들려오네.

발섭휴언고 跋涉休言苦　산 넘고 물 건너 온 고행의 길은 말하지 마라

승래일우훈 僧來日又曛　스님은 힘들게 돌아오고 하루는 또 황혼이 되네.


# 홍복산

## 弘福山

**작시** 경평군 이륵 · **년도** 미상 · **형식** 오언율시

각효기추풍 覺曉起秋風　새벽에 일어나 가슴을 여니 가을바람 부네

심여일몽중 心如一夢中　마음은 여전히 한 꿈속에 있으련만

향대운수잡 香臺雲水匝　불전 앞에 둘러선 무념의 탁발승을 보니

세사유무궁 世事有無窮　세상사 모든 것이 무궁하기만 하네.

# 삼청동에 오르다
## 上三淸洞

**작시** 경평군 이륵  · **년도** 효종7년(병신년) 1656년 작  · **형식** 칠언율시

### 첫째 절구

**원중락취파침배** 苑中樂醉把沈杯　꽃동산에서 즐겁게 취하고자 넘치는 술잔 잡고

**부대포금상이래** 不待抱琴上已來　거문고를 안으니 기다림 없이 삼짇날(봄)은 이미 왔네.

**세거인생진여몽** 世擧人生眞如夢　세상에서의 인생은 참으로 꿈과 같다 하니

**수혐창절자지형** 誰嫌悵切自遲迥　누구를 탓하고 원망하며 자신을 멀게 하리오.

### 둘째 절구

**삼청동우백연봉** 三淸洞隅白蓮峰　삼청동 모퉁이 돌아 백련봉인데

**시박다위한미용** 時薄多違恨未容　한 시절 무수한 잘못의 한을 용인하지 못하네



**조선국 왕자 경평군**

성전배흠하훼절 星殿拜欽何毁絶 　성전에 절하고 공경함을 어찌
　　　　　　　　　　　　저질러 끝내랴.
조제밀우일장송 鳥啼密雨一長松 　산새도 울고 가랑비는 내려
　　　　　　　　　　　　큰 소나무를 감싸 안았네.

# 세심대에 오르다
## 登洗心臺

**작시** 경평군 이록 　·**년도** 병신(丙申)년-1656년 작 　·**형식** 칠언율시

현가번열세심대 絃歌繁咽洗心臺 　세심대에 올라 현악기에 목이
　　　　　　　　　　　　메이도록 흥을 내 보네.
하필타인강취래 何必他人强醉來 　하필이면 몹시 취한 나그네가
　　　　　　　　　　　　올라오네.
요지폐문오불관 要地閉門吾不管 　이 자리에 오는 사람 막기는
　　　　　　　　　　　　내 관여일이 아니리
일년춘색몽중형 一年春色夢中逈 　한 해의 봄기운도 꿈속처럼
　　　　　　　　　　　　멀어만 지네.

# 예산 석가정

## 禮山 夕佳亭

**작시** 경평군 이륵 · **년도** 정유년 1657년도 작 · **형식** 칠오율시

간신발섭석가정 艱辛跋涉 夕佳亭 　어렵사리 산 넘고 물 건너
　석가정에 다다르니

산저백화일불개 山底百花一不開 　산밑에는 백화가 피었는데
　한 송이만이 피지 않았네.

심해하방관폐성 尋海何妨官弊省 　깊은 바다 찾아 가듯 어찌
　피하는 관폐를 쉬이 살피나

수전랑설긍지형 誰傳浪說肯遲逈 　뉘인가 낭설을 퍼트려 오래도록
　멀어지길 바라나.



조선국 왕자 경평군

# 왕모정에서 강관찰운에 이어짓다 (왕모정 강관찰운)
## 王母亭 姜觀察韻

**작시** 경평군 이륵  · **년도** 미상  · **형식** 칠오율시

해문조망석양풍 海門眺望夕陽風　　해안에서 멀리 석양을 보노라니
바람도 부네

차일인한만여공 此日人閑萬慮空　　오늘따라 인적이 한가하니
만 가지 걱정이 사라진다.

속객추선경학몽 俗客追仙驚鶴夢　　속세인이 신선을 따르려 하니
놀란 학이 꿈만 깨우고

송화영락월명중 松花零落月明中　　송화는 시들어 쓸쓸히 밝은 달
밤 속으로 떨어진다.

## 제9장

# 경평군의 가족들

## 부인 삭녕최씨

경평군은 15세가 되던 1614년광해 6에 삭녕최씨朔寧崔氏 최윤조崔胤祖의 딸과 혼례를 치렀다. 당시 혼례 한 해 전인 1613년에 광해군은 대간들의 온갖 반대에도 불구하고 경평군의 배필을 고르기 위해 반가의 처녀들을 대궐로 부르도록 명했다.

삭녕최씨는 삭녕朔寧을 본관으로 하는 성씨인데, 삭녕은 현재 경기도 연천군과 강원도 철원군 일부지역에 있었던 옛 지명이다. 이들은 고려 명종 때 문하시랑평장사를 지낸 최천로崔天老를 시조로, 최유가崔兪駕를 중시조로 모시고 있다.

군수를 지낸 아버지 최윤조는 직계로 삭녕최씨 가계는 대대로 명문가였다.

우선 조선 세종 때 집현전 학자로 유명했던 최항崔恒, 1409~1474은 최윤조의 5대조로서, 최항의 처남은 『동문선東文選』의 저자로 유명한 서거정徐居正, 1420~1488이다. 최항은 26세 때인 1434년세종 16에 문과에 장원급제한 수재로, 한글 창제에 매우 큰 업적을 남겼고 영의정을 지낸 인물이다.


최항의 두 아들 최영린崔永潾과 최영호崔永鎬는 모두 문과에 급제하여 영예를 드높였는데, 최영호가 최윤조崔胤祖의 고조부이다. 최영호의 손자이자 최윤조崔胤祖의 조부가 되는 최흥원崔興源, 1529-1603은 1568년선조 1 증광문과에 병과로 급제, 사헌부와 사간원의 대간을 역임했으며, 이어 동래와 부평의 부사를 지냈다.

1578년 승지로 기용되고, 1588년 평안도관찰사가 되었는데 이후 지중추부사를 거쳐 1592년 임진왜란이 일어나자 우의정·좌의정을 거쳐 유성룡柳成龍의 파직에 따라 영의정에 기용되었다.

그는 임진왜란 당시 왕을 의주까지 호종했던 공으로 1604년 호성공신扈聖功臣 2등에 추록追錄되었고, 시호는 충정忠貞이다.

조부祖父인 최산립崔山立, 1558-1634은 1590년선조 23에 생원시에 합격했는데, 1592년 임진왜란 당시에 민심의 안정을 위해 한성부漢城府의 백성들이 부르도록 하였던 「등등곡登登曲」을 작사, 작곡한 여덟 명의

학사 중 한 명이었다.

그는 1599년 수원부사를 역임했는데, 이때 수원에 정배되어 있던 순화군의 비행에 대해 관리 소홀의 책임을 지고 파직되었다가 이듬해 복직되었다.

이후 광해군 때 호조참판에 제수되고 영안군掌安君에 봉해졌다. 그는 평생토록 전국 12주에 걸쳐 수령직을 역임했는데, 제나 청렴한 목민관으로서 선정을 베푼 공로로 청백리에 녹선되는 영예를 안았다. 또한 인조 때 호성원종공신 1등과 정사원종공신 1등에 녹훈되었다.

증조부 최홍원과 조부 최산립 모두 선조~인조 시기의 고위 관료로서 국가에 이바지한 바가 큰 인물들이다. 이렇게 경평군은 조정으로부터 오랜 기간에 걸쳐 신뢰를 받아온 삭녕최씨 가문의 사위이다.

## 경평군의 형제들 (1) 흥안군

선조의 10남 흥안군興安君 이제李瑅,1598-1624는 온빈한씨溫嬪韓氏 소생의 장남으로, 겨우 27세에 명분파의 수장 이괄과 함께 조카 능양군후일 인조이 정변으로 찬탈한 조선국 왕위를, 바로 세우기 위한 왕실종친부인성군, 인흥군, 흥안군을 대표하여 반정을 주도하고 왕위에 등극하였지만 '이괄의 군'이 패배하여 창덕궁 앞 돈화문에서 역적 심기원에 의하여 목매달려 죽었다. 이 반정을 역사는 '이괄의 난'이라 부른다.

홍안군 이제

그의 죽음은 온빈한씨를 비롯하여 그 동생들인 경평군·영성군·정화옹주 등 세 동생의 앞날에도 먹구름을 드리우는 일대 사건이었다.

계해정변인조반정 이후 홍안군이 인성군과 더불어 서인 정변쿠데타 세력들의 경계 대상이 되어 역적으로 몰리는 상황까지 치닫게 된 데에는 더욱 근본적인 원인이 있었다. 그것은 바로 광해군 이후 왕권다툼에서 왕위계승은 선조대왕을 기준으로 하면 선조와 1촌 관계인 인성군과 왕자들이 우선하기 때문이다.

또한 광해군을 중심으로 하여도 2촌 관계인 인성군과 왕자들이 왕위계승권자이다. 뿐만 아니라 계해정변인조반정에 참여할 주역들이 확정된 시점은 거사 한 달 전인 1623년 2월이었다. 그런데 반정 주역들은 광해군을 타도한다는 점에는 합의했지만 다른 점에는 그러지 못했다.

가장 큰 이견은 다음 왕으로 누구를 추대하는가의 문제였다. 이 문제를 놓고 반정 주역들은 명분파와 능양군파로 나뉘었다.

양쪽 모두에 일장일단이 있었다. 우선 명분파는 광해군을 타도한 뒤 후계왕은 조선의 유교명분에 따라 광해군과 같은 항렬行列, 즉 선조의 아들들 중에서 추대해야 한다고 주장했다. 이는 "명분에서 앞서는 주장"이었다.

생전의 선조에게는 왕비소생의 대군 1명과 후궁소생의 왕자군 13명 등 총 14명의 아들이 있었다. 이들 중에서 1623년 2월 당시까지의 생존자는 광해군을 위시해 왕자군群 7명 등 총 8명이었다.

생존한 왕자군 7명인성군, 의창군, 경창군, 흥안군, 경평군, 인흥군, 영성군 중에서는 36세의 인성군이 최고 연장자였다. 따라서 광해군을 축출한다면 왕자군 7명 중에서 최고연장자인 인성군을 추대하든가 아니면 그와 같은 왕자王子 항렬 중에서 추대해야 한다는 것이 당연한 명분파의 주론이었다.

문제는 아직 인성군의 내락을 받지 못했다는 사실이었다. 하지만 반정 주역들이 합의만 되면 아무런 문제 없다는 것이 명분파의 입장주론이었다. 이 같은 명분파의 대표자는 '이괄과 김원량'이었다.

반면 능양군파는 이미 능양군이 반정에 적극 개입하고 있는 현실을 인정해 그를 추대해야 한다는 입장이었다. 1623년 당시 29세의 능양군후일 인조은 거금의 재산을 풀어 거사자금에 충당했으며, 주요 반



**조선국 왕자 경평군**

정정변 참여자들과 결속을 다지고 있었다.

당시 조선 왕실종친부를 대표하는 인성군과 흥안군 등도 명분파의 주론과 같은 입장이었다.

그러나 왕실종친부는 의정부보다 서열이 높은 명실상부한 조선의 최고의 관서였지만, 주력군대가 없는 조직이었기에 능양군파쿠데타 세력를 힘으로 막아 내기에는 역 부족이었으므로, 조카 능양군에게 왕위를 찬탈당하고, 정통 왕위계승자인 인성군은 사약을 받고 죽었고, 흥안군은 목 매달려 죽었다.

서인들은 계해정변인조반정을 통하여 정권왕위찬탈에 성공했음에도, 불구하고 반대파의 조정 신료들을 처참하게 도륙한 것은 이해되지 않는 살육의 현장이었다.

그런 서인쿠데타 군들의 입장에서 볼 때, 인성군과 흥안군은 만약 반정을 품는 자가 있다면 언제든지 왕으로 옹립할 수 있는 능력이 되었고 또 왕위승계 서열도 뒤지지 않았다. 반면에 서인이 옹립한 능양군은 왕위승계 서열에서 방계서열로서 왕위를 계승하기 어려운 것이 현실이었다.


이런 잠재적 위험 요소가 인조반정 이후, 이 두 왕자들인성군과 흥안군을 위험에 빠뜨렸다. 1623년인조 1 봄에 반정이 일어나고, 바로 그해 가을부터 역모의 고변이 있었다. 10월 1일의 『인조실록』 기사에는 역모자로 의심되어 심문받았던 황현黃玹이 공초에서 "흥안군은 성품이 본시 호협하여 재물을 흩어 무사를 모아 죽음을 서로 맹세했고 또 그 집의 종들도 적지 않다."라는 말을 이미 하고 있다.

몇 달 뒤 해가 바뀌고 1624년인조 2 1월 말에는 '이괄의 반정군'이 한양도성을 향해 남하하고 있었다. 그런데 이 와중에서도 '이귀'와 '김류' 등은 인성군과 흥안군을 이 난의 공모자로 몰기에 바빴다.

인조가 도성을 비우고 피난을 떠나기 며칠 전인 2월 2일 자 기사를 보자.

좌찬성 이귀(李貴)가 아뢰기를, "인성군(仁城君)·인흥군(仁興君)·흥안군(興安君) 등은 적들의 공초에 뚜렷이 나와 단서가 낭자한데, 한번도 명을 기다리지 않고 자기 집에 물러가 있습니다. 더구나 흥안군은 국법을 무시하고 제멋대로 여러 능(陵) 아래에서 절하고 곡한 것은 크게 놀라운 일인데 대간은 다만 파직할 것으로 논계하였으니, 이것이 군신의 대의를 아는 것이라 하겠습니까. 대사간 정엽(鄭曄)을 잡아다 친국하여 죄를 정하소서."하니, 상(임금)이 답하지 않았다.

이때 흥안군 이제가 사사로이 건원릉(健元陵)과 여러 능에 가서 숙배(肅拜)하고 '목릉'에서 곡하였는데, 재실을 지키던 자가 이 사실을 아뢰었다. 대사간 정엽이 아뢰기를, "인성군 이공(李洪)과 인흥군 '이영'은 적들의 공초에 나왔는데 한 번도 대죄하지 않았으니, 물정이 놀라고 분개하는 것이 당연합니다. 신이 옥사의 실정이 구명되기를 기다린 뒤에 의논하여 처치하려 하였으나, 갑자기 역신(逆臣)이 군사를 일으킨 변을 당하여 논계할 겨를이 없었습니다.

그런데 어제 또 흥안군 이제가 여러 능에 두루 숙배하고 목릉 아래에서 곡하였다는 말을 듣고 매우 놀라 수호군(守護軍)을 추고하여 묻기 전에 먼저 파직할 것으로 논계하였습니다……." 하고, 사간 이하와 헌부가 모두 인피하였는데, 상(임금)이 답하기를, "지금은 어지러이 피혐할 때가 아니니 사직하지 말라." 하였다.

**정변**능양군**세력이 보면, 이처럼 흥안군과 인성군 등은 어떤 역모 사**

## 능양군과 서인정변

서인들이 정통 왕위계승자(인성군, 인흥군, 흥안군)들을 역모 공모자로 몰기에 바빴다. 그러나 능양군(후일 인조)이 동조하기 어려웠던 이유는 무엇일까? 능양군(인조)이 계해정변으로 왕위를 찬탈한 지 4개월이 지난 시점에서 왕실 종친부로부터 인정받지 못하고 있는 시점에서, 정통 왕위계승자(인성군과 흥안군) 항렬(行列) 왕자들을 벌주기에는 조선시대 왕위승계 전통과 당시 조선시대의 윤리에 크게 반하기 때문이었다. 서인(정변세력)들의 정통 왕위승계 왕자들을 역모로 모는 것은, '도적놈이 주인행사를 하는 격'이라 감히 동조하지 못했던 것으로 사료된다. (참조: 조선왕실문화 연구소)

건과도 연루될 수 있는 필요조건을 갖추고 있었다. 결국 선조의 10남 홍안군, 그리고 7남 인성군과 12남 인흥군 형제들의 운명은 그야말로 풍전등화의 위기를 맞게 된다.

역사가 '이괄의 난'이라 적었으나, 사실은 왕실종친인성군, 인흥군, 홍안군이 주체가 되어 명분파 장수 '이괄'에게 지시한 반정이다.

그렇다면 먼저 '이괄의 난'이 어떤 역사적 배경에서 어떻게 전개되었고, 이때 홍안군은 어떤 선택을 했는지 보다 구체적으로 살펴보자.
홍안군은 능양군이 정변으로 왕위를 찬탈한 지 4개월이 지난 시점에서, 이미 잘못된 조선 왕위계승을 바로 잡고자 능양군을 몰아낼 반정을 계획하고, 왕실종친부인성군, 인흥군가 주체가 되어 시행할 것을 결의하고, 그간 7개월 동안 준비하여 1월에 거사 일을 정하고, 명분파 장군 이괄에게 전복전투 복장를 보내 1월에 거사 할 것을 비밀문서로 보냈다.

'이괄의 변란'이 맨 처음 보고된 것은 1624년인조 2 1월 17일이었다. 문회·윤안형 등 하급 관리와 군인 몇몇이 이를 대궐에 나가 고하니, 곧 이에 대한 국문이 시작되었다. 이들의 고변 내용인즉, '이괄' 일당이 나라를 원망하는 마음을 품고 그 전해 7월부터 서로 음모를 꾸며왔다는 것이고, 놀랍게도 여기에는 '인성군과 홍안군'을 필두로 인성군의 친동생인 '인흥군'도 가담한 흔적이 있다는 것이었다.

하지만 인조는 이로부터 닷새가 지난 1월 22일까지도 숙부인 '인성군' 등의 연루는 물론이고 '이괄'의 반란조차도 얼토당토않은 고변으로 치부하고 믿지 않았다. 이후 "1월 24일에서야 이괄의 반란이 공식화"되었다.

이런 상황에서 인조반정의 공신 강경 세력들은, '이괄'과 연루되었다 싶은 정적政敵들을 별다른 대질심문도 거치지 않은 채 대거 숙청했다. 그리고 마침내 2월 2일, 위 인용문 내용처럼 반정 1등공신 이귀는 인조에게 흥안군과 인성군 등의 공모 사실을 아뢴 것이다.

이귀의 말에 따르면, 인성군과 인흥군은 모의에 가담한 정황이 확실하고 "흥안군은 아예 작정하고 선왕들의 능에 반란을 보고하듯 절하고 곡을 했다."는 것이다.

흥안군의 이런 행동은 나중에 그가 반정군의 주동자가 된 것과 맞물려 이미 그 조짐으로 해석되기도 한다.

즉 흥안군은 이미 조카 능양군의 정변세력에게 찬탈당한 왕위계승을 바로 잡고자 반정을 계획하고, 태조의 건원릉과 선조의 목릉 능침에 새 나라 건설을 고했다는 것으로 해석되는 일이었다.

하지만 인조는 이들의 말을 곧이곧대로 믿지 않고 일단 반란군을 진압하는 데만 신경 썼다.

‘이괄’의 군사는 장만 도원수가 있는 평양을 우회하여 파죽지세로 내려왔고, 이에 2월 9일 인조는 충청도 공주까지 피난을 가야 했다.

이때 비변사에서는 흥안군을 위험하다고 판단하여 “흥안군 이제는 대궐 안에 유치하라는 명이 있었으나, 이제 거동擧動: 임금이 궁궐 밖으로 행차하는 일하시는 일이 있게 되었으니 대간이 아뢴 대로 남방에 안치시키소서.”라고 건의했다.

이미 대간에서 흥안군을 남쪽 지방으로 보내놓으라고 건의했다는 것이다. 그러나 인조는 “안치하지 말고 대가大駕를 따르게 하라.”고 했다.

인조는 2월 9일 도성을 나와 피난길에 올랐는데, 왕실종친 인성군·인흥군·흥안군 외에 다른 선조 왕자들도 모두 국왕을 호종하며 나섰다.

그런데 같은 날 흥안군은 왕실종친부가 주도한 반정을 성공시키기 위하여, 명분파 장수‘이괄’의 군대와 합류하였다.

인조는 이러한 사실을 사전에 인지한 2월 8일에 대간들이 흥안군 죄 주기를 청하자 이를 만류시켰다.

어쨌든, 인조가 피난길을 떠나고 흥안군이 다시 한양으로 돌아온 바로 그날 오후, 반정군 선발대 기병 30여 명은 먼저 서울 도성에 도달했다.

그리고 이튿날인 2월 9일 반란군 본진이 도성에 입성할 때, 도성의 백성들의 환호를 받았으며, 인조의 피난길에는 동행하는 백성이 하나도 없었다.

도성의 신료들은 경복궁 앞에 국왕등극 식을 준비하기에 바빴다. 이렇게 준비 된 경복궁 앞에서 흥안군은 왕으로 추대되었다.

국왕으로 등극한 흥안군은 피폐된 민심과 나라의 기강을 바로 잡고자 조정의 새로운 신료들을 임명하였다.

하지만 명분파 '이괄'의 반정군은 고작 사흘도 안 되어 이튿날인 2월 11일 안현무악재에서 크게 패하여 도주했고, 명분파 '이괄'은 며칠 뒤인 2월 14일 부하 장수들에게 살해되었다.

왕실종친부가 주도한 반정으로 새로운 임금으로 등극한 흥안군은 2월 16일에 역적 심기원에 의하여 창덕궁 돈화문 앞에서 목매달려 죽었다. 야사에서는 흥안군이 죽으면서 심기원에게 "네놈은 역적으로 죽을 것이다. "라는 마지막 말을 한 것으로 전해진다.


한편 인조는 2월 9일 밤 과천을 지나 수원 행궁에서 머물렀고 ,2월 10일은 수원에서 진위를 거쳐 숙영하고 해 뜰 무렵 평택 갈현葛峴에 이르렀으며, 사흘째인 2월 11일은 평택에서 천안으로 향해 행궁에 머물렀다.

2월 12일에도 천안에서 머물며 전날 안현 전투에서 승리했다는 소식을 들었지만, 인조 일행은 반정군의 잔당이 언제 들이닥칠지 몰라 한밤중에 공주로 향했다.

2월 13일 금강을 건너 공주로 들어간 어가 일행은 이곳에서 5일을 더 머무른 뒤 2월 18일 공주를 떠나서 전의, 직산, 수원, 과천에서 차례로 숙박 후 2월 22일에서야 서울 경덕궁경희궁으로 들어갔다.

명분파 '이괄의 난'을 겪으면서 능양군후일 인조는 얼결에 서인 정변세력과 공모하여, 정변세력에 의해 옹립된 국왕이 되었지만, 조선 왕실종친부로부터 정식 인정받지 못하고 왕위를 찬탈한 폐륜자로 낙인 찍혀 있는 상태에서, 삼촌인 왕자들을 어떻게 해서든 역모로 몰고 가 살해하려는 정변서인세력이, 본인을 임금으로 옹립한 주체세력과 명분파 '이괄'처럼 조선 왕위계승을 바로 세우려는 세력으로 이분 되어 있음을 실감하게 되었다.

정변쿠데타 공신들은 '홍안군과 인성군' 등을 제거하기 위한 구실이 어떻게든 필요했고, 따라서 광해군 시절의 부역 죄, 인목대비 폐위를 주장한 강상죄網常罪, 여기에 백성들에게 해악을 끼치고 사욕을 탐한 죄까지 보태서 지울 수 없는 낙인格印을 만들었다.

당시 서인들은 왕위찬탈의 정당성을 조작하기 시작했다. 정통성을 가진 선조의 왕자들을 패륜아, 시장잡배, 정신분열증, 사욕을 탐한 죄 등의 프레임을 고의적으로 낙인 찍는 작업을 '서인정변세력' 주도로 행해졌다고 하여도 지나치지 않다.

흥안군이 마지막 순간까지 반정에 자발적으로 가담한 정황들을 종합적으로 고려할 필요가 있다. 우리가 역사를 반추하는 이유는, 역사가 반드시 승자의 기록이라는 일반의 공식화된 명제가 언제나 진실에 부합되는 것이 아니기 때문이다.

흥안군은 비록 반정에 성공하지 못하고 생을 마감했지만, 조선국 왕자로서 조선국과 왕위계승 전통을 보존하고 저, 죽음으로 정변세력에 저항한 정신은 후세에 한 줌의 부끄러움이 되지 않는다.

흥안군의 복권은 18기년고종 8에서야 이루어졌다. 흥안군은 이해 3월에 효희공에 추증되었고, 이듬해인 1872년고종 9 12월에 선조의 7남이자 이복형 인성군 이공의 5남 해양군海陽君 '이희'가 후사로 정해졌다가 며칠 뒤 다시 유학幼學 '이휘소'로 봉사손이 변경되었다.

명분파 '이괄의 난' 이후, 흥안군 가문은 온 가족이 몰살당했으나, 7살 난 아들 이영세李英世는 나이가 어려서 살아남았고, 경상남도 남해로 귀양 간 후 그곳에서 터를 잡았다고 한다. 남해에서 이영세는 진주정씨와 결혼했고 아들 1명을 두어 대를 이었다고 한다. 이후 흥안군의 후손들은 경남 남해군에서 수백 년을 살아왔다.

## 경평군의 형제들 (2) 영성군

선조의 14남이자 전체 왕자들 중 막내에 해당되는 영성군寧城君 이계 李瑛, 1606~1649는 온빈한씨 소생의 셋째 아들로, 44세의 수를 누렸다.

그의 위로는 맏이인 흥안군, 둘째 경평군, 누이 정화옹주가 있다. 영성군은 1606년 12월생이기 때문에 선조의 13번째 왕자이자 적장자인 영창대군과 같은 해에 태어났음에도 불구하고 서열상 막내가 된다.

영성군은 겨우 세 살 때 아버지 선조대왕이 승하하여 아버지의 얼굴을 전혀 기억하지 못했다. 기록상으로 보면 그렇다. 영성군과 관련된 기록은 광해군일기에서는 전혀 보이지 않고 인조실록에도 한 건만 보인다.

하지만 『승정원일기』에는 인조 때 그와 관련된 기사가 여럿 등장한다. 우선 1632년인조 10 음력 6월 15일, 영성군 집안의 종들이 무단으로 감옥에 들어가 갇혀있던 죄수들을 시켜 관원들을 욕보이게 하여 물의를 빚었다.

당시 대간들은 영성군의 종에 대한 처벌을 주장하였으나, 인조는 별다른 처벌 없이 지나갔다.

영성군 집안의 노비들은 이전에도 계속해서 그 위세를 업고 말썽을 부렸다. 그러나 이것이 진정 노비들만의 잘못인지, 아니면 관부에서 지나치게 노비들을 다룬 것인지는 사실 불분명하다. 위 인용문은 어디까지나 사헌부의 입장에서 한 말이므로, 이에 대해 2일이 지난 3월 14일 영성군이 상소한 글을 보면 다음과 같다.

영성군 이계가 상소하기를, "사헌부에서는 시장의 백성들을 침탈한다는 구실을 붙여 그 하리를 보내 예전부터 저희 집 노비들을 붙잡으려고 하였습니다. 신의 노비들은 이미 체포돼 갇히어 형장(刑杖)을 여러 차례 맞았고 풀려날 기약이 없으니, 불쌍할 뿐만이 아닙니다. 어제 삼가 헌부(憲府)의 계사를 보니, 신의 집 사건(土建)과 산학(山鶴) 등이 사헌부 관리의 집을 다 때려 부수고 재산을 빼앗아 제 노비가 붙잡히게 된 원한을 앙갚음했다고 합니다만, 신은 이를 듣고 너무나 놀라고 괴이쩍게 생각하였습니다.… 사헌부에서 근래 무함(誣陷: 없는 사실을 그럴듯하게 꾸며서 남을 어려운 지경에 빠지게 함)이 심하니…… 신은 몹시 걱정스럽습니다. 삼가 바라건대, 밝으신 성상께서 법부로 하여금 사건 등으로 호칭하는 자들을 기어이 찾아내 붙잡아 신의 노비가 횡포를 부린 죄를 명확히 조사하게 해 주신다면 매우 다행이겠습니다……" 하였는데, 대답하기를, "상소를 보고 잘 알았다. 사실이든 아니든 간에 대관(臺官)들이 폐단을 일으켰다고 말하였기에 부득이 적절하게 조처했던 것이다. 경은 대죄하지 말고 앞으로는 더욱더 엄히 단속하라." 하였다.

영성군이 위에서 말한 뜻은, 사헌부에서 무함誣陷을 하여 지레짐작으로 자신의 노비들이 이권을 침탈하고 폭력을 행사한다는 이유로 잡아 가두었다는 것이다. 누구의 말이 옳은 것인지 정확히 알 수는 없지만……

그런데 영성군과 관련된 『승정원일기』의 기사들은 온통 영성군 집안의 하인들과 관련된 것이 대부분이다. 이런 점으로 보면, 영성군이 자기 집 노비들에 대한 단속을 철저히 하지 못했다는 것은 어느 정도 사실로 받아들일 수밖에 없다.

한편 영성군과 관련된 기록은 1644년인조 22을 기점으로 그가 사망하던 1649년까지 약 5년 동안 전혀 등장하지 않고 있다.

영성군은 1644년 6월 초에 부인 창원황씨를 여의었다. 이후 영성군은 다른 여성과 혼인하거나 첩을 들이지 않았다. 그리고 영성군은 1649년인조 27 9월 19일에 사망하였다.

1998년에 출간된 『영성군 자손보寧城君 子孫譜』에 의하면, 영성군의 묘는 양주군 신혈면 목암리로 되어 있는데, 이곳은 현재 고양시 덕양구 벽제동에 해당된다. 또한 영성군의 시호는 사후 효경공孝景公의 시호를 받은 것으로 되어 있다. 인용: 전주이씨 대동종약원

영성군은 창원황씨 '황이중'의 따님과 혼인하여 아들 회원군檜原君 이륜李倫, 1636~1731을 낳았으며, 황씨 부인은 회산군부인檜山郡夫人에 봉해졌다. 회원군은 어려서부터 총명하고 효성이 지극했다고 한다.



조선국 왕자 경평군

1655년효종 6 종실시강宗室試講에서 입격하여 품계가 올랐고, 오랫동안 사옹원과 종부시를 주관하였다. 또한 그는 1667년현종 8 사은 겸 진주사謝恩兼陳奏使로 연경에 다녀온 뒤, 1675숙종 1과 1683년 다시 두 차례나 사신으로 청나라에 파견되어 훌륭히 맡은 바 소임을 다하였다.

그 뒤 종친부유사당상宗親府有司堂上에 올라 도총부도총관을 겸하였고, 96세까지 장수하였다.


회원군은 이처럼 효종·현종·숙종·경종 및 영조에 이르기까지 5대를 섬겨 역대 왕으로부터 사랑을 받았다.

효종의 장례 때에는 대존관大尊官이 되었고, 1666년 대비가 온양온천으로 행차할 때 별운검別雲劍으로 수행하기도 했다.

회원군은 선조의 정유역변 가운데 가장 장수한 인물이다. 하지만 회원군은 아들 하나를 두었으나 요절하는 바람에 세종의 5남 광평대군의 7대손을 양자로 들여 함평군咸平君에 봉하여 후사를 이었다. 함평군은 아들을 6명이나 두었으나, 현재의 영성군파는 총 200세대 미만에 불과하다고 한다.

선조는 14인의 왕자와 11인의 왕녀를 두었다. 이중 정화옹주貞和翁主, 1604~1667는 선조의 막내딸로서, 온빈한씨 소생의 유일한 딸이자 영성군의 바로 손위 누이이다.

정화옹주와 관련해서는 거의 기록이 남아 있지 않은데, 다만 『인조실록』에는 그녀의 신상과 관련된 기사가 있어 주목된다. 1629년 인조 7 10월 2일의 기사를 보면 다음과 같이 되어 있다.

상(임금)이 하교하기를, "정화옹주(貞和翁主)가 연달아 병고(病苦)가 있어서 길례(吉禮)를 행하지 못하였다. 그 병이 쾌히 낫지는 않았으나 왕녀(王女)로서 배필이 없을 수 없으니, 해당 부서로 하여금 부마를 간택하도록 하라." 하였다. 옹주는 선조의 따님으로 어릴 때부터 언어장애가 있어 지각이 없었는데, 뒤에 권대항(權大恒)에게 하가(下嫁)하였다.

정화옹주는 나이 26세가 되도록 시집을 가지 못했다. 그 이유는 옹주가 언어장애가 있었기 때문이다. 가벼운 언어장애이기 때문에 시간이 지나면 이 병이 나을 수도 있다고 생각했을 수도 있다.

정화옹주는 뒤늦기는 했지만 명문 안동권씨 가문의 권대항과 혼례를 치렀다. 하지만 동창위 권대항權大恒, 1610~1666은 정화옹주보다 무려 여섯 살이나 어렸다. 옹주의 자녀를 두지는 못했다. 이에 권대항의 조카인 권덕휘를 양자로 들였다. 나중에 권대항은 소실로부터 아들을 하나 둔 것으로 되어 있다.

1666년효종 7에 남편 권대항이 57세로 사망하고 이듬해 옹주도 63세로 생을 마감하여 경기도 양주에 합장되었으니, 두 사람은 살아서나 죽어서나 해로했다고 할 만하다.


동창위 권대항의 안동권씨 가계는 고려 개국공신이자 안동의 삼태사三太師 중 한 사람인 권행權幸의 정유역변으로, 일찍부터 화려한 명성을 자랑하던 집안이다. 특히 안동권씨가 고려의 명문가로 발돋움하게 된 것은 고려 후기의 권부權薄, 1262-1346 때부터이다.

정화옹주의 남편인 동창위 권대항의 가계를 일으킨 인물은 권대항의 증조부인 권상權常, 1508~1589인데, 그는 이처럼 기사회생한 왕숙, 즉 권숙의 5세손이다. 권상의 아버지 권진權振이 경기도 김포시 하성면 마조리에 정착함으로써 그의 정유역변들은 현재까지도 500년에 걸쳐 같은 곳에서 세거해오고 있다.

권상은 비록 문과에 급제하지는 못했지만 소과 급제로 진사가 되어 여러 벼슬을 거쳤고, 특히 지극한 효행 때문에 당상관의 반열인 통정대부通政大夫 품계에 오른 특이한 이력을 가지고 있다.

권상은 모두 다섯 아들을 두었는데, 그 중 장남 권수權逐와 3남 권희, 5남 권협 등 세 아들들이 문과에 급제하는 영광을 생전에 누렸다.

그 결과로 권상의 증손자 때에는 더욱 가문이 번성했는데, 정화옹주의 남편 권대항은 강화유수를 지낸 권상의 3남 권희의 장손이다.

한편 권상의 5남 권협은 예조판서를 지냈는데,그의 장손인 권대임은 선조와 정빈민씨 소생의 정선옹주와 혼인하여 길성위에 봉해졌으며, 권협의 또 다른 손자이자 권대임의 사촌동생인 권대운權大運, 1612-1699은 숙종 때 남인 세력의 중심인물로 영의정에 올랐다.

권대항 묘 출처: 디지털양주문화대전



조선국 왕자 경평군

## 경평군의 어머니, 온빈한씨

온빈한씨溫嬪韓氏, 1581~1664는 조선 초기 왕비를 여럿 배출한 명문가 청주한씨 한사형韓士亨의 따님이다. 청주한씨가 이처럼 명문으로 발돋움하게 된 계기는 그로부터 더 거슬러 올라가서 고려 충숙왕 때 크게 활약한 한악1274~1342에서부터 시작된다.

온빈의 10대조에 해당되는 한악은 충숙왕이 원나라로 입조入朝하도록 하여 호종함으로써 1327년 일등공신에 책록되었고, 이때 상당부원군上黨府院君에 봉해졌다. '상당은 곧 오늘날 청주의 옛 이름'이다.

한악은 아들 다섯을 두었는데, 그중 2남이 한공의韓公義이고 막내인 5남이 한영이다. 한공의의 세 손자 한상질韓尙質·한상경韓尙敬·한상덕韓尙德은 고려 말기에 모두 문과에 급제하여 가문을 빛냈다. 그중 맏손자인 한상질은 1392년 7월에 조선왕조가 건국되자 예문관학사로서 주문사奏聞使를 자청해 명나라에 가서 '조선朝鮮'이라는 국호를 승인받아 이듬해 2월에 돌아왔다.

바로 이 한상질의 손자가 그 유명한 세조의 공신 한명회韓明澮, 1415~1487인데, 한명회의 두 딸은 각각 예종비 장순왕후와 성종비 안순왕후가 된다. 또한 한악의 5남 한영의 손자인 한확韓確, 1403-1456은 세조와 사돈을 맺었는데, 그 딸이 바로 추존왕 덕종의 왕비인 소혜왕후이자 성종의 어머니 인수대비이다.

한상질의 동생 한상경은 한계순1431~1486 등 네 손자를 두었는데, 이들 4형제 또한 모두 공신이 되거나 문과에 급제하여 가문을 영예롭게 했다. 특히 한계순은 1468년 예종 즉위년에 남이南怡의 옥사를 다스린 공으로 익대공신 1등에 책록되고 청평군淸平君에 봉해졌으며, 14기년성조2에는 성종의 즉위를 도운 공으로 좌리공신에 올라 오위도 총관을 겸했다.

온빈 한씨는 바로 청평군 한계순의 5세손이 된다. 하지만 한계순 이후로 온빈의 직계로는 한계순의 아들이자 온빈의 고조부인 한곤, 증조부 한종수韓鍾壽, 조부 한호韓號, 부 한사형韓士亨에 이르기까지 모두 충의위忠義衛에 소속된 장교를 역임했다.

온빈은 12세의 어린 나이에 선조대왕의 후궁이 되어 18세에 승은을 입고 흥안군·경평군·영성군과 정화옹주 등 3남 1녀를 낳았다. 후궁품계는 숙원淑媛, 숙의淑儀, 귀인貴人을 거쳐 정1품 빈嬪에 봉해졌다. 빈 중에서도 온유하며 미모가 출중하여 조선 전체 왕비 및 후궁 중에서 으뜸 미인이었다는 기록 등이 존재하고 있다.

온빈은 28세의 젊은 나이 때 선조가 승하하여 사가로 물러나 지냈다. 그리고 인조 2년 이괄의 난 때 장남 흥안군이 능양군인조의 정변세력에게 패배하여 실패하여 처형되는 아픔을 겪었다.

이괄의 난 당시 흥안군이 국왕으로 등극한 사실은 숙종실록과 영조실록 등에 기록되어 있는 사실이다. 이러한 역사적 사실을 근거로 단 하루를 국왕으로 존위 하였어도 국왕인 것이다.

그러므로 온빈 한씨는 최단기 국왕의 어머니인 것이다. 또한 빈嬪이라고 주장한다면 빈 중에서 크신 대빈大嬪이 되는 것이다. 이러한 예후는 비록 빈嬪으로 강등되었지만 장희빈을 대빈大嬪이라 칭하는 것과 같다.


온빈의 아들 경평군은 왕실종친부 최고 어른 수장으로서 "20년간 국왕예우" 왕자로서 종사에 전념하였으며, 온빈 한씨溫嬪韓氏 또한 대빈大嬪의 위치적 품의를 갖추었다. 84세의 수복을 누리면서 한 줌의 오류나 과욕을 부리지 않아 조선시대 왕가 비빈들의 모범이 되었다.

1664년현종5 12월 10일음력 10월 23일 향년 84세로 훙서薨逝: 왕족 등의 죽음을 높인 말하여 양주 서면 흥복산 계좌로 예장하였다.

홍복산 정경  출처: 디지털양주문화대전

## 경평군 어머니의 묘소가 있는 홍복산

홍복산은 오늘날 양주시 장흥면과 어둔동, 그리고 의정부시 녹양동 일대에 걸쳐 있는 산이다. 예로부터 두루 복이 내린다 하여 홍복산(弘福山)이라고도 하는데, 이 산에는 태조 이성계 관련 유래를 비롯하여 여러 설화가 전한다.

그러나 무엇보다도 홍복산 서쪽 자락(현재 양주시 백석읍 복지리 산61-8)은 경평군의 어머니 온빈한씨 유택이며, 그 자신 또한 사후에 머물게 될 곳이었다. 경평군은 어머니 묘소의 소분(婦境: 조상 묘소를 찾아 깨끗이 하고 제사 지내는 일)을 위해 여러 차례 방문하였다고 한다.



조선국 왕자 경평군

# 제 2 편

# 경평군의 후손,
# 경평군파

**선조 어진 전립본 추정화**

宣祖 (1552~1608)

## 제10장

# 경평군파 약사: 조선의 104왕자

경평군慶平君은 선조대왕의 11남으로 평생 곧은 성품과 근신하는 태도로 임하여 정국의 대소사에 직접 관여하지 않으면서 왕실의 안위를 위하여 전심을 다하였다. 경평군은 4남을 두었으니 영양군 · 영흥군 · 영주군 · 영림군인데, 여기에서 비롯하여 경평군의 자손들이 번성하게 되었다.

생졸년을 보면 알 수 있듯이, 선조, 광해군, 인조, 효종, 현종을 포함하여 5왕조에 걸쳐서 살아오는 동안 정치여파로 영창대군永昌大君, 진릉군晋綾君, 능창군綾昌君이 피살되고 포형胞兄 흥안군興安君과 중형 인성군仁城君이 차례로 살해되는 처참한 상황을 목격하였다.

이와 같이 안으로는 정치적인 격변과 함께 밖으로는 병자호란을 겪으면서 공은 생과 사의 촌극과 부귀공명의 부질없음 등을 느끼고 스스로 산수를 유람하면서 왕자로서의 신분을 내세우지 않고 자신을 낮추어 자적하고 학문 수양에 힘썼다.

효종과 현종시대에는 20년간 왕실종친부 최고 어른 수장<sup>국왕예우</sup>으로서 조선왕실을 이끌었다.

경평군의 장남 영양군<sup>嶺陽君</sup> 또한 인조 · 효종 · 현종의 혼란기에 나라의 어려운 일을 잘 수행하였다.

한편 택수<sup>澤遂</sup> · 양수<sup>養遂</sup> · 회수<sup>會遂</sup>는 정조대왕의 등극을 반대한 홍인한<sup>洪麟漢</sup>의 역모에 연루되어 1777년<sup>정조 1</sup> 택수는 복주되고, 양수 · 회수는 추자도와 제주도로 귀양 갔다가 유배지에서 생을 마쳤다.

경평군파 역시 다른 계파와 마찬가지로 종묘사직을 지키기 위한 소임을 다하는 가운데 피화<sup>被禍</sup>되는 등 일련의 시련을 겪기도 하였다.

과거에 급제한 후손에 언형<sup>彦衡</sup> · 언희<sup>彦熙</sup> · 택수<sup>澤遂</sup> · 양수<sup>養遂</sup> · 회수<sup>會遂</sup>가 있으며, 근현대 인물 가운데에는 대학총장 1명, 공학박사 2명과 의학박사 4명이 있다.



조선국 왕자 경평군

# 경평군파 4세 약사

## 경평군 慶平君

**생몰년도** 1600~1673 · **파명** 경평군(慶平君)

선조대왕의 11남이며 휘는 륵玏, 호는 냉천정冷泉亭, 시호는 정간貞簡이다. 어머니는 온빈溫嬪 청주한씨이고 배위는 삭녕최씨, 남양홍씨, 하음전씨이다. 경평군은 성품이 맑고 곧으며 말수가 적은 편으로 빈한한 선비의 차림이었으나 의지가 굳세고 문장 짓는 재주가 뛰어나 7, 8세에 재주와 덕행이 세상에 알려졌다.

또한 어진 사람을 존경하며 비록 왕자의 신분이나 자신을 낮추어 조야에서 "금일의 맹자孟子"라 하여 이를 일생일대의 영예로 여겼다.

뛰어난 언행으로 5조五朝에 걸쳐 무사히 수명을 보전하였으되 단 한 번의 허물이나 방자함이 없이 향년 74세에 별세하였다.

## 영양군 嶺陽君

**생몰년도** 1619~1675 · **파명** 경평군(慶平君)

휘는 환儇, 자는 중민仲敏, 호는 오농정五儂亭. 경평군의 장남. 1633년 인조 11 정正:정3품을 받고, 이어 "영양군"으로 봉해졌다. 사옹원 제조종1

품: 부총리를 겸직하다가 도총관정2품: 군무를 총괄하던 최고 관직을 지냈다. 하정사賀正使: 사신, 어필 간행의 공로로 소덕대부종친품계 종1품에 이르고, 1673년현종 14 부친경평군상으로 3년 시묘 중에 영양군은 57세숙종 2로 별세하였다.


## 동원군 東原君

**생몰년도** 1651~1717 · **파명** 경평군(慶平君)

휘는 집濈, 자는 사심士深. 경평군의 장손. 배위 청송심씨와의 사이에서 손이 없어 영양군永陽君파 청릉군靑陵君 모模를 계자로 삼았다.

처음에는 부정副正: 종3품을 받았다가 도정都正: 정3품이 되어 도총관정2품: 군무를 총괄하던 최고 관직이 되었다. 중국에 사은사謝恩使로 다녀오고 숙종대왕 때 사직단과 종묘를 잘 관리한 공으로 "군"으로 되었고 67세로 별세하였다.


## 청릉군 靑陵君

**생몰년도** 1673~1723 · **파명** 경평군(慶平君)

휘는 모模, 자는 원례元禮, 호는 양성재養性齋. 생부는 중종대왕 4남인 영양군파 후손 중번重蕃이며, 동원군의 계자로 입사入嗣하였다.

처음에는 종친 품계 수守: 정4품를 받았다가 도정都正: 정3품을 거쳐 "군"에 올랐다. 아들 언형 한성판윤정2품, 현 서울시장을 지냈고, 손자 택수는 승지정3품, 양수는 안동대호 부사정3품, 회수는 장원급제하여 홍문관 교리정5품, 헌수는 초시에 합격하였다.

## 경평군파 4세 약기

### 봉조하공 언형 彦衡

**생몰년도** 1710~1785 · **파명** 경평군(慶平君)

자는 평숙平叔, 호는 솔오재率汚齋. 청릉군의 아들, 경평군의 현손이다. 1755년영조 31 정시 을과에 급제, 한성판윤정2품 현 서울시장을 지내고 봉조하奉朝賀가 되었다. 아들 3형제택수, 양수, 회수가 모두 문과에 급제하였다. 이와 같은 사실은 『조선왕조실록』에서 확인할 수 있다.

## 승지공 택수 澤遂 承旨公

**생몰시기** 1739~1777 · **파명** 경평군(慶平君)

자는 보춘普春, 호는 구재舊齋. 언형의 장남, 경평군의 5대손이다. 1761년영조 37 정시 병과에 급제, 승지정3품 : 현1급 관리관를 지냈다.

홍인한洪麟漢의 생질로 1777년정조 1 홍인한의 역옥逆獄에 연좌되어 복주伏誅되었다. 1851년철종 2 신원되어 복작되었다.


## 안동부사공 양수 養遂 安東承旨公

**생몰시기** 1743~1796 · **파명** 경평군(慶平君)

자는 시하時夏, 호는 용재容齋. 택수의 아우, 언형의 차남이다. 1764년영조 40 정시 병과에 급제 승지정3품 : 현1급 관리관 · 안동부사종3품 : 현2급 국장 또는 이사관, 군인계급-준장 ★를 지냈다.

정조대왕의 등극을 반대한 홍인한의 역옥에 연루되어 1777년정조 1 '제주의 추자도'로 귀양 갔다가 1792년정조 16 아우와 진도로 모이고 1795년정조 18 다시 풍천豐川으로 합배合配되어 이듬해 8월 28일 배소에서 별세했다. 저서에는 『추자별곡楸子別曲』이 있다.

## 교리공 회수 會遂 校理公

**생몰시기** 1744~1790 · **파명** 경평군(慶平君)

자는 유추有秋, 호는 포서圃西. 1773년영조 49 정시 갑과에 장원급제, 충청도 암행어사 · 함경도 어사 · 교열 · 응교 · 홍문관 교리정5품: 현5급 사무관를 지냈다.

홍인한의 역모에 연루되어 형인 양수와 마찬가지로 1777년정조 1제주도로 귀양갔다가 1790년정조 14 10월 29일 내도內島로 옮겼다가 폭풍을 만나 바다 위에서 별세했다.

1851년철종 2 철종대왕의 특명으로 복작되었다.


## 진사공 헌수 獻逐 · 進士

**생몰시기** 1749-1813 · **파명** 경평군(慶平君)

1774년영조 50, 26세의 나이로 증광시 초시에 합격하여 생원이 되었다. 만약 영조시대가 좀 더 오래 지속되었더라면 형들처럼 그 역시 대과에 급제 했을 수도 있었다. 그러나 불행하게도 불과 2년 뒤에 영조가 승하하고 정조가 등극하는 바람에 그는 더 이상 과거에 응시할 기회를 갖지 못했다.

그 역시 1777년의 정유역변에 연루되어 평생토록 유배지에서 고통의 세월을 보내야 했다는 사실이다.

## 제11장

# 종친의 군호와 품계 및 친진

우리가 흔히 쓰는 용어인 '종친宗親'에는 크게 두 가지 의미가 있다. 우선 넓은 의미로 종친은 모계母系·처계妻系의 친족과 구분하여 부계父系의 친족만을 일컫는 용어이다.

하지만 좁은 의미로는 국왕의 부계 친척으로서 임금의 적자嫡子 자손은 그 아래로 4대손까지, 서자庶子 자손은 3대손까지를 종친 또는 종반宗班이라 했고, 이들을 우대하여 대군大君이나 군君으로 봉해주었다. 따라서 조선시대의 종친은 왕이 될 자격이 있어 정치규제 대상이었다. 그래서 도성 안에 살아야 했고 지방에 살고자 할 때는 왕의 허락을 받아야만 했다 한다. 이는 행여 신분을 악용하거나 "모반"을 할 가능성이 있었기 때문이다.

종친에는 정해진 정원定員이 없으며, 양민良民 출신의 첩妾에게서 난

종친은 다른 종친보다 그 품계를 1등 낮추고, 천민賤民 출신의 첩 소생
은 한 등을 더 낮추어 봉했다.

즉 국왕의 적자는 대군이고 국왕의 서자나 대군의 아들은 군인데,
이 군호 세습이 봉사손에게만 해당되는 것인지, 혹은 모든 아들들에
게도 적용되는 것인지는 시기별로 차이가 있었던 것 같다. 조선 초기
세종 때는 종친도 문무반의 품계 형식에 따라 위에서처럼 별도의 체
제를 갖추었는데, 이는 개개인의 능력과 성과에 따라 품계에 차등을
두었던 것이라고 할 수 있다.


이상의 원칙을 전제에 두고 1867년과 1900년 이후 간행된 왕실의
『선원속보』 중 『경평군파보』, 그리고 1986년에 간행된 『경평군파 선
원속보1986』를 각각 비교해보면, 위 기준과 품계에 따라 인흥군 자녀
및 정유역변들에 대한 호칭이 시기별로 어떻게 불렸는지 알 수 있다.
예를 들어 경평군 종손가의 경우, 1867년의 『선원속보』에 '경평군-영
양군-동원군-청릉군'로 되어 있어 모두 군호로 봉호를 받았고, 이는
1900년, 1986년 발간된 『경평군파보』에서도 마찬가지이다.

조선시대의 "왕실종친부<sub>관서</sub>"는 바로 친진되기 이전 '종친'들의 봉
작과 증직 등 인사 문제와 종친 간의 분규문제를 의논하고 처리하던
관아였다. 종친부는 1864년<sub>고종 1</sub>에 종부시<sub>宗簿寺</sub>를 합병하면서 그 기
능을 계승해 역대 선원보첩<sub>書源譜膜</sub>의 편찬과 국왕의 영정(影幀)을 모시
는 업무도 수행했다.

원래위치는 종로구 소격동 165번지였으나 1981년 정독도서관 옆
화동으로 옮겨졌다가, 2013년 국립현대미술관 서울관을 건립하면서
다시 원래의 위치로 이전, 복원되었다.

 **조선국 왕자 경평군**

## 제12장

# 경평군파 후손들의 친진 이전 군호 세습과 문무 급제자

경평군은 모두 4남 2녀의 자녀를 두었다. 이중 장남 영양군嶺陽君은 삭녕최씨 부인 소생이고, 차남 영흥군嶺興君과 4남 영림군嶺林君은 측실 남양홍씨南陽洪氏 소생이며, 3남 영주군嶺州君은 측실 하음전씨河陰全氏 소생이다.

우선 경평군의 4남 1녀 자녀와 그 배우자들을 표로 살펴보면 다음과 같다.

앞장에서 살펴보았듯이, 경평군의 부인 삭녕최씨의 증조부는 임진왜란 때 유성룡을 대신해서 영의정을 지낸 최흥원이고, 조부는 호조참판을 역임한 최산립이었다. 이들 두 사람은 모두 공신의 반열에 오른 인물들이었으므로, 경평군의 처가 가문은 당대 최고 명문가 중 하나임에 틀림없었다.

| 생모 | 순서 | 군호 및 이름 | 생몰년 | 배우자의 부친 |
|---|---|---|---|---|
| 삭녕최씨<br>(1600-1664) | 1 남 | 영양군嶺陽君<br>배配 청주한씨,<br>동래정씨 | 1619-1675<br>1618-1640<br>1625-1721 | 한여동韓汝洞<br>정량찬鄭良纘 |
| 남양홍씨<br>(측실)<br>(1596-1634) | 2 남 | 영흥군嶺興君 창倀, 배配. 단양장씨 | 미상 | 장득지張得智 |
|  | 4 남 | 영림군嶺林君 희俙<br>초배初配 경주김씨<br>재배再配 파평윤씨 | 1632-1668<br>1638-1655<br>1644-1707 | 김우량金友諒<br>윤지선尹止善 |
| 하음전씨<br>(측실) | 3 남 | 영주군嶺州君<br>배配 원주변씨 | 1629-1672<br>1633-1698 | 변계검邊繼檢 |
|  | 1 녀 | 서壻 권녈 |  | 권응허權應虛 |
|  | 2 녀 | 미상 |  |  |

경평군의 아들인 영양군·영흥군·영주군·영림군 등 4형제의 친진親盡 등의 군호 세습을 표로 살펴보면 많은 문무관료들이 배출되었음을 알 수 있다.

# 영양군 가계의 군호 세습

경평군의 적자인 영양군嶺陽君은 외아들 동원군東原君을 두었으나 동원군에게 아들이 없어 중종의 4남 영양군永陽君의 현손 이모李模를 입양하여 청릉군靑陵君으로 삼았다.

그런데 사실 영양군嶺陽君도 본래 아들을 두지 못해 성종의 12남 무산군茂山君의 손자인 흥녕군興寧君을 양자로 입적시켜 영양군의 종손가를 이었다. 따라서 경평군파의 종손이 된 청릉군靑陵君 이모李模의 직계 혈통은 성종조선 제9대 국왕으로 거슬러 올라간다.

| 2세 | 3세 | 4세 | 5세 | 6세 |
| --- | --- | --- | --- | --- |
| 영양군嶺陽君 (1619-1675) | 동원군東原君 (1651-1717) | 청릉군靑陵君 (1673-1723) | 이언형李彦衡 (1710-1785) | 이택수李澤遂 (1739-1777)<br><br>이양수李養遂 (1743-1796) |
| 初配 청주한씨 父 韓汝洞<br>再配 동래정씨 父 鄭良續 | 配 청송심씨 父 沈標 | 初配 창녕조씨 父 조원기趙遠期<br>再配 임천조씨 父 趙正諸 | 配 풍산홍씨 父 洪錢軸 | 이희수李會遂 (1744-1790)<br><br>이헌수李獻遂 (1749-1813)<br><br>이혜수李惠遂 (1767-1827)<br><br>이시수李時遂 (1774-1827) |

**동래부사 이택수 선정비**
출처: 부산역사문화대전

청릉군靑陵君 이모李模의 아들 이언형李彦衡, 1710-1785은 경평군파 친진 이후 최초로 과거에 급제하여 영조 말년에 고위직을 역임함으로써 명문가로 발돋움할 수 있는 디딤돌을 놓았다.

이언형奉朝賀公: 한성판윤 제2품, 현 서울시장은 정조의 어머니 혜경궁홍씨의 고모인 풍산홍씨 부인과의 사이에서 아들 4형제를 두었다. 그중 장남 이택수承旨公, 승지 정3품를 필두로 이양수安東承旨公 안동대호 부사 정3품 · 이회수校理公 장원급제하여 암행어사와 홍문관 교리 정5품가 모두 문과에 급제했고, 막내 이헌수進士公도 초시에 급제했다.

전주이씨 왕실가에서 친진 이후 3형제가 모두 문과에 급제한 예는 거의 찾을 수 없기에, 이는 대단한 광영이었다.

그럼에도 불구하고 정유역변丁酉逆變, 1777에 휘말리며, 즉 이른바 '정조 시해 미수사건'에 연루됨으로써 일시적 유배의 길을 걷게 된다.



**조선국 왕자 경평군**

# 영흥군 가계의 군호 세습

| | 1세 | 경평군慶平君 | | |
|---|---|---|---|---|
| 영흥군 현록대부<br>초수 영흥부정<br>(종3품) | 2세 | 영흥군嶺興君 | | |
| | 3세 | 단양군丹陽君 | 단원군丹原君 | 단창수丹昌守 |
| | 4세 | 진창군鎭昌君<br>진천군鎭川君 | 원성수原城守<br>원창령原昌令<br>원춘령原春令<br>원계군原溪君 | |

# 영림군 가계의 군호 세습

| | 1세 | 경평군慶平君 | |
|---|---|---|---|
| 영림군 수록대부<br>초수 영림부정<br>(종3품) | 2세 | 영림군嶺林君 | |
| | 3세 | 계원군鷄原君 | 계성군鷄城君 |
| | 4세 | 학성군鶴城君 | 제평군齊平君<br>제창군齊昌君<br>제풍군齊豊君<br>완창령完昌令 |

| | 1세 | 경평군慶平君 | | |
|---|---|---|---|---|
| | 2세 | 영주군嶺州君 | | |
| | 3세 | 익선군益善君 | 익창군益昌君 | 익흥군益興君 |
| 영주군 현록대부<br>초수 영주부정<br>(종3품) | 4세 | 광원군光原君<br>광운령光雲令<br>광은군光恩君<br>광흥군光興君<br>광양령光陽令<br>광춘군光春君 | 파평군城平君 | 여창군礪昌君<br>여은군礪恩君<br>운산군雲山君<br>운계군雲溪君<br>운천군雲川君<br>운봉군雲峯君<br>운성군雲城君 |

익흥군
현록대부
(정1품)

운산군
현록대부
(정1품)

운계군
봉성대부
정4품

운성군
현록대부
(정1품)

# 경평군파 문과 급제자

| | 이름(생몰년도) | 항년 | 자 | 호 | 거주지 | 부 - 조부 - 증조부 |
|---|---|---|---|---|---|---|
| 1 | 彦衡<br>언형<br>(1710~1785)<br>(숙종 36~정조 9) | 76 | 平叔<br>평숙 | 窣汚齋<br>솔오재 | 한양 | 부: 청릉군<br>조부: 동원군<br>증조부: 영양군 |
| 2 | 澤遂<br>택수<br>(1739~1777)<br>(영조 15~정조 1) | 39 | 普春<br>보춘 | 舊齋<br>구재 | 한양 | 부: 언형<br>조부: 청릉군<br>증조부: 동원군 |
| 3 | 養遂<br>양수<br>(1743~1769)<br>(영조 19~정조 20) | 54 | 時夏<br>시하 | 容齋<br>용재 | 한양 | 부: 언형<br>조부: 청릉군<br>증조부: 동원군 |
| 4 | 會遂<br>회수<br>(1744~1790<br>(영조 20~정조 14) | 47 | 有秋<br>유추 | 圃西<br>포서 | 한양 | 부: 언형<br>조부: 청릉군<br>증조부: 동원군 |
| 5 | 俊相<br>준상<br>(1844~1904)<br>(헌종 10~광무 8) | 61 | 景元<br>경원 | 晩史<br>만사 | 양주 | 부: 종영<br>조부: 후붕<br>증조부: 회수 |
| 6 | 崙相<br>윤상<br>(1863~1905)<br>(철종 14~순조 13) | 43 | 景朝<br>경조 | 弘淵<br>홍연 | 양주 | 부: 종영<br>조부: 후붕<br>증조부: 회수 |
| 7 | 獻遂<br>헌수<br>(1749~1813)<br>(영조 25~순조 13) | 65 | 樂冬<br>낙동 | 海西<br>해서 | 한양 | 부: 언형<br>조부: 청릉군<br>증조부: 동원군 |
| 8 | 仁相<br>인상<br>(1820~1887)<br>(순조 20고종 24) | 68 | 元甫<br>원보 | | 과천 | 부: 구빈<br>조부: 용<br>증조부: 학순 |

● 彦衡(언형): 봉조하(奉朝賀)가 되었음.

● 澤遂(택수): 홍인한(洪麟漢)의 생질로, 17771년(정조 1) 홍인한의 형옥에 연루되어, 복접(伏法)되었다
　가 1851년(철종 2)에 신원 복작됨.

● 養遂(양수): 정조 증득을 반대한 홍인한의 역모에 연루되어 1771년(정조 1) 추자도에 귀양갔다가
　1792년(정조 16) 아우와 진도로 옮기고, 1795년(정조 19)에 다시 통천으로 합배(合配)되어 이듬해
　배소에서 사망. 1851년(철종 2) 신원 복작됨. 저서로 『추자별곡』이 있음. 아우 회수와 연벽(聯璧).

# 경평군파 무과 급제자

| | 이름(생몰년도) | 항년 | 자 | 호 | 거주지 | 부 - 조부 - 증조부 |
|---|---|---|---|---|---|---|
| 1 | **基相**<br>기상<br>(1850~1920)<br>(철종 1~경신년) | 71 | **穉伯**<br>치백 | | | 부: 과영 / 생부: 원풍<br>조부: 후혁<br>증조부: 회수 |
| 2 | **南九**<br>남구<br>(1806~1852)<br>(순조 6~철종 3) | 47 | | | | 부: 응순<br>조부: 언렴<br>증조부: 진천군 |
| 3 | **彦煐**<br>언영<br>(1752~1822)<br>(영조 28~순조 22) | 71 | | | | 부: 운산군 / 생부: 운성군<br>조부: 익흥군<br>증조부: 영주군 |
| 4 | **達純**<br>달순<br>(1740~1817)<br>(영조 16~순조 17) | 78 | | | | 부: 언경<br>조부: 제평군<br>증조부: 계성군 |

봉조하공 이언형
(한성판윤, 現서울시장)

| 1世 | 2世 | 3世 | 4世 | 5世 | 6世 | 7世 | 8世 | 9世 | 10世 |
|---|---|---|---|---|---|---|---|---|---|
| 경평군<br>록<br>●현록대부 | 영양군<br>현<br>●현록대부 | 동원군<br>집<br>●현록대부 | 청릉군<br>모<br>승헌대부 | 언형<br>한성판윤<br>자헌대부 | 택수<br>장원급제<br>승지 | 후신<br>문관(정5품)<br>통덕랑 | 석영<br>건원능참봉 | | |
| ★ | ★ | ★ | | ● | 양수<br>문과급제<br>승지 | 후노<br>진사시<br>통덕랑 | 면영 | 익상<br>무과급제<br>진사 | 신응<br>참봉 |
| | | | | | 회수<br>장원급제<br>충청 어사<br>'통훈대부' | 후혁 | 과영 | 기상<br>무과급제<br>예산군수 | |
| | | | | | | ● 후붕<br>이조참의<br>(내무부차관) | ● 종영<br>가평군수<br>이조참판 | 준상<br>문과급제<br>이천군수 | 순응<br>문과급제<br>주사 |
| | | | | | | | | | ● 석응<br>장원급제<br>'이조참판' |
| | | | | | 헌수<br>문과급제<br>진사 | | | | |
| 영흥군<br>창<br>●현록대부 | 단양군<br>해 | 진천군<br>송 | 언염 | 응순 | 남구<br>무과급제<br>참군 | | | |
| ★ | | | 언걸 | 광순 | 후진 | 문영<br>무과급제<br>진사 | | |
| | 단원군<br>강 | 원성수 | 언후 | 지순 | 후소 | 철영 | 원상<br>무과급제<br>도사 | 연응<br>무과급제<br>진사 |
| 영주군<br>피<br>●현록대부 | 익선군<br>한<br>수(정4품) | 광원군<br>적<br>중의대부 | 언도<br>무과급제<br>별제 | | | | | |
| ★ | | 광양령<br>재<br>부수(종4품) | 언휴<br>문과급제<br>'가선대부'<br>종2품 | 민수<br>문과급제<br>생원 | | | | |
| | | 광춘근<br>권<br>'중의대부' | 언점 | 채순 | 득번 | 인영<br>무과급제 | | |
| | 익흥군<br>동<br>●현록대부 | 여창군<br>함<br>부정(종3품) | 언격 | 학순 | 용 | 구빈 | 인상<br>문과급제<br>진사 | |

| | | | | | | | |
|---|---|---|---|---|---|---|---|
| ★ | | 여은군<br>매<br>'수덕대부'<br>(종1품) | 언희<br>문관(정5품)<br>통덕랑 | | | | |
| | | 운산군<br>유<br>●현록대부 | 언영<br>'풍덕부사'<br>(종3품)<br>'가선대부' | 규헌<br>문관(정5품)<br>통덕랑 | | | |
| | | 운성군<br>진<br>●현록대부 | | | | | |
| 영림군<br>희<br>현록대부 | 제원군<br>한 | 학성군<br>유 | 언용 | 익순<br>무과급제<br>부사 | | | |
| ★ | | | 언희<br>무과급제<br>'판윤' | 철순<br>무과급제<br>승지 | | | |
| | | | 언신<br>무과급제<br>현감 | 영순 | 한진<br>무과급제 | | |
| | 계성군<br>담 | 제평군<br>학 | 언경 | 달순<br>무과급제<br>도사 | 우진<br>문과급제<br>찰방 | 화영 | 익상<br>문과급제<br>진사 |
| | | | 언희 | 치순 | 정진<br>진사 | | |
| | | 완창령<br>심 | 언진<br>무과급제<br>좌랑 | | | | |

● **참고! 왕족에게 땅을 주는 한도와 수확**

▷ 대군, 공주: 생존 시 850결 (사망 후는 제사에 필요한 250결, 4대에 한함)
▷ 왕자, 옹주: 생존 시 800결 (사망 후는 제사에 필요한 200결, 4대에 한함)
▷ 신궁(新宮)의 후궁: 800결 (제궁방諸宮房이 생존할 때)
　(온빈 경우 800결 × 2,753평 = 2,202,400평이다.)

조선시대 '결(結)'은 토지 면적과 수확량을 함께 표시하는 단위이며, 1결은 곡물 100부(負), 1부는 곡물 10속(束), 1속은 곡물 10파(把)로 이루어졌고, 토지세 부과와 농가 분배의 기준이 되는 중요한 개념으로 토질이 가장 좋은 1등전은 1결이 2,753.1평이며, 토질이 가장 나쁜 6등전은 1결이 11,035.5평이다.



**조선국 왕자 경평군**

## 제13장

# 경평군파의 영·정조시대 이후 행적

## 봉조하공 (파명: 경평군파)

경평군파 이언형奉朝賀公 한성판윤 제2품, 현 서울시장은 당대 최고 문벌 중 하나인 풍산홍씨 집안과 혼맥으로 연결되며 친진 이후 명문가로 발돋움할 수 있는 기틀을 다졌다.

이언형은 뒤늦게 문과에 급제했을 뿐만 아니라 네 아들 중 세 아들이 문과에 급제하며 조정과 세간의 부러움을 샀다.

게다가 네 아들 모두 당대 최고 문벌 가문의 규수들과 혼인한 것도 경평군파의 위상을 제고하는 데 큰 힘이 되었다. 영조 후반기 이언형 가문의 번영은 경평군파는 물론 전주이씨 친진 가문 전체를 통틀어 보아도 당대 비교의 대상을 찾기 힘들 만큼 대단한 것이었다.

## 임오화변 전후 정치세력의 재편과 동향

　경평군파는 첫 친진 종손인 이언형이 1755년영조 31 문과에 급제하였고, 뒤이어 이언형의 장남 이택수가 1761년영조 37 과거에 급제함으로써 본격적인 중앙 정치무대에 등장하게 되었다. 따라서 정조 초기 이택수 형제가 정유역변1777에 연루된다. 이 사건과 연결되는 남양홍씨 집안과 혼맥으로 끈끈하게 연결되어 있던 경평군파 자손들도 풍파를 맞이한다.


## 풍산홍씨 가문의 번영 및 경평군 종가와의 인연

　경평군의 종손가는 영양군嶺陽君을 거쳐 동원군東原君에 이르기까지 외아들로 이어지면서 그다지 번성할 기미가 보이지 않았다. 이후 마침내 동원군에서 세대가 끊겨 할 수 없이 양자를 입적시켜야 했는데, 이때 종손가는 '영흥군, 영주군 등 경평군의 직계 혈통'이 엄연히 있음에도 불구하고 중종의 4남인 영양군永陽君, 1521-1561의 5대손 이모李模를 입양했다.

중종의 아들 영양군永陽君도 아들을 두지 못해, 성종의 12남 무산군務山君, 1490-1525의 손자인 홍녕군興寧君, 1554-1605을 양자로 입양했다. 이로써 영양군파의 군호는 '영양군-홍녕군-풍해군豐海君-능산군綾山君'으로 이어져 친진親盡이 된다. 능산군의 동생 능봉군綾峰君의 아들 이중번李重審은 친진 이후 최초로 소과에 급제하여 진사가 되고 벼슬은 호조정랑戶曹正郎 정5품을 역임했다. 이중번은 다섯 아들을 두었는데, 그 중 막내인 이모李模가 바로 경평군파의 동원군에게 입적되어 청릉군靑陵君, 1673-1723이 된 것이다. 이로써 경평군파의 종손가는 '경평군-영양군-동원군-청릉군'으로 군호가 세습된 후 친진이 된다.

청릉군의 입적은 이후 경평군파의 흥망성쇠와 관련하여 매우 중요한 의미를 가진다. 무엇보다도 중요한 것은, 청릉군의 외아들 이언형이 바로 풍산홍씨 홍현보洪鉉輔, 1680-1740의 따님과 혼인했다는 사실이다.

홍현보의 장남이자 혜경궁홍씨의 아버지인 홍봉한洪鳳漢, 1713-1778과 그의 이복 동생인 홍인한洪麟漢, 1722-1776 형제는 사도세자의 죽음으로부터 정조의 왕위세습으로 이어지는 위태로운 시기에 정치적 풍랑의 한가운데 서게 될 인물들이었다. 따라서 이언형이 홍봉한의 누이인 풍산홍씨1709-1781와 혼인하게 된 것은 앞으로 두 집안이 한 배에 타서 일정 부분 영욕을 함께 할 수밖에 없는 운명의 시작이었다.

풍산홍씨의 시조는 고려 후기 1242년고종 29 문과에 장원급제하여 국학직학國學直學을 지낸 홍지경洪之慶이다. 풍산홍씨는 조선시대에 상신 5명, 문형 3명을 비롯해 정계와 학계의 쟁쟁한 인물들을 다수 배출하였는데, 이들은 모두 시조 홍지경의 9대손인 홍이상洪履祥, 1549-1615의 정유역변 들이다.

예전에는 잘 된 집안을 일컬어 흔히 '서지약봉徐之藥奉이요 홍지모당洪之慕堂이라'는 말을 했다. 이 말은 '서씨 중에서는 약봉'서성'의 후손들이 잘 되었고,홍씨 가운데는 모당 홍이상의 후손들이 잘되었다'는 뜻이다.

약봉의 아들 '서경주'는 선조의 맏딸 정신옹주의 남편인 '달성위'가 되었고, 모당의 손자 홍주원洪柱元, 1606-1672은 선조의 유일한 공주이자 인목왕후 소생인 정명공주의 남편 영안위永安尉가 되었다.

달성위와 영안위는 이처럼 모두 선조의 부마가 되었고, 아울러 두 사람을 주축으로 하는 양가의 가계에서는 조선 후기 화려한 인물들이 셀 수 없을 만큼 많이 배출되었다.



조선국 왕자 경평군

## 경평군 종손 이언형의 혼맥과 정치적 활동 기반

경평군파의 종손가로 입적된 이모<sub>李模, 1673-1723</sub>는 종손가의 마지막 군호를 세습하여 청릉군<sub>靑陵君</sub>이 되었다. 그렇다면 청릉군은 과연 어떻게 당대 최고의 문벌을 자랑하던 풍산홍씨 가문의 홍현보<sub>洪鉉輔</sub>와 서로 사돈을 맺게 된 것일까? 이는 아마도 청릉군의 처가 인맥에서 그 원인을 찾을 수 있을 것 같다.

청릉군의 첫째 부인 창녕조씨<sub>1677-1691</sub>는 15세의 어린 나이로 요절하여 자녀를 두지도 못하고 세상을 떠났다. 그런데 창녕조씨 부인의 아버지 조헌주<sub>曺憲周</sub> 가문 역시 당대 이름난 명문가였다. 조헌주의 할아버지 '조문수'는 강원도관찰사를 지냈고, 아버지 조한영<sub>曺漢英, 1608-1670</sub>은 문과에서 장원급제를 한 수재로서, 경기관찰사를 역임했다.

조한영은 청릉군의 장인 조헌주를 비롯해 모두 3남 6녀를 두었는데, 그의 사위들은 안동김씨 김수증<sub>金壽增</sub>, 풍산홍씨 홍만종<sub>洪萬宗</sub>, 남양홍씨 홍석보<sub>洪碩普</sub> 등 쟁쟁한 가문 출신이었다.

한편 청릉군은 창녕조씨 부인과 사별한 후 다시 임천조씨<sub>1678-1735</sub> 부인을 얻었다. 부인의 할아버지 조원기<sub>趙遠期</sub>는 영의정 이경석<sub>李景奭</sub>의 사위로서, 어려서부터 문명이 높았으며, 문과에 급제하여 황해도관찰사를 역임한 인물이었다.

청릉군은 임천조씨 부인과의 사이에서 1남 4녀를 낳았는데, 왕실의 친진이 끝난 후 이들 5남매가 각각 풍산홍씨·양주조씨·창원황씨·반남박씨·경주김씨 등 당대의 벌열가문과 혼연을 맺을 수 있었던 데에는 청릉군의 처가인 창녕조씨·임천조씨와 연결된 혼맥이 상당한 영향을 주었으리라 생각된다.

청릉군의 외아들이자 친진 이후 경평군파 첫 종손이 된 이언형은 이상과 같은 가문적 배경을 등에 업고 1755년<sub>영조 31</sub> 정시 문과에 급제했다. 비록 급제 나이가 46세로 늦은 편이었지만, 76세까지 장수한 그는 영조 집권 후반기부터 정조 등극 이후 아들 이택수<sub>李澤遂, 승지공 1739-1777</sub>가 역모로 죽임을 당할 때까지 20여 년에 걸쳐 관료생활을 지속할 수 있었다.

이언형<sub>奉朝賀公 한성판윤 제2품, 현 서울시장</sub>의 관직생활, 즉 환로<sub>還路</sub>를 계속 살펴보자.

강화 교동도로 귀양 갔던 이언형은 영의정 이천보의 도움으로 귀양에서 풀려난 뒤, 이후 별다른 어려움 없이 관직 생활을 이어 나갔다. 그는 사간원 헌납을 거쳐 청나라 사행단 일행의 서장관이 되어 연경에 다녀왔고, 세자시강원 보덕 등을 거쳐 승지가 되었으며, 강원도 관찰사를 지냈다.

계속해서 이언형은 1769년<sub>영조 45</sub>에 종2품 동지중추부사<sub>同知中福府事</sub>

가 되었다. 그런데 여기에는 일화가 있다. 본래 이언형의 아버지 청릉군은 집이 아름답고 명당이었다고 한다.

이에 영조는 일찍이 이 집을 자신의 친어머니 숙빈최씨를 모시는 사당인 육상묘毓祥廟를 만들고 1753년영조 29에 육상궁毓祥宮으로 높여 받들었다.


이언형은 이후 공조참판·형조참판·호조참판을 거쳐, 대사헌까지 역임하였다. 1773년영조 49에는 봉조하奉朝賀: 종2품 퇴직 관원에게 예우차원에서 특별히 내리는 벼슬로서 지영례祗迎禮: 왕의 환궁을 맞이하는 예식에 참석한 뒤 선마宣麻: 궤장을 하사할 때 함께 덧붙여 주는 글를 하사받았다.

지난 1986년에 문중에서 발간한 『경평군파 선원속보』에는 이 글이 앞부분에 실려 있다. 이때의 선마예행기宣麻禮行記에도 적혀 있지만, 이언형에게 있어 평생토록 가장 영광스러웠던 순간은 아마도 그의 세 아들이 문과에 급제한 것으로 인해 영조 임금으로부터 치하받은 일이다.

이언형은 본부인 풍산홍씨와의 사이에서 모두 4남 2녀의 자녀를 두었다. 이 중 4남은 택수澤遂·양수養遂·회수會遂·헌수獻遂인데, 세 아들이 모두 과거에 합격하는 영광이 있었고, 막내 헌수 또한 초시에 합격하여 생원이 되었다. 또한 2녀 중 장녀는 홍계희의 막내아들 홍찬해洪贊海와 혼인하였고, 차녀는 청송심씨 심능협沈能協의 부인이 되었다.

이언형은 이 밖에도 노년의 나이에 측실과의 사이에서 2남 3녀를 더 두었는데, 2남은 각각 혜수惠遂와 시수時遂이다.


## 이택수 형제들의 과거 급제와 화려한 혼맥

이언형과 풍산홍씨 소생의 4남은 모두 1777년정조 1의 정유역변에 연루되어 장남 이택수承旨公는 바로 죽임을 당했고, 나머지 3남은 모두 멀리 유배되어 그곳에서 생을 마쳤다. 심지어 이택수 형제의 어린 자녀들은 물론이고, 이언형이 측실로부터 뒤늦어 얻어 나이가 어린 이혜수·이시수 형제조차도 유배지에서 생을 마감했다.

이택수 4형제의 문과급제 및 관력, 그리고 배우자의 가계에 대해 알아보겠다. 첨언하자면, 특이하게도 이택수 4형제는 부부가 모두 동갑이라는 공통점이 있다.


이언형의 장남 이택수李澤遂, 承旨公 1739-1777는 1761년영조 37, 불과 23세의 젊은 나이로 문과 정시에 급제하여 세자시강원 설서說書로 관직 생활을 시작했다. 이후 사간원, 홍문관, 사헌부 등 삼사三司의 대간臺諫직을 거쳐, 1773년영조 49에 동래부사종3품가 되었다. 계속해서 승정원 승지정3품와 대사간정3품을 역임했으나, 1776년정조 즉위년에 홍인한의



조선국 왕자 경평군

파당으로 몰려 사헌부로부터 삭출 탄핵을 받았다. 그리고 이듬해 8월, 정유역변에 연루되어 죽는다.

이택수의 부인 여흥민씨1739-1805는 우의정을 지낸 민백상1711-1761의 따님이다. 민백상의 아버지는 관찰사 민형수閔亨洙이고, 조부는 좌의정 민진원閔鎭遠이며, 증조부는 여양부원군 민유중閔維重이다. 민백상의 양아들 민홍섭,즉 이택수의 처남은 이택수와 함께 정유역변으로 죽임을 당한다. 한편 민유중의 따님이 그 유명한 숙종의 계비 인현왕후이다. 여흥민씨 민유중의 가계는 조선 말기 대원군의 부인 여흥민씨, 그리고 명성왕후에 이르기까지 왕실과 계속해서 혼맥을 이어나간 명문가이다.


이언형의 차남 이양수李養遂, 安東承旨公 1743-1796는 1764년영조 40, 형보다 더 어린 22세의 나이에 문과 정시에 급제하여 승정원 가주서假注書 및 세자시강원 설서를 거쳤다. 계속해서 승정원 주서와 춘추관의 기사관記事官을 역임한 이후, 형 이택수와 마찬가지로 삼사의 요직을 두루 거쳤다. 이어서 당상관의 반열에 올라 승정원의 동부승지정3품와 우부승지정3품를 지냈고 병조참의국방부 정3품가 되었으며, 외직으로는 안동대호부의 부사종2품를 역임했다.

이양수의 부인 풍양조씨1743-1818는 이조판서 '조돈'의 따님이다. 풍양조씨 가계에는 노론집과 소론집이 공존한다. 영조의 탕평책 파트너이자 효장세자빈의 아버지 조문명 가계는 소론이고, 조돈의 가계는 대표적인 노론집안이다. 조돈의 아버지 조상경, 동생 조엄趙曮, 조엄의 아들 조진관趙鎭寬은 모두 이조판서를 지냈다. 따라서 이양수의 부인 풍양조씨는 조진관과 사촌지간이 된다. 조진관의 장남 조만영의 딸이 신정왕후神貞王后, 1808-1890 조대비이고, 따라서 조진관의 후손들이 바로 풍양조씨 세도정치의 주역들이다. 조진관의 차남 조인영은 식년문과에서 장원급제를 한 수재로서 영의정을 지냈으며, 추사 김정희와 함께 금석학 연구의 대가이다.

이언형의 3남 이회수李會遂, 校理公 1744-1790는 1773년영조 49, 30세의 나이로 증광 문과에서 장원급제를 하는 영광을 안았다. 1773년 윤3월 3일 자『승정원일기』에는 영조가 과거에 합격한 유생들을 불러 치하하는 자리에서 이회수 3형제의 급제 사실을 특별히 언급하고 있어 주목된다.

상(임금)이 이르기를, "이회수 3형제가 모두 과거에 급제했으니, 장하도다." 하였다. 이어서 전교를 쓰라 명하고 이르기를, "생원 이회수는 동원군(東原君)의 증손이고 청릉군(靑陵君)의 손자이니, 나는 이들을 (생전에) 모두 보았노라. 아아! 오늘 급제자들을 보았는데, 그렇다면 (이언형의) 세 아들이 다 급제했단 말인가? 참으로 드문 일이라 하겠다. 내 뜻을 어찌 드러내면 좋겠는가? 해당 부서로 하여금 잔치에 필요한 물품과 비용을 특별히 지급해서 60이 넘은 양친을 봉양하게끔 하라" 하였다.

위 기사에서 보듯이, 임금이 3형제 등과를 축하하며 특별히 잔치에 필요한 물품과 비용까지 지급해 주었으니, 아마도 조선시대를 살았던 부모라면 살아서 이보다 더 큰 기쁨과 광영은 없었을 것이다.

그는 장원급제자에게 베풀어지는 특혜 덕에 바로 6품직인 경연청의 검토관檢討官이 되었고, 이후 홍문관의 부교리종5품와 수찬을 역임했다.

이회수校理公의 부인 반남박씨1744-1811는 문과 장원급제자인 박창원朴昌源, 1717-1745의 외동딸이자 유일한 혈육이다. 박창원의 동생 박명원朴明源은 화평옹주와 혼인하여 영조의 부마가 된 '금성위'이다. 연암 박지원은 박창원·박명원 형제의 8촌 동생인데, 박지원은 금성위 박명원의 자제군관子弟軍官: 사신의 수행원 자격으로 특별히 지명된 사람 자격으로 북경과 열하를 둘러보고 『열하일기』라는 불후의 명작을 남겼다.


이언형의 4남 이헌수李獻遂, 進士公 1749-1813는 1774년영조 50, 26세의 나이로 증광시 초시에 합격하여 생원이 되었다. 만약 영조시대가 좀 더 오래 지속되었더라면 형들처럼 그 역시 대과에 급제했을 수도 있었다. 그러나 불행하게도 불과 2년 뒤에 영조가 승하하고 정조가 등극하는 바람에 그는 더 이상 과거에 응시할 기회를 갖지 못했다.

사실 과거시험보다 더 큰 문제는, 그 역시 1777년의 정유역변에 연루되어 평생토록 유배지에서 고통의 세월을 보내야 했다는 사실이다.

이헌수進士公의 부인 청풍김씨1749-1798는 문과에 급제하여 사간원 정원을 지낸 김치공金致恭의 따님이다. 김치공의 아버지는 좌의정을 지낸 김약로金若魯이고 조부는 대제학과 이조판서를 지낸 김유金楺이다. 김유의 형 김구金構는 우의정을 역임했다.

## 이택수의 정유역변 연루와 경평군파 종손가

정유역변에 연루된 경평군 종가는 어려운 운명을 맞이하였다. 이언형과 그 부인 풍산홍씨는 정유역변 이후에도 각각 8년과 4년을 더 살았다.

이택수가 정조의 배려로 그나마 지정불고죄로 처형되었기 때문에 직계가족들 모두 죽음은 면할 수 있었다.

그러나 아들들이 역모로 죽고 유배된 상황에서 그 부모는 죽음보다 더 모진 목숨을 연명하며 살아야 했다. 이는 정유역변 이후 무려 28년을 더 살았던 며느리, 즉 이택수의 부인 여흥민씨 또한 마찬가지였을 것이다.

여흥민씨 부인1739-1805은 여양부원군 민유중의 현손이자, 우의정을 지낸 민백상의 따님이고, 정유역변으로 이택수와 함께 처형된 민홍섭은 양자로 들어온 친정 동생이다.

인현왕후는 민유중의 따님이므로, 부인에게는 5촌 증조 할머니뻘이 된다. 한편 이택수는 여흥민씨 부인 사이에서 두 아들 이후전李後傳, 1763-1798과 이후신李後信, 1772-1842을 두었다.

이택수의 장남 이후전은 역변직후 진도로 귀양 갔다가 1790년정조 14 즈음에 풍천으로 배소가 옮겨져 1798년정조 22에 그곳에서 사망했다.

차남 이후신은 남해에서 진도를 거쳐 1795년에 형과 숙부들의 배소인 풍천으로 옮겨져 함께 생활하다 기세에 사망했으니, 고작 여섯 살 때부터 칠십 평생을 온통 유배지에서 보낸 셈이다.

이택수의 차남 이후신의 부인 동래정씨1763-1843는 영의정을 지낸 정존겸鄭存謙, 1722-1794의 두 딸 중 작은따님이다. 정존겸은 1775년 홍인한을 탄핵하는 상소를 올려 세손을 보호하였고, 이로써 정조 즉위 직후 우의정, 이듬해인 1777년에 좌의정이 되었다. 그토록 정조의 두터운 신임을 받은 그였지만, 그 딸과 사위의 기구한 운명을 구제해줄 수는 없었다.

경평군파의 종손 이택수의 장남 이후전은 아들을 두지 못해 세종의 5남 광평대군파의 후손인 이석영李鎭永을 양자로 들였으나, 이석영 또한 아들이 없어 "이회수校理公의 증손 이준상李驗相이 입양되어 종손 가를 이어 나갔다."

이언형의 차남 이양수安東承旨公는 역변의 여파로 추자도에서 유배 생활을 했으나 1792년정조 16에 진도로 옮겨졌고, 3년 뒤인 1795년정조 19에는 다시 황해도 풍천으로 옮겨져 이듬해 그곳 배소에서 사망했 다. 22세의 나이에 문과에 급제한 전도유망했던 수재는 이렇듯 30대 중반에 역변을 만나 스러져갔다.

이양수와 동갑인 부인 풍양조씨1743-1818는 1796년정조 20 유배지에 서 남편이 죽은 뒤에도 22년을 더 살았다. 그녀는 일본에 통신사로 갔 다가 고구마를 들여온 것으로 유명한 '조엄'의 조카딸이자, 신정왕후 의 할아버지 조진관과는 4촌 남매지간이다. 따라서 부인은 신정왕후 에게는 촌수로 6촌 할머니가 된다.

이양수와 풍양조씨 사이에는 자녀가 없어 이헌수이언형의 4남 進士公 의 아들 이후로李後老가 입양되었고, 이후로도 아들이 없자 다시 이헌 수의 차남 이후유李後有의 독자인 이면영李趙永이 가계를 계승했다.

이언형의 3남 이회수校理公 1744-1790는 문과에 장원으로 급제하여 영조가 면전에서 친히 축하해주고 또 집안에 잔치를 베풀어주기도 했음을 앞서 살펴본 바 있다. 그러나 이런 영예를 뒤로 하고 그 역시 제주도로 유배를 갔다. 그런데 1790년정조 14 경에 육지에 가까운 다른 섬으로 유배지를 옮겨가던 도중 풍랑을 만나 바다 한가운데서 사망했다.

이회수의 부인 반남박씨1744-1811는 선조의 부마인 금양위 '박미'의 6대 손이자,연암 박지원의 9촌 조카이다. 부인은 남편의 죽음 이후 21년을 더 살았다.

이회수 부부는 후철後喆·후혁後赫·후궁後藭·후붕後朋 등 아들 넷을 두어 형제들 중 후손이 가장 번성하였다.


이후철은 11세 때, 그리고  후혁은 7세 때 정유역변을 만나서 각각 함경도 경성과 온성으로 유배되었다가 이후혁은 1790년, 후철은 1795년 즈음에 황해도 풍천으로 옮겨가 사촌들과 같은 장소에서 생활하였다.

이후궁은 역변 당시 4살이었고, 후붕은 태어난 지, 갓 넉 달 되었을 무렵이어서 유배를 면한 것이 다행이었다.


이언형의 4남 이헌수進士公 1749-1813는 정유역변으로 제주도 '정의현'으로 유배되었다가 함경도 삼수군三水郡으로 옮겨갔다. 세간에서 흔히 오지의 대명사로 회자되는 '삼수갑산三水甲山'의 그 삼수이다. 그런데 제주에서 삼수로 옮겨갈 때, 역시 제주도에 있던 바로 손위 형 이회수는 동생을 그리워하며 '늦가을에 곧 남쪽으로 유배되더니, 초겨울엔 다시 북으로 옮겨가누나!秋幕繼南資 冬初文北遷'라고 읊었다 한다.

이 시로 보건대, 아마도 이헌수는 1777년 8월 정유역옥이 처리된 후 초가을에 제주로 유배되었으나 이회수 역시 제주로 유배와 있어, 얼마 후인 같은 해 초겨울에 반대쪽 함경도로 옮겨진 듯하다.

이언형의 4남 이헌수의 부인 청풍김씨<sub>1749-1798</sub>는 김상로의 형으로 좌의정을 지낸 김약로의 손녀딸이다. 이택수 형제들의 부인은 모두 남편보다 오래 살았으나, 이헌수의 부인 청풍김씨만 유일하게 남편보다 먼저 세상을 떠났다.

정유역변의 화마는 비단 이언형과 풍산홍씨 부인 소생의 이택수 4형제에만 국한된 것이 아니었다. 이언형은 50대 중반에 측실로부터 2남 3녀를 두었는데, 두 아들 이혜수<sub>李惠遂, 1767-1827</sub>와 이시수<sub>李時遂, 1774-1827</sub>는 정유역변 당시 나이가 고작 11세와 7에 불과하여 나이로만 보면 손자뻘이었다.

실제로 이언형의 손자이자 이회수의 두 아들인 이후철·이후혁 역시 각각 11세와 7세였다. 이후혁은 역변 당시 함경도 온성으로 유배되었는데, 서삼촌이자 나이가 11세인 이혜수<sub>奉朝賀公의 5남</sub> 역시 온성으로 유배되었다. 아마도 나이가 너무 어려서 두 아이들을 함께 같은 곳으로 유배 보냈다고 보인다.

이후 이후혁은 1790년에 황해도 풍천으로 옮겨졌는데, 이언형의 5남 이혜수는 5년을 더 온성에서 보내다가 1795년에 풍천으로 옮겨졌다.

이언형의 막내아들 이시수李時遂는 전라북도 부안의 변산 앞바다에 있는 '위도'로 유배되었다. 오늘날 부안군 위도면에 딸린 조그만 섬인 위도는 조기파시로 유명한 관광 명소이다.

파시波市란 풍어기에 열리는 생선시장을 뜻하는데, 부안 위도의 조기파시는 대체로 조기 성어기인 4월 초순에서 하순까지 약 4-5주간 계속된다. 이 밖에도 위도는 '위도8경'이 있을 만큼 멋진 관광지이지만, 조선시대에는 이렇듯 어린 유배객마저 사방 바닷물로 가두는 잔인한 섬이었다.

이시수 역시 1795년에는 풍천으로 옮겨져 혈족들과 함께 살았다. 그러다 이혜수는 61세, 이시수는 54세를 살고 1827년순조 27 같은 해에 사망했다. 동생 이시수가 9월 29일에 죽자, 형 이혜수 역시 몇 달 뒤인 12월 14일에 세상을 떠났다.

아마도 평생을 서로 의지하며 풍천 유배지에서 함께 살아온 형 이혜수는 동생의 죽음에 삶의 의욕을 잃었던 것일까. 두 형제는 적자 소생의 이택수 4형제와 달리, 그곳 풍천 땅에 묻혔다. 후손들이 그곳에서 정착했기 때문이다.

그러나 한국전쟁으로 남과 북이 갈리면서 이들 후손들은 현재 더 이상 족보에 기재되지 못하고 있다.

## 경평군 종가가 정유역변에 연루된 과정과 그 이후

경평군파의 가세가 급격히 성장하게 된 것은 바로 풍산홍씨와의 인연이 그 출발점이었다고 할 수 있다. 풍산홍씨는 홍이상 이래로 후손들이 번성했는데, 특히 홍이상의 손자 홍주원이 선조의 유일한 적통 왕녀인 정명공주와 혼인함으로써 번영의 발판을 마련했다. 홍주원의 현손 홍봉한이 정명공주의 후손이었기 때문에, 이런 장점이 유리하게 작용하여 그 딸 혜경궁 홍씨는 영조가 직접 간여한 최종 간택에서 세자빈으로 선택된다.

그런데 영조는 신유대훈1741 이후 노론 중심의 탕평책을 운영해나가면서 과거 소론 외척 조문명 세력 대신 노론 외척인 홍봉한 가문을 정치적 파트너로 정했다. 이에 홍봉한은 일약 정계의 중심인물로 성장하고, 노론 세력은 척신 계열인 홍봉한을 지지하는 부홍파와 홍봉한을 무너뜨리려는 공홍파로 나뉜다. '공홍파'의 핵심은 영조의 계비 정순왕후의 아버지 김한구와 오라버니 김귀주였다. 부홍파와 공홍파의 갈등은 사도세자가 뒤주에서 죽게 되는 임오화변1762 이후 여러 정치적 사건들과 연관되어 극한 양상으로 치달았다.

사도세자가 죽게 되는 데는 우선 김한구와 김상로를 중심으로 하는 공홍파가 큰 역할을 했고, 여기에는 사도세자와 마침내 결별을 택한 부홍파, 즉 홍봉한과 홍계희 등도 일조했다.



조선국 왕자 경평군

홍봉한은 원래 사도세자를 보호하는 입장이었으나, 사도세자가 소론 측과 우호적인데다 영조 몰래 평양에 놀러 간 사건이 나경언의 고변으로 확대되는 과정에서 결국 사도세자를 포기하고 세손 보호를 선택한다. 이에 홍봉한은 영조와 함께 임오화변이 국가와 조정의 대의명분을 위한 어쩔 수 없는 선택이었음을 천명하고, 이에 대한 의리를 지켜나갈 것을 맹세한다.

그런데 정작 문제는 같은 부홍파이자 홍봉한의 동생인 홍인한에게 있었다. 그는 화완옹주의 양아들인 정후겸과 결탁하여 세손 정조의 대리청정을 끝까지 방해한다.

이는 정조가 자신들의 노선과 정치적 입장에 결코 우호적이지 않다는 것을 여러 차례 확인했기 때문에 정조의 왕위 계승을 두려워했기 때문이었다. 결국 정조는 천신만고 끝에 홍국영을 정점으로 정민시와 서명선의 도움을 받아 대리청정을 하게 되고, 영조 사후 무사히 왕위를 승계한다.

국왕이 된 정조는 우선 등극과정에서 자신을 음해하고 적대시한 외종조부 홍인한과 내종간 사촌 정후겸 무리를 처단한다. 또한 홍인한의 최측근인 홍계희의 아들 홍지해, 홍술해도 이에 연루되어 유배 길에 오르고, 홍인한의 조카들인 경평군파 이택수承旨公와 이회수校理公 형제도 관직이 삭탈된다. 다만 정조는 홍봉한과 홍낙임이 혜경궁의 혈족이라는 이유로, 또한 화완옹주는 자신의 고모였기 때문에 살려준다.

정조는 공홍파를 이용해 홍인한 등의 부홍파를 제거하는 한편, 부홍파가 제거되자 이번에는 공홍파의 핵심 김한구를 구실을 만들어 멀리 유배 보낸다. 이로써 풍산홍씨와 청풍김씨 두 외척 세력은 물론, '공홍파'와 '부홍파'도 모두 소멸된다.

이뿐 아니라 사도세자의 추숭과 사건의 진상 조사를 요구한 급진 소론세력인 '조재한'과 '이덕사' 또한 처형당한다. 이는 정조가 자신의 승계를 지지하고 도와준 영조와의 의리를 지키는 방편이었고, 다른 한편으로는 여전히 조정의 주도 세력인 노론을 안심시키는 조치이기도 했다.


한편 정조는 대리청정을 전후한 시기부터 홍인한 일당을 처단하게 된 과정을 담아 1777년 『명의록』을 편찬하도록 했다.

그런데 『명의록』이 채 완성되기도 전에 전대미문의 국왕 시해 미수 사건이 발생하는데, 이것이 바로 1777년 8월의 '정유역변'이다.

정유역변이란, 황해도관찰사 홍술해가 비리 혐의로 관직을 삭탈당하고 흑산도로 유배를 간 사이, 그 아들 홍상범이 유배지의 홍술해와 긴밀히 연락하며 궁궐로 잠입, 정조를 시해하려던 사건이다.

여기에는 국왕의 호위군관과 내시, 그리고 궁중나인까지 합세하고 있어 그 파장이 더욱 컸다. 이택수 형제는 가뜩이나 홍인한의 조카사위라는 이유로 조정에서 쫓겨나 있었던 차에, 홍계희의 8촌 동생이자 '정유역변'의 주모자 중 한 사람인 '홍계능'의 사랑방을 출입하며 '역모의 전말'을 전해 들었다.

　결국 이택수는 지정불고죄로 처형되고, 그 자녀와 형제들 또한 모두 유배되어 유배지에서 생을 마친다.

　경평군 종가가 이렇듯 '정유역변'으로 몰락하게 된 까닭은, 무엇보다도 이택수의 외가인 풍산홍씨, 사돈가문인 남양홍씨, 처가인 여흥민씨 등 노론 명문가와 다양한 혼맥으로 연결되어 있었기 때문이었다. 앞서도 말했듯, 영조시대에는 청릉군 이모李模가 당대의 명문가들과 사돈을 맺게 되고, 아들 이언형과 손자 이택수 3형제가 과거에 급제하며 왕실의 친진 가문 중 가장 빛나는 가문으로 성장할 기반을 닦아 놓았다.  하지만 역으로 이토록 화려한 혼맥 때문에 그만 어처구니 없게 역모에 연루되는 비운을 맞이했으니, 참으로 혼맥으로 인하여 아이러니하고 안타까운 일이 아닐 수 없다.

　경평군은 영양군을 비롯해 영흥군, 영주군, 영림군 등의 네 아드님을 두어 자손이 여느 왕실 지파 못지않게 번성했다.
　또한 이언형의 아들 이택수 형제들은 1851년철종 2에 국왕의 특명으로 신원되고 관작도 복구되었다.
　또한 경평군파 후손들은 과거급제로 진출한 5명 이상 신료와, 조선 중기 이언형과 그 아들 3형제를 비롯하여, 조선후기 고종 때고종24년까지 문과 급제자이인상를 배출한 조선 최고의 명분가 왕실집안 중에 하나이다.

# 제 3 편

# 경평군의 부왕
# 선조대왕의 가족관계

**선조 어진 전립본 추정화**

宣祖 (1552~1608)

제14장

# 선조대왕

선조宣祖, 1552년 12월 6일(음력 11월 11일)~1608년 3월 6일(음력 2월 1일)는 조선의 제14대 국왕재위: 1567년 음력 7월 3일~1608년 음력 2월 1일이다. 휘는 연昖, 초명은 균鈞, 본관은 전주全州이며, 즉위 전의 작호는 하성군河城君이었다.

중종의 여덟째 아들인 덕흥대원군德興大院君 이초李岹의 셋째 아들이며, 어머니는 하동부대부인河東府大夫人 정씨鄭氏이다. 이복 숙부인 명종이 후사 없이 승하하자, 명종의 양자로서 왕위를 계승하였다. 부모가 왕과 왕비가 아닌 최초의 서자 가문 출신의 왕이며, 조선 최초의 방계 혈통의 왕이기도 하다.

재위 기간 중 사림에 의한 정계 장악이 확고해진 후, 1575년에 동서 분당 사건으로 인해 사림이 동인과 서인으로 분열되어 정당들이 경쟁을 시작하였다.

또한, 1592년에 일본의 침입으로 발발한 임진왜란이 7년간 이어지며 국토가 황폐화되고 전국이 전쟁터가 되어 개국 이래 200년 만에 내외적으로 가장 혼란한 상황을 맞았으나 임진왜란을 수습하고 목릉 치세를 펼친 국왕이다.

**출생** 1552년 12월 6일(음력 11월 11일), 조선 한성부 인달방 도정궁

**사망** 1608년 3월 6일(음력 2월 1일) (55세), 조선 한성부 정릉동 행궁 정침

## | 부모 |

| | 부모 | 본관 | 생몰년 | 부모 | 비고 |
|---|---|---|---|---|---|
| 법부 | **명종대왕**<br>明宗大王 | 전주 | 1534~1567 | 중종대왕中宗大王<br>문정왕후 윤씨<br>文定王后 尹氏 | 제13대 국왕 |
| 법모 | **인순왕후 심씨**<br>仁順王后 沈氏<br>**의성왕대비**<br>懿聖王大妃 | 청송 | 1532~1575 | 청릉부원군 심강<br>靑陵府院君 沈鋼<br>완산부부인 이희경<br>完山府夫人 李希慶 | |
| 부 | **덕흥대원군**<br>德興大元君 | 전주 | 1530~1559 | 중종대왕中宗大王<br>창빈 안씨昌嬪 安氏 | 중종의 제8자 |
| 모 | **하동부대부인 정씨**<br>河東府大夫人 鄭氏 | 하동 | 1530~1567 | 하동부원군 정세호<br>河東府院君 鄭世虎<br>정경부인 광주 이씨<br>貞敬夫人 廣州 李氏 | |



조선국 왕자 경평군

| 왕비 |

| | 시호 | 본관 | 생몰년 | 부모 | 비고 |
|---|---|---|---|---|---|
| 정비 | **의인왕후 박씨** 懿仁王后 朴氏 | 반남 | 1555~1600 | 반성부원군 박응순 潘城府院君 朴應順 완산부부인 이수 完山府夫人 李壽 | |
| 계비 | **인목왕후 김씨** 仁穆王后 金氏 | 연안 | 1584~1632 | 연흥부원군 김제남 延興府院君 金悌男 광산부부인 광주 노씨 光山府夫人 光州 盧氏 | 소성대왕대비 昭聖大王大妃 소성대비 昭聖大妃 |
| 빈 | **공빈 김씨** 恭嬪 金氏 **공성왕후** 恭聖王后 | 김해 | 1553~1577 | 김희철金希哲 안동 권씨安東 權氏 | 공성왕후 恭聖王后 |
| | **인빈 김씨** 仁嬪 金氏 **경혜인빈** 敬惠仁嬪 | 수원 | 1555~1613 | 김한우金漢佑 전주 이씨全州 李氏 | |
| | **순빈 김씨** 順嬪 金氏 | 김해 | 미상~1647 | 김복장金福長 평산 신씨平山 申氏 | |
| | **정빈 민씨** 靜嬪 閔氏 | 여흥 | 1567~126 | 민사준閔士俊 신창 맹씨新昌 孟氏 | |
| | **정빈 홍씨** 貞嬪 洪氏 | 남양 | 1563~1638 | 홍여겸洪汝謙 창녕 조씨昌寧 曹氏 | |
| | **온빈 한씨** 溫嬪 韓氏 | 청주 | 1581~1664 | 한사형韓士亨 죽산 박씨竹山 朴氏 | |
| 귀인 | **귀인 정씨** | 연일 | 1557~1579 | 정황鄭滉 부평 한씨富平 韓氏 | 정철의 조카 |

| 숙의 | **숙의 정씨** | 동래 | 1564~1580 | 정순희鄭純禧<br>해평 윤씨海平 尹氏 | |
| 소원 | **폐 소원 윤씨**<br>廢 昭媛 尹氏 | | 미상~1632 | | 인조 10년<br>사사됨 |
| 상궁 | **상궁 김씨**<br>尙宮 金氏 | | 미상~1623 | | 인조반정 때<br>처형 |

## | 왕자(14왕자) |

| 작호 | 이름 | 생몰년 | 생모 | 배우자 | 비고 |
| --- | --- | --- | --- | --- | --- |
| **임해군**<br>臨海君 | 진<br>珒 | 1572~1609 | 공성왕후<br>恭聖王后<br>공빈김씨 | 군부인 양천 허씨<br>郡夫人 陽川 許氏 | 광해군 1년(1609년)<br>사사됨 |
| **광해군**<br>光海君 | 혼<br>琿 | 1575~1641 | | 폐비 유씨<br>廢妃 柳氏 | 제15대 국왕,<br>인조반정으로 폐위 |
| **의안군**<br>義安君 | 성<br>珹 | 1577~1588 | | | |
| **신성군**<br>信城君 | 후<br>珝 | 1578~1592 | 인빈김씨 | 군부인 평산 신씨<br>郡夫人 平山 申氏 | |
| **정원군**<br>定遠君 | 부<br>琈 | 1580~1619 | | 연주군부인 구씨<br>連珠郡夫人 具氏 | 제16대 국왕 인조의<br>아버지, 인조 10년<br>(1632년) 원종으로<br>추종 |
| **순화군**<br>順和君 | 보<br>玨 | 1580~1607 | 순빈김씨 | 군부인 장수 황씨<br>郡夫人 長水 黃氏 | |
| **인성군**<br>仁城君 | 공<br>珙 | 1588~1628 | 정빈민씨 | 군부인 해평 윤씨<br>郡夫人 海平 尹氏 | 인조 6년(1628년)<br>역모혐의로 사사됨 |

| 의창군<br>義昌君 | 광<br>珖 | 1589~1645 | 인빈김씨 | 군부인 양천 허씨<br>郡夫人 陽川 許氏 | |
| 경창군<br>慶昌君 | 주<br>珘 | 1596~1644 | 정빈홍씨 | 군부인 창녕 조씨<br>郡夫人 昌寧 曺氏 | |
| 흥안군<br>興安君 | 제<br>瑅 | 1598~1624 | 온빈한씨 | 군부인 청주 한씨<br>郡夫人 淸州 韓氏<br>군부인 파평 윤씨<br>郡夫人 坡平 尹氏 | 조선 비정통 국왕<br>재위: 1624. 3. 29<br>~1624. 4. 3<br>즉위식:1624. 3. 29<br><br>이괄의 난을 주도하고 경복궁에서 왕으로 즉위 하였으나, 심기원에게 돈화문에서 처형됨 |
| 경평군<br>慶平君 | 늑<br>玏 | 1600~1673 | | 군부인 최태임<br>郡夫人 崔太任 | 형 흥안군의 왕위 등극으로 인조 때에는 "병신취급"을 받았으나, 효종과 현종시대에서는 종친부 수장으로 "20년간 국왕예우"를 받았다. |
| 인흥군<br>仁興君 | 영<br>瑛 | 1604~1651 | 정빈 민씨 | 군부인 송철현<br>郡夫人 宋哲賢 | |
| 영창대군<br>永昌大君 | 의<br>㼁 | 1606~1614 | 계비<br>인목왕후<br>김씨 | | 계축옥사에 연루되어 증살 |
| 영성군<br>寧城君 | 계<br>瑔 | 1606~1649 | | 회산군부인 황씨<br>檜山郡夫人 黃氏 | |

## | 왕녀(11왕녀) |

| 작호 | 생몰년 | 생모 | 배우자 | 비고 |
| --- | --- | --- | --- | --- |
| **정신옹주**<br>貞愼翁主 | 1582~1653 | | 달성위 서경주<br>達城尉 徐景霌 | |
| **정혜옹주**<br>貞惠翁主 | 1584~1638 | 인빈김씨 | 해숭위 윤신지<br>海嵩尉 尹新之 | 숙종비 인경왕후의<br>고조모 |
| **정숙옹주**<br>貞淑翁主 | 1587~1627 | | 동양위 신익성<br>東陽尉 申翊聖 | |
| **정인옹주**<br>貞仁翁主 | 1590~1656 | 정빈민씨 | 당원위 홍우경<br>唐原尉 洪友敬 | |
| **정안옹주**<br>貞安翁主 | 1590~1660 | 인빈김씨 | 금양군 박미<br>錦陽君 朴瀰 | |
| **정휘옹주**<br>貞徽翁主 | 1593~1653 | | 전창군 유정량<br>全昌君 柳廷亮 | |
| **정선옹주**<br>貞善翁主 | 1594~1614 | 정빈민씨 | 길성위 권대임<br>吉城尉 權大任 | |
| **정정옹주**<br>貞正翁主 | 1595~1666 | 정빈홍씨 | 진안위 유적<br>晉安尉 柳頔 | |
| **정근옹주**<br>貞謹翁主 | 1599~1613 | 계비<br>인목왕후<br>김씨 | 일선위 김극빈<br>一善尉 金克鑌 | |
| **정명공주**<br>貞明公主 | 1603~1685 | | 영안위 홍주원<br>永安尉 洪柱元 | 헌경왕후의 6대 조모 |
| **정화옹주**<br>貞和翁主 | 1604~1667 | | 동창위 권대항<br>東昌尉 權大恒 | |



**조선국 왕자 경평군**

## 제15장

# 선조대왕의 부모와 배우자

## |법부| 명종대왕: 제13대 조선 국왕

| | |
|---|---|
| **재위** | 1545년 7월 6일~1567년 6월 28일 (음력) |
| **즉위식** | 경복궁 근정전 |
| **전임** 인종 | **후임** 선조 |
| **휘** 이환(李峘) | **묘호** 명종(明宗) |
| **시호** | 공헌헌의소문광숙경효대왕 (恭憲獻毅昭文光肅敬孝大王) |
| **능호** | 강릉(康陵) / 서울특별시 노원구 공릉동 |
| **군호** | 경원대군(慶源大君) |
| **출생일** 1534년 6월 28일 (음력) | **출생지** 조선 한성부 경복궁 |
| **사망일** 1567년 6월 28일(33세) (음력) | |

중종의 두 번째 계비 문정왕후 윤씨의 무덤인 태강릉 정경　출처: 위키백과

| 사망지 | 조선 한성부 경복궁 양심당 |

| 부친 | 중종 | 모친 | 문정왕후 윤씨 |
| 배우자 | 인순왕후 심씨 | 자녀 | 순회세자 · 선조 (양자) |

# 창빈 안씨: 조선국 중종대왕의 왕비

| 배우자 | 중종대왕 | 내명부 | 창빈 안씨(선조 10) |

봉작　소용(昭容: 정3품), 숙용(淑容) 1540~1549년 11월 18일

소원(昭媛: 정4품), 숙원(淑媛) 1529~1540년



조선국 왕자 경평군

| 부친 | 안탄대(安坦大, ? ~1567년 이후),  본관: 안산 안씨 |

| 모친 | 정경부인 황씨(貞敬夫人 黃氏) |

| 출생일 | 1499년 9월 11일(음력 7월 27일) |

| 출생지 | 조선 경기도 금천현 안탄대 사저 (現 경기도 시흥시) |

| 사망일 | 1549년 11월 18일(음력 10월 18일) (향년 51세) |

| 사망지 | 조선 한성부(現 서울특별시 종로구) |

| 자녀 | 슬하 3남 1녀 |

1남  영양군(永陽君, 1521~1561)

2남  이이수(李頤壽, 조졸)

1녀  정신옹주(靜愼翁主, 1526~1552)

3남  덕흥대원군(德興大院君, 1530~1559)

| 능묘 | 창빈 안씨 묘역 (동작동 국립묘지 내) |

서울특별시 동작구 현충로 210 (동작동 국립묘지 내)

서울특별시 유형문화재 제54호


## |친부| 덕흥대원군: 조선국 중종대왕의 왕자

| 부왕 | 중종대왕 | 모친 | 창빈 안씨 (선조 10), 초수 소용 안씨 |

| 추존 | 조선국 대원군 |

| 휘 | 이초(李岹) | 작호 | 덕흥군(德興君) |

| 출생일 | 1530년 3월 5일 (음력) | 출생일지 | 조선 한성부 별궁 |

| 사망일 | 1559년 5월 9일(29세) (음력) |

| 사망지 | 조선 한성부 도정궁 |

| 배우자 | 하동부대부인 정씨 |

| 자녀 | 3남 2녀 |

**장남**　하원군 (河原君) 1545~1597년

**차남**　하릉군(河陵君) 1546~1592년

**3남**　선조대왕(宣祖大王) 하성군(河城君) 1552~1608년

**장녀**　광양부인 명순 1548~1637년

**2녀**　혜옥 1558년 - 1599년

| 능묘 | 덕흥대원군·하동부부인묘 |

경기도 남양주시 별내면 덕송리 산5-13번지

덕흥대원군 묘　출처: 국가유산포털

　　　조선국 왕자 경평군

# 선조대왕: 제14대 조선 국왕

**재위** 1567년 7월 3일~1608년 2월 1일 (음력)

**즉위식** 경복궁 근정전

**전임** 명종  **후임** 광해군

**휘** 이연(李昖) · 이균(李鈞)

**묘호** 선종(宣宗, 1608년) → 선조(宣祖, 1616년)

**시호** 현문의무성예달효대왕(顯文毅武聖睿達孝大王)

**능호** 목릉(穆陵) / 경기도 구리시 동구릉로197

**군호** 하성군(河城君)

**출생일** 1552년 11월 11일 (음력)

**출생지** 조선 한성부 인달방 도정궁

선조대왕 목릉  출처: 위키백과

| 사망일 | 1608년 2월 1일(55세) (음력) |
| 사망지 | 조선 한성부 정릉동 행궁 정침 |
| 부친 | 덕흥대원군 |
| 모친 | 하동부대부인 정씨 |
| 배우자 | 의인왕후 박씨 · 인목왕후 김씨 |



조선국 왕자 경평군

## 제16장

# 선조대왕의 자녀들: 14왕자와 11왕녀

## 임해군: 조선국 선조대왕의 왕자

**부왕** 선조대왕

**모친** **모후** 의인왕후, **생모** 공성왕후(공빈 김씨)

**휘** 진국(鎭國) → 진(珒)

**작호** 임해군(臨海君)　　**시호** 정민공(貞愍公)

**출생일** 1572년 9월 20일(음력)

**출생지** 조선 한성부 경복궁 (現 서울특별시 종로구 사직로 161)

**사망일** 1609년 6월 3일 (향년 36세) (음력)

**사망지** 조선 경기도 교동면 (現 인천광역시 강화군 교동면)

**형제자매** 선조대왕 왕자 14남 옹주 11녀 중 장남

임해군 묘

| **배우자** | 군부인 허씨 |

| **자녀** | 슬하 1녀(양자 1남) |

**장녀**　요절

**양자**　양녕군 이경(陽寧君 李儆, 1616~1644)

| **묘소** | 경기도 남양주시 진건읍 송능리 |


# 광해군 : 제15대 조선 국왕


| **국왕 재위** | 1608년 3월 17일~1623년 4월 13일(음력 광해군 즉위년 2월 2일~광해군 15년 3월 14일)

　　　　　　　　　　　　　　조선국 왕자 경평군

광해군 묘

| | |
|---|---|
| **세자 재위** | 1592년 6월 8일~1608년 3월 17일(음력 선조 25년 4월 29일~선조 41년 2월 2일) |
| **즉위식** | 1608년 3월 17일 (32세) (음력 선조 41년 2월 2일) |
| **즉위장소** | 한성부 정릉동 행궁 (現 서울특별시 중구 세종대로 99) |
| **전임** | 선조 |
| **후임** | 흥안군(비정통국왕), 사후추종 16대 원종 |
| **휘** 혼(琿) **군호** 광해군(光海君) | |
| **묘호** | 혜종 경렬성평민무헌문대왕(惠宗 景烈成平愍武獻文大王) 한자문화 권추숭복위 |
| **존호** | 체천흥운준덕홍공……창도숭업대왕(體天興運俊德弘功 彰道崇業大王) / 체천흥운준덕홍공신성영숙흠문인무(體天興運俊德弘功神聖英肅欽文仁武) / 서륜입기명성광렬융봉현보무정중희(敍倫立紀明誠光 |

烈隆奉顯保懋定重熙) / 예철장의장헌순정건의수정창도숭업대왕

(睿哲莊毅章憲順靖建義守正彰道崇業大王)

| | |
|---|---|
| 능묘 | 광해군묘(光海君墓) |
| 능호 | 열릉(烈陵) 한자문화권추숭표기 |
| 출생일 | 1575년 6월 14일 (음력 선조 8년 4월 26일) |
| 출생지 | 조선 한성부 경복궁 (現 서울특별시 종로구 사직로 161) |
| 사망일 | 1641년 8월 7일 (향년 66세) (음력 인조 19년 7월 1일) |
| 사망지 | 전라도 제주목 (現 제주특별자치도 제주시 중앙로 82) |
| 부왕 | 선조대왕 |
| 모친 | **모후** 의인왕후, **생모** 공성왕후(공빈 김씨) |
| 형제자매 | 선조대왕 왕자 14남 옹주11녀 중 차남 |
| 배우자 | 혜장왕후(惠章王后), 폐비 류씨, 왕세자빈, 문성군부인(文城郡夫人) |
| 후궁 | (14명)수빈 허씨, 귀인 윤씨, 귀인 홍씨, 소의 권씨, 숙의 원씨, 소용 정씨, 소용 임씨, 소원 신씨, 숙원 한씨, 상궁 김개시, 상궁 이씨, 상궁 최씨, 궁인 조씨, 궁인 변씨 |
| 자녀 | 1남(폐세자 이지), 2녀 |
| 묘소 | 경기도 남양주시 진건읍 송능리 |

• **출생과 성장:** 1575년에 태어났으며 선조와 김희철의 딸 공빈 김씨의 차남으로 위로는 친형 임해군 이진이 있었다. 어린 나이에 광해군 光海君에 봉해졌다. 어려서 생모 공빈 김씨를 여의고 부왕의 냉대 속에

자랐다. 외할아버지인 김희철마저도 임진왜란 중에 전사하면서 그가 기댈 곳은 없었다. 선조의 정비 의인왕후가 자식을 낳지 못하였으나 다른 왕비들의 장성한 여러 왕자들이 있었으나 그중에 임해군, 정원군, 순화군 등은 성격상 불가하였고, 자질로 따지자면 왕재로서 광해군이 유력했다.

• 임진왜란의 영웅: 1592년선조 25 임진왜란이 일어나자 왕세자로 책봉되었고, 함경도와 전라도 등지에서 "군수품과 의병을 직접 모집하고 군량미를 모으는 데에도 힘썼다." 임진왜란 동안 왕세자의 몸으로 부왕 선조를 도와 전쟁 승리에 적지 않은 공을 세웠다.

임진왜란 이후 1608년 왕위에 올랐다. 임진왜란의 뒷수습과 민생 안정을 위해 남인 이원익을 영의정에 등용하는 등 여러 노력을 기울였으며, 후금과의 전쟁 위기 상황에서 실리외교를 펼치기도 했다.

• 즉위 초기: 1608년 천신만고 끝에 즉위한 광해군은 이후 생모인 공빈 김씨를 공성왕후恭聖王后로 추존하였다. 유영경의 세자 교체 기도에 대해 적극 반대하고 나섰던 대북파의 이산해, 이이첨, 정인홍 등은 광해군이 즉위함에 따라 광해군을 정통으로 지지한 공로로 중용되었다. 즉위 초 광해군은 당쟁의 폐해를 알고 억제하려 하였다. 남인인 영의정 이원익을 포함하여 북인에게 밀린 남인계 인사들과 서인계 인사들을 일부 등용하고, 소북파를 대북파 못지않게 대우하는 등 초

기에는 당쟁을 수습하려고 노력했다.

•국방과 외교정책: 광해군은 파주 교하가 군사적으로 방어에 유용할 뿐 아니라, 중국 대륙과의 해상 교역이 가능해 새로운 문물을 받아들이기에 적당한 곳이라고 생각하고 수도를 교하로 옮길 계획을 세웠으나 계속 미루어지다가 결국 시행되지 못했다. 광해군은 1618년 만주에서 여진족이 세력을 키워 후금을 건국하자 북방의 성과 병기를 수리하고 군사를 양성하는 등 국경 방비에 힘썼다.

광해군은 실리외교를 펼쳐 후금과의 갈등을 피해 갔다. 광해군이 중립외교를 펼치자 서인세력들은 왜란 때 명나라가 조선을 도운 점을 망각하는 배은망덕한 일이라며 크게 반발하였다.

•민생과 문화: 임금이 된 광해군은 즉위 초부터 1608년 선혜청을 두어 경기도에서 쌀로 조세를 내도록 함으로써 소득에 따라 세금을 내는 조세개혁인 대동법을 시행했다. 1611년 양전 사업을 벌였다. 이어 임진왜란 때 화재로 소실된 창덕궁, 경희궁, 창경궁을 재건하고 인경궁을 설치했으며, 임진왜란 때 소실된 서적 간행에도 힘써 『신증동국여지승람』, 『용비어천가』, 『동국신속삼강행실』 등을 다시 간행했다. 허균의 『홍길동전』, 허준의 한의학책인 『동의보감』 등도 이 시기에 완성되었다.



조선국 왕자 경평군

• 사망: 유배 생활을 지내던 광해군은 1641년능양군 19 7월 1일에 67세를 일기로 "독살로 인해 사망"하였다. 한편 그가 죽은 시기인 음력 7월 1일 무렵에 제주도에 비가 자주 오는데, 이를 "광해우"라 칭하기도 한다. 장례는 박씨 집안으로 시집간 딸이 봉사하게 되었으며, 제주도에서 장사를 지냈으나 1643년 현재 위치인 경기 남양주시 진건읍 송능리 337-4 로 이장하여 부인 유씨혜정왕후의 묘와 쌍분으로 조성하였다. 그의 묘소는1991년 10월 25일에 사적 제363호로 지정되었다.

광해군 사후에 그의 딸은 폐옹주되어 서인으로 전락하였으나 정원군의 아들 능양군후일 인조의 말에 따라 이현궁에서 지낼 수 있었다. 또한 20세 넘도록 시집을 못 갔으나 능양군이 혼수를 마련해주어 박징원과 혼인하였다.


• 정원군의 아들 능양군반정(계해정변): 광해군은 왕위 옹립에 공이 컸던 대북파의 반발로 당쟁에 휘말리고 말았으며, 이후 1623년 3월 14일 새벽 서인이 주도한 반정계해정변 또는 인조반정으로 폐위되었다.

이후 줄곧 인목왕후를 유폐시키고 영창대군을 살해했다는 폐모살제廢母殺弟를 이유로 패륜자, 폐주廢主로 평가되어 왔으나, 현대에 들어와 본격적으로 재조명 여론이 나타나기 시작했다.


• 조선국 왕세자 지祬와 세자빈 박씨柳氏 유배: 광해군은 폐위 후 왕비 유씨혜정왕후, 그리고 왕세자 지祬와 세자빈 박씨柳氏와 함께 강화도

에 위리안치圍籬安置되었고, 울타리에 갇혀 살기 시작한 지 두 달 후인 5월 세자와 세자빈은 탈출에 실패하고 자결하게 된다. 그때 세자는 다리미와 큰 가위를 이용해서 울타리 밑에 땅굴을 파고 도주를 시도하다가 발각되었고, 능양군은 그 소식을 듣고 한 달 뒤인 6월 사촌동생인 세자에게 자진을 명하고, 세자 질은 그 말에 따라 자진한다. 한편 세자빈 박씨는 남편이 잡히는 것을 보고는 나무에서 떨어져 정신을 잃었다가 사흘 뒤에 깨어나 목을 매어 자살하였다. 그해 10월에 부인 유씨도 사망하는데, 유배 생활 중의 화병이 원인이었다.

• 광해군 존호: 생전에 폐위되었기에 사후 시호는 없으며, 임금이었을 때 신하들이 올린 존호는 체천흥운준덕홍공신성영숙흠문인무서륜입기명성광렬융봉현보무정중희예철장의장헌순정건의수정창도숭업대왕體天興運俊德弘功神聖英肅欽文仁武敍倫立紀明誠光烈隆奉顯保懋定重熙睿哲莊毅章憲順靖建義守正彰道崇業大王이다.

2002년 11월 15일에 인터넷 커뮤니티사이버 조선왕조에서 광해군을 "혜종 경렬성평민무헌문대惠宗 景烈成平愍武獻文大王"으로 추숭 복위하고, 그의 부인 유씨를 "혜장왕후惠章王后", 능호를 열릉烈陵으로하여 추숭하였으나, 이는 사시私諡로서 국가적으로 공인된 것이 아니기 때문에 인정받지는 않는다. 일부 한자문화권 사이트에서 광해군을 '혜종 경렬성평민무헌문대왕(惠宗 景烈成平愍武獻文大王)' 등으로 표기하고 있는 것은 이 때문이다.

• 19세기 이전 문헌에서는 광해주: 광해군이 우리에게 익숙하지만 19



조선국 왕자 경평군

세기 이전 문헌에서는 광해주光海主라고 일컫기도 하였다. 양위 및 폐위로 묘호가 추숭되지 않았던 4인의 조선 국왕 중 한 임금이다. 다른 3명은 2대 공정왕, 6대 노산군, 10대 연산군이다. 다만 공정왕은 능호도 후'릉'이라 하고『실록』도 일기가 아니라 공정왕'실록'이었으며 종묘에 신주가 모셔지는 등 묘호만 없다 뿐이지 정식 군주의 대우를 받았으며, 공정왕과 노산군은 숙종 대에 들어서 각각 정종과 단종으로 추숭되었으므로, 결국에는 연산군과 같이 둘밖에 남지 않았다. 또한, 왕자 시절세자 책봉 전 책봉받은 봉호로 불리는 유일한 폐주이다. 더불어『조선왕조실록』에서도 노산군, 연산군과 같이 '실록'이 아닌 '일기'의 형식으로 그들에 대한 기록이 실린 단 셋뿐인 임금 중 하나이다.

• 사후 평가: 인조반정 이후 조선 후반기 내내 친형 임해군을 죽인 패륜사건과 폐모살제를 이유로 패륜의 군주로 규정되어 왔다. 명나라와 후금의 전쟁 중 강홍립을 파견하여 이중적인 태도를 보인 점 역시 명나라에 대한 의리를 배신하고 사대를 저버린 것으로 간주되어, 인조반정1623 이후 조선시대 내내 광해군은 폭군 또는 혼군昏君, 즉 판단이 흐리고 어리석은 임금으로 비판의 대상이 되었다.

그러나 1933년에『광해군시대의 만주와 조선의 관계』라는 저술에서 광해군이 실리외교 혹은 중립외교를 펼쳤다는 긍정적 평가가 등장하면서 여러모로 재평가되기 시작하였다. 현재는 폭군으로서의 이미지가 많이 희석되고 있다.

• 예학禮學의 종법해석으로 문제 없었던 광해군의 즉위: 현실주의자였던 선조가 정말로 광해군을 폐하고 왕자 이의영창대군에게 후계자 자리를 물려주려 했을 가능성은 낮다. 왕세자와 10년 이상 정적으로 지내면서 위태위태하게 왕권을 지켜온 터라 늘그막에 얻은 아들로의 후계 교체는 한 번쯤 고민했을 가능성은 있고 뒤의 행적으로 보았을 때 어느 정도 냄새는 풍기고 있다. 하지만 현실적으로 그럴 여지가 없었다. 권위가 바닥을 쳐 여러 차례 선위 파동을 일으킨 마당에, 10년 넘게 아무 문제 없이 능력을 인정받은 왕세자를 2살짜리영창대군와 교체하는 무리수를 두는 건 불가능했다.

왕세자 광해군은 "전쟁 때 분조를 성공적으로 수행하고, 국정 경험이 풍부하게 장성한 세자를 3살도 안 된 아기영창대군와 교체한다?" 당시 신하 유영경을 제외한 신하들도 전부 광해군을 지지하고, 오히려 적자인 왕자 이의영창대군의 지지 기반이 왕세자인 광해군보다 훨씬 취약했다.

선조의 마음이 때때로 영창대군으로 갔음에도 결국은 광해군을 인정할 수밖에 없었던 이런 면 때문이었다. 설사 3살도 안 된 아기가 세자가 되더라도 지지 세력도 없거니와 숙청하려고 하면 임진왜란 전쟁영웅과 공신을 비롯한 사대부 전체를 쓸어버리지 않는 이상은 불가능한 일이었다.

광해군은 왕세자 책봉 이전부터 동·서인이 모두 인정한 후계자 1순위였고, 임진왜란 때 활약으로 민간의 지지도 높았다. 이후 10년간 세자 자리를 지키면서 능력과 지위가 더욱 탄탄해졌다. 광해군은 임진왜란 시 대리청정도 아니고 조선국 왕조의 분조를 성공적으로 이끌었다. 그의 능력은 다른 때도 아니고 전쟁 중 나라가 망하기 직전의 상황에서 전쟁터를 돌아다니면서 증명한 것이었다. 임진왜란의 영웅 광해군에게 당색을 막론하고 신하들의 지지가 몰리는 것은 당연했다.

왕위계승 혈통만 가지고 본다면 선조의 정통성이 더 허약했다. 적어도 광해군은 왕선조의 친아들이지만, 선조는 덕흥대원군의 3남, 즉 중종의 서손아버지 덕흥대원군이 서자이다.

명종이 그를 후계자로 지명하지 않았다면, 그의 삼촌들이나 형 하원군, 하릉군이 후계자가 되었을 가능성이 더 높다. 다만 하원군과 하릉군의 경우 명종 사망 당시 20살을 넘겼다는 것은 감안해야 한다. 훗날 서자 출신으로 즉위한 영조도 형을 독살했다는 혐의가 문제가 되었을 뿐, 경종과 영조를 포함한 숙종의 아들은 모두 후궁 소생이므로 자신의 적장자 여부는 큰 문제가 되지 않았다.

게다가 "당시 예학의 종법 해석으론 광해군이 영창대군보다 정통성에서 우월"했다.

결론적으로 보면, 영창대군은 광해군의 위치를 실질적으로 위협하는 왕위경쟁자라기보다는, 권위가 떨어진 선조가 국왕 노릇을 안정적으로 이어가기 위한 하나의 견제수단, 일종의 도구에 가까운 위치였다.

설사 광해군의 입지가 취약했다 쳐도 3살짜리 유아가 어머니보다도 나이 많은 이복형과 경쟁이 될 리 없었다.

당시 명나라도 황제 만력제가 억지로 아무 문제 없는 적장자를 대신해 3남을 황태자로 삼으려고 한 "쟁국본" 때문에 "지금은 곤란하다"라고 반대한 거지, 광해군의 능력과 차기 왕위에 대해서는 암묵적으로 인정하고 있었다. 임진왜란 때 선조를 강제로 폐하고 세자인 광해군을 세울 생각까지도 했던 명국이었다.

그저 쟁국본 및 책봉 문제를 핑계로 조선을 길들여 이익을 얻고자 했을 뿐이다. 실제로 명나라는 선조 승하 후엔 못 이기는 척 광해군의 승계를 인정했다.

종합하면 광해군의 신료들의 지지, 실무 경험, 나이, 종법 등 모든 면에서 우월하여 그 기반이 결코 불안하지 않았고, 선조는 세자 교체할 힘 같은 건 처음부터 없었으며 자기가 왕위에 계속 있기 위해서 견제 용도로 활용했을 뿐이다.

• 선조 "세자의 지위를 흔들 수는 없다": 실제로 선조는 죽음이 가까워오자 전위의 명을 내렸으며, 이때마다 전위에 적극 찬성하는 정인홍 등 과잉 충성파는 제어하면서도, 세자가 석고대죄 할 때마다 "세자의 지위를 흔들 수는 없다"는 이야기를 몇 번씩 했다. 유영경도 당연히 "전위는 안 되지만 세자의 지위는 흔들 수 없다"는 해명 문을 올려야 했다. 그만큼 광해군의 승계는 당연시 되었던 것이다.

  **조선국 왕자 경평군**

• 유교국가 명분 "군신의 의리는 한 번 정해지면 뒤집을 수 없다": 신하 유영경 등은 선조가 장수할 것이라는 근거 없는 희망에 바탕을 두고 세자를 교체하는 계획을 세웠을 정황은 높다. 그러나 유교국가 조선에서 "군신의 의리는 한 번 정해지면 뒤집을 수 없다"는 명분을 뒤집기란 어려운 것이었고, 유영경조차도 겉으로는 이를 인정할 수밖에 없었다.

## 의안군: 조선국 선조대왕의 왕자

| 부왕 | 선조대왕 | 모친 | **모후** 경혜인빈 |
| --- | --- | --- | --- |
| 휘 | 성(珹) | 작호 | 의안군(義安君) |

| 시호 | 의회공(懿懷公) |
| --- | --- |
| 출생일 | 1577년 |
| 출생지 | 조선 한성부 경복궁(現 서울특별시 종로구 사직로 161) |
| 사망일 | 1588년 3월 20일(향년 11세) |
| 사망지 | 조선 한성부(現 서울특별시 종로구 일대) |
| 형제자매 | 선조대왕 왕자 14남 옹주 11녀 중 3남 |

| 배우자 | 무 | 자녀 | 슬하 1녀(양자 1남) |
| --- | --- | --- | --- |

| 묘소 | 경기도 남양주시 화도읍 녹촌리 |
| --- | --- |

의안군 묘

# 신성군: 조선국 선조대왕의 왕자

| 부왕 | 선조대왕 | 모친 | 경혜인빈 |

**부왕** 선조대왕　　**모친** 경혜인빈

**휘** 후(珝)　　**작호** 신성군(信城君)

**시호** 충정공(忠貞公)

**출생일** 1579년 1월 6일

**출생지** 조선 한성부 경복궁 (現 서울특별시 종로구 사직로 161)

**사망일** 1592년 12월 8일 (향년 13세)

**사망지** 조선 평안도 의주군 (현 평안북도 의주군)

**형제자매** 선조대왕 왕자 14남 옹주 11녀 중 4남

**배우자** 군부인 신제순 (郡夫人 申悌順, 1578~1622)

신성군 묘

**자녀** 슬하 1녀 2남

**장녀** 안홍량(安弘量, 1590~1616)의 처

**양자** 능창대군 이전(綾昌大君 李佺, 1599~1615)

**양자** 평운군 이구(平雲君 李俅, 1624~1662)

**묘소** 경기도 남양주시 진접읍 내각리

# 정원군: 조선국 16대 국왕 원종 (사후 추존왕)

**부왕** 선조대왕          **모친** 경혜인빈

**휘** 부(琈)          **작호** 정원군(定遠君)

정원군 묘

| | | | |
|---|---|---|---|
| **시호** | 공량(恭良) | **묘호** | 원종(元宗) |

**출생일** 1580년 8월 12일(음력 6월 22일)

**출생지** 조선 한성부 경복궁 별전 (現 서울특별시 종로구 사직로 161)

**사망일** 1620년 1월 23일 (음력 1619년 12월 29일) (향년 39세)

**사망지** 한성부 회현방 송현궁 사저 (現 서울특별시 중구 회현동)

**형제자매** 선조대왕 왕자 14남 옹주 11녀 중 5남

**배우자** 인헌왕후(사후 추존), 측실 김씨(金氏)

**자녀** 4남

**묘소** 경기도 김포시 풍무동



**조선국 왕자 경평군**

순화군 묘

## 순화군: 조선국 선조대왕의 왕자

**부왕** 선조대왕   **모친** 순빈 김씨

**휘** 보(玨)   **작호** 순화군(順和君)

**시호** 희민공(僖敏公)

**출생일** 1580년 11월 16일

**출생지** 조선 한성부 경복궁 (現 서울특별시 종로구 사직로 161)

**사망일** 1607년 4월 14일 (향년 27세)

**사망지** 조선 한성부 유배지 (現 서울특별시 일원)

**형제자매** 선조대왕 왕자 14남 옹주 11녀 중 6남

**배우자** 군부인 장수 황씨

<table>
<tr><td>**자녀**</td><td>슬하 3녀, 양자2남</td></tr>
<tr><td>**적장녀**</td><td>이계여(李桂餘, 1598~?)</td></tr>
<tr><td>**서장녀**</td><td>이업이(李業伊, 1601~?) 측실 천덕(天德) 소생</td></tr>
<tr><td>**서차녀**</td><td>이중이(李衆伊, 1603~?) 측실 천덕(天德) 소생</td></tr>
<tr><td>**양자**</td><td>진릉군 이태경(晉陵君 李泰慶, 1594~1612)</td></tr>
<tr><td>**양자**</td><td>해안군 이억(海安君 李億, 1613~1655)</td></tr>
<tr><td>**묘소**</td><td>경기도 남양주시 별내면 청학리</td></tr>
</table>

# 인성군: 조선국 선조대왕의 왕자

| | | | |
|---|---|---|---|
| **부왕** | 선조대왕 | **모친** | 정빈 민씨 |
| **휘** | 공(珙) | **작호** | 인성군(仁城君) |
| **시호** | 효민공(孝愍公) | **호** | 백인(百忍) |

| | |
|---|---|
| **출생일** | 1588년 10월 29일(음력) |
| **출생지** | 조선 한성부 경복궁 (現 서울특별시 종로구 사직로 161) |
| **사망일** | 1628년 5월 20일(음력) (향년 41세) |
| **사망지** | 조선 한성부 유배지 (現 서울특별시 일대) |
| **형제자매** | 선조대왕 왕자 14남 옹주 11녀 중 7남 |
| **배우자** | 군부인 해평 윤씨(海平 尹氏) |

**장남**    해평군 이길(海平君 李佶)

**차남**    해안군 이억(海安君 李億, 1613~1655)

**3남**    해원군 이건(海原君 李健, 1614~1662)

**4남**    해령군 이급(海寧君 李伋, 1615~1690)

**5남**    해양군 이희(海陽君 李僖, 1620~1682)

**장녀**    남수성(南壽星)의 처

**차녀**    심장경(沈長卿)의 처

묘소    경기도 의정부시 금오동

인성군 묘

# 의창군 : 조선국 선조대왕의 왕자

| | | | |
|---|---|---|---|
| **부왕** | 선조대왕 | **모친** | 인빈 김씨 |
| **휘** | 광(珖) | **작호** | 의창군(義昌君) |
| **시호** | 경헌공(敬憲公) | **호** | 기천(杞泉) |
| **출생일** | 1589년(음력) | | |
| **출생지** | 조선 한성부 경복궁 (現 서울특별시 종로구 사직로 161) | | |
| **사망일** | 1645년 10월 15일(음력) (향년 57세) | | |
| **사망지** | 조선 한성부 (現 서울특별시 종로구 일대) | | |
| **형제자매** | 선조대왕 왕자 14남 옹주 11녀 중 8남 | | |
| **배우자** | 양천군부인 양천 허씨 (陽川郡夫人 陽川 許氏) | | |

의창군 묘

| 자녀 | **양자** 창림군(昌臨君) 이일(李佾, 1629~1690) 이복동생 경창군의 서장남 |

**양손자** 낙선군(樂善君) 이숙 (1641~1695) 동복조카 능양군의 6남

| 묘소 | 경기도 남양주시 진접읍 내각리, 어머니 인빈 김씨의 묘소인 순강원 권역 |

## 경창군: 조선국 선조대왕의 왕자

| 부왕 | 선조대왕 | 모친 | 정빈 홍씨 |

| 휘 | 주(珘) | 작호 | 경창군(慶昌君) |

| 시호 | 효헌공(孝獻公) |

경창군 묘

| 출생일 | 1596년 11월 12일(음력 9월 23일) |

| 출생지 | 조선 평안도 평양 전중 행궁 |

| 사망일 | 1644년 2월 23일(음력 1월 16일) (향년 47세) |

| 사망지 | 경기도 남양 사저 |

| 형제자매 | 선조대왕 왕자 14남 옹주 11녀 중 9남 |

| 배우자 | 군부인 창녕 조씨(郡夫人 昌寧 曺氏) |

| 자녀 | 6남 5녀 |

| 장남 | 창원군 준(昌原君 李儁, 1614~1639) |
| 차남 | 양녕군 경(陽寧君 李儆, 1616~1644) |
| 3남 | 평운군 구(平雲君 李俅, 1624~1662) |
| 4남 | 창성군 필(昌城君 佖, 1627~1689) |
| 장녀 | 이후걸(李後傑)의 처(1613~?) |
| 차녀 | 이옥란(李玉蘭, 1619~?) |
| 3녀 | 이말란(李耄蘭, 1622~?) |
| 서장남 | 창림군 일(昌臨君 佾, 1629~1690) |
| 서장녀 | 이백덕(李百德, 1630~?) |
| 서차남 | 창흥군 수(昌興君 脩, 1638~1704) |
| 서차녀 | 이천금(李千今, 1634~?) |

| 묘소 | 경기도 김포시 하성면 가금리 가좌골 |



조선국 왕자 경평군

# 흥안군: 조선국 비정통 국왕

| | |
|---|---|
| **재위** | 1624년 3월 29일~1624년 4월 3일 (6일) |
| **즉위** | 1624년 3월 29일 |
| **즉위장소** | 한성부 경복궁 (現 서울특별시 경복궁) |
| **부왕** | 선조대왕 |
| **모친** | 온빈 한씨 |
| **휘** | 제(瑅) |
| **작호** | 흥안군(興安君) |
| **시호** | 효희공(孝僖公) |
| **출생일** | 1598년 |
| **출생지** | 조선 한성부 경복궁 (現 서울특별시 종로구 사직로 161) |
| **사망일** | 1624년 4월 3일 (향년 26세) |
| **사망지** | 창덕궁 돈화문 |
| **형제자매** | 선조대왕 왕자 14남 옹주 11녀 중 10남 |
| **배우자** | 초취 청주 한씨, 재취 파평 윤씨 |
| **자녀** | 1남 이영세 |
| **묘소** | 경기도 안양시 동안구 평촌동 (1989년 평촌신도시 개발로 실전되었다. 이 일대에 그의 봉호를 딴 도로인 흥안대로가 있다.) |

## | 말 못할 묘지와 동자석 |

현재 경기도 양주시 홍복 온빈한씨 묘역인근 경평군 묘 앞에는 약

흥안군 묘

400년 전부터 경평군의 동자석을 치장한 말 못할 묘지가 내려오고 있다. 이와 관련해 일부 학자들은 당시 조선국 비정통 국왕으로 창덕궁 돈화문 앞에서 심기원에게 목매달려 죽은 흥안군의 일부 시신을 비밀리에 수습하여 가묘하고, 후일에 경평군묘 동자석으로 표시하고 예후한 것으로 믿고 있다.

## 경평군 : 조선국 선조대왕의 왕자

| 부왕 | 선조대왕 | 모친 | 온빈 한씨 |
|---|---|---|---|
| 휘 | 륵(玏) | 작호 | 경평군(慶平君) |

경평군 묘

| | | | |
|---|---|---|---|
| **시호** | 정간공(貞簡公) | **자** | 정숙(正淑) |

**출생일**  1600년 7월 27일(음력 6월 18일)

**출생지**  조선 한성부 (現 서울특별시 종로구 사직로 )

**사망일**  1674년 1월 4일 (음력 1673년 11월 28일) (향년 74세)

**사망지**  조선 한성부 경근당 (現 서울특별시 종로구 사직로)

**형제자매**  선조대왕 왕자 14남 옹주 11녀 중 11남

**배우자**  군부인 최태임(崔太任, 1600~?)

**자녀**  4남 2녀

    **장남**  영양군 이현(嶺陽君 李儇, 1619~?)

    **2남**  영흥군 이창(嶺興君 李侲, 1632~?)

    **3남**  영주군 이파(嶺洲君 李亻+罷, 1639~?)

    **4남**  영림군 이희(嶺臨君 李俙)

**장녀**  권엽(權悏)의 처

**차녀**  황윤정(黃胤貞)의 처(1640~?)

| 묘소 | 경기도 양주시 백석읍 복지리 |

# 인흥군: 조선국 선조대왕의 왕자

| 부왕 | 선조대왕 | | 모친 | 정빈 민씨 |

| 휘 | 영(瑛) | | 작호 | 인흥군(仁興君) |

| 시호 | 효숙공(孝肅公) · 정효(靖孝) |

| 자 | 가온(可韞) |

| 출생일 | 1604년 2월 7일(음력) |

| 출생지 | 조선 한성부 (現 서울특별시 종로구 사직로 ) |

| 사망일 | 1651년 11월 25일(음력) |

| 사망지 | 조선 한성부 (現 서울특별시 종로구 사직로 ) |

| 형제자매 | 선조대왕 왕자 14남 옹주 11녀 중 12남 |

| 배우자 | 군부인 송철현(宋哲賢, 1608~?) |

| 자녀 | 2남 3녀 |

**장남**  낭선군 이우(郎善君 李俣, 1637~?)

**차남**  낭원군 이간(郎原君 李偘, 1640~?)

인흥군 묘

**장녀**　조태개(趙泰開)의 처(1644~?)

**차녀**　이수문(李秀文)의 처(1648~?)

**3녀**　이천렬(李天烈, 1625~?)

묘소　경기도 포천시 영중면 양문리


# 영창대군: 조선국 선조대왕의 왕자

부왕　선조대왕　　모친　계비 인목왕후

휘　의(㦕)　　작호　영창대군(永昌大君)

출생일　1606년 4월 12일

영창대군 묘

| | |
|---|---|
| **출생지** | 조선 한성부 정릉동 행궁 (現 서울특별시 중구 세종대로 99) |
| **사망일** | 1614년 3월 19일 (향년 7세) |
| **사망지** | 조선 강화도 유배지 (現 인천광역시 강화군) |
| **형제자매** | 선조대왕 왕자 14남 옹주 11녀 중 13남 |
| **배우자** | 무 |
| **자녀** | 양자 1남 |

**계자**　창성군 필[永昌大君㼁繼子昌城君佖] (창성군은 영창대군의 이복형

경창군의 4남으로, 사후 양자가 되어 가계를 이은 것이 된다.)

| | |
|---|---|
| **묘소** | 경기도 안성시 일죽면 고은리 |



**조선국 왕자 경평군**

영성군 묘

## 영성군: 조선국 선조대왕의 왕자

| | | | |
|---|---|---|---|
| **부왕** | 선조대왕 | **모친** | 온빈 한씨 |
| **휘** | 계(珚) | **작호** | 영성군(寧城君) |

**시호** 효경공(孝景公)

**출생일** 1606년 12월 24일(음력)

**출생지** 조선 한성부 (現 서울특별시 종로구 사직로 161)

**사망일** 1649년 9월 19일(음력)

**사망지** 조선 한성부 (現 서울특별시 종로구 사직로)

**형제자매** 선조대왕 왕자 14남 옹주 11녀 중 14남

**배우자** 회산군부인 창원 황씨 (檜山郡夫人 昌原 黃氏)

**적장남**  회원군 이윤(檜原君 李倫, 1636~1731)

**서장남**  회천도정 이선(檜川都正 李撰, 1645~?)

**적장녀**  이덕이(李德伊, 1629~?)

**적차녀**  홍수범(洪受範)의 처(1633~?)

묘소  경기도 고양시 덕양구 벽제동


# 선조대왕의 11왕녀와 부마


• 선조대왕 첫 번째 왕녀인 정신옹주貞愼翁主, 1582년 8월18일~1653년 3월 13일: 선조의 장녀이며 인빈 김씨의 딸이다. 그녀 부마는 의빈품계 달성위達城尉 서경주이다. 서경주는 영의정 서성의 아들이자, 광해군의 장인이기도 하다. 인조의 고모이기도 하다.


• 선조대왕 두 번째 왕녀인 정혜옹주貞惠翁主, 1584년~1638년: 선조의 2 녀이며 인빈 김씨의 딸이다. 그녀의 부마는 해평 윤씨海平尹氏로 의빈 품계 해숭위海嵩尉 윤신지尹新之이다. 인조仁祖의 고모이기도 하다.


• 선조대왕 세 번째 왕녀인 정숙옹주貞淑翁主, 1587년~1627년: 선조의 3

녀이며 인빈 김씨의 딸이다. 그녀의 부마는 평산 신씨平山申氏로 의빈
품계 동양위東陽尉 신익성申翊聖이다. 인조仁祖의 고모이기도 하다.


• 선조대왕 네 번째 왕녀인 정인옹주貞仁翁主, 1590년~1656년 2월 4일: 선
조의 4녀이며 정빈 민씨의 딸이다. 그녀의 부마는 의빈품계 당원위唐
原尉 홍우경洪友敬이다. 동복형제로는 오빠 인성군, 여동생 정선옹주,
정근옹주, 남동생 인흥군이 있다.


• 선조대왕 다섯 번째 왕녀인 정안옹주貞安翁主, 1590년~1660년 9월 27일: 선
조의 3녀이며 인빈 김씨의 딸이다. 그녀의 부마는 의빈품계 금양군錦
陽君 박미朴瀰이다. 인조仁祖의 고모이기도 하다.


• 선조대왕 여섯 번째 왕녀인 정휘옹주貞徽翁主, 1593년~1653년 9월 6일:
선조의 6녀이며 인빈 김씨의 막내딸이다. 그녀의 부마는 의빈품계 전
창위全昌尉 유정량柳廷亮이다. 인조仁祖의 고모이기도 하다.


• 선조대왕 일곱 번째 왕녀인 정선옹주貞善翁主, 1594년 5월 20일~1614년 9
월 4일: 선조의 7녀이며 정빈 민씨의 딸이다. 그녀의 부마는 의빈품계
길성위吉城尉 권대임權大任이다. 동복형제로는 오빠 인성군, 언니 정인
옹주, 여동생 정근옹주, 남동생 인흥군이 있다.

• 선조대왕 여덟 번째 왕녀인 정정옹주貞正翁主, 1595년 1월 17일~1666년 9월 16일: 선조의 8녀이며 정빈 홍씨의 딸이다. 그녀의 부마는 의빈품계 진안위晉安尉 유적柳頔이다.

• 선조대왕 아홉 번째 왕녀인 정근옹주貞謹翁主, 1599년?~1613년 음력 7월 11일: 선조의 9녀이며 정빈 민씨의 딸이다. 그녀의 부마는 의빈품계 일선위一善尉 김극빈金克鑌이다. 동복형제로는 오빠 인성군, 언니 정인옹주, 정선옹주, 남동생 인흥군이 있다.

• 선조대왕 열 번째 왕녀인 정명공주貞明公主, 1603년 6월 7일~1685년 9월 8일: 선조와 인목왕후의 딸이며 영창대군의 친누나이다. 그녀의 부마는 의빈품계 영안위永安尉 홍주원洪柱元이다. 사도세자의 비 혜경궁 홍씨, 홍봉한, 홍인한, 홍국영, 원빈 홍씨 등은 모두 그녀의 후손들이다.

• 선조대왕 열한 번째 왕녀인 정화옹주貞和翁主, 1604년 2월 22일~1667년 9월 24일: 선조의 11녀이며 막내딸이다. 어머니는 온빈 한씨이다. 그녀의 부마는 의빈품계 동창위東昌尉 권대항權大恒이다. 동복형제로는 오빠 인흥군, 경평군, 남동생 영성군이 있다.

# 정신옹주: 조선국 선조대왕의 왕녀

| 부왕 | 선조대왕 | 모친 | 인빈 김씨 |

**책봉** 정신옹주

**출생일** 1582년(선조 15)　　**사망일** 1653년(효종 4)

**형제자매** 선조대왕 왕자 14남 옹주 11녀 중 장녀

**부마** 달성위 서경주(중추부中樞府 판사判事 서성徐渻의 아들)

**자녀** 3남 5녀

　　1남　서정리(徐貞履)

　　2남　서정리(徐正履)

　　3남　서진리(徐晉履)

정신옹주 묘

1녀 김규(金珪)의 처 서미생(徐楣生)

2녀 이명인(李命寅)의 처 서예생(徐禮生)

3녀 심항(沈伉)의 처 서희생(徐喜生)

4녀 권우(權堣)의 처 서지순(徐止順)

5녀 이만웅(李萬雄)의 처 서지효(徐止孝)

**묘소** 경기도 파주시 장단(長湍) 도라산(道羅山)


• 출생과 혼인: 1582년선조 15 정신옹주는 선조와 김인빈의 사이에서 4남 5녀 가운데 장녀로 태어났다. 1592년선조 25 중추부 판사 서성徐渻의 아들인 서경주와의 혼례가 결정되었으나, 이때 임진왜란이 발발하면서 혼례를 올리지 못하고, 선조를 호송하였다. 그리고 이듬해인 1593년선조 26 한양으로 환도 후 정신옹주와 서경주는 혼인이 이루어졌으며, 부마 서경주는 달성위에 봉해졌다.


## 정혜옹주: 조선국 선조대왕의 왕녀

**부왕** 선조대왕      **모친** 인빈 김씨

**책봉** 정혜옹주

**출생일** 1584년(선조 17)      **사망일** 1638년(인조 16)(향년55세)




조선국 **왕자 경평군**

| 형제자매 | 선조대왕 왕자 14남 옹주 11녀 중 2녀 |
| --- | --- |
| 부마 | 해숭위(海嵩慰) 윤신지(尹新之) |
| 자녀 | 2남 |
| | **1남** 윤지(尹墀) |
| | **2남** 윤구 |
| 묘소 | 경기도 고양시 덕양구 원당동 제청마을에 부마 윤신지의 묘와 합장묘로 조성 |

**• 출생과 혼인:** 1584년선조 17 정혜옹주는 선조와 김인빈의 사이에서 4남 5녀 중 차녀로 태어났다. 선조의 사랑을 한 몸에 받았으므로, 선조로부터 친히 『소학小學』, 『여훈女訓』, 『서사書史』 등을 배웠다. 1592년선조 25 정혜옹주의 봉호를 받았다. 그리고 그 해 임진왜란이 발발하면

정혜옹주 묘

서 정혜옹주는 피난 생활을 경험해야 하였다.

당시 정혜옹주는 8세의 어린 나이였는데, 피난길이 어수선하고 말을 준비할 수 없어, 선조가 관리들에게 자원하여 다른 길로 데리고 가서 난리를 피하게 하면 후한 상을 내릴 것이라고 하였다. 이에 내수사內需司 관원 윤백상尹百祥이 정혜옹주를 모시고 갖은 황해도 산길을 통해 적을 피한 뒤 그해 겨울 의주義州에 이르렀다. 「선조수정실록」 25년 5월 1일

1596년선조 29 정혜옹주는 해평 윤씨海平尹氏 윤방尹昉의 아들 윤신지와 혼인하였는데, 부마 윤신지는 해숭위에 봉해졌다.

## 정숙옹주: 조선국 선조대왕의 왕녀

| 부왕 | 선조대왕 | 모친 | 인빈 김씨 |
|---|---|---|---|

| | |
|---|---|
| 책봉 | 정숙옹주 |
| 출생일 | 1587년 3월 19일 (음력) |
| 출생지 | 조선 한성부 창경궁 |
| 사망일 | 1627년 11월 5일(40세) (음력) |
| 형제자매 | 선조대왕 왕자 14남 옹주 11녀 중 3녀 |
| 부마 | 동양위(東陽尉) 신익성(申翊聖) |
| 자녀 | 5남 4녀 |



조선국 왕자 경평군

신면 · 신변 · 신경 · 신최 · 신향

신혜순 · 신경강 · 신순강 · 신지강


광주(廣州) 사부촌(沙阜村)에 장사를 지냈고, 이후 남편 신익성과
합장되었다.


• **출생과 혼인**: 1587년선조 20 3월 19일, 선조와 당시 종2품 숙의淑儀였던
인빈 김씨仁嬪 金氏의 셋째 딸로 창경궁에서 태어났다.

1595년선조 28, 정숙옹주貞淑翁主의 봉호를 받았다. 1599년선조 32 신흠의
아들인 동양위東陽尉 신익성申翊聖과 혼인하였고, 2년 후에 출궁하여 사
저에서 생활하였다. 신익성과의 사이에서 13명의 자녀를 두었는데 이
중 5남 4녀만이 성장하였다.

1627년인조 5 11월 5일, 병에 걸려 사망하였다. 광주廣州 사부촌沙阜村에

정숙옹주 묘

장사를 지냈고, 이후 남편 신익성과 합장되었다.


## 정인옹주: 조선국 선조대왕의 왕녀

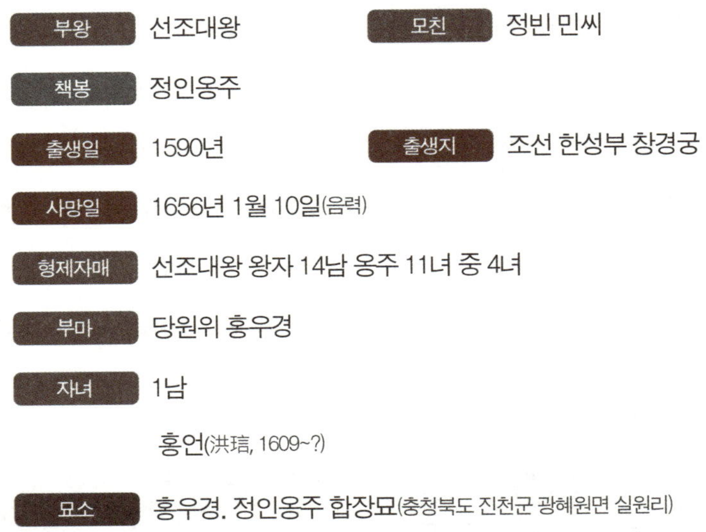

| | | | |
|---|---|---|---|
| **부왕** | 선조대왕 | **모친** | 정빈 민씨 |
| **책봉** | 정인옹주 | | |
| **출생일** | 1590년 | **출생지** | 조선 한성부 창경궁 |
| **사망일** | 1656년 1월 10일(음력) | | |
| **형제자매** | 선조대왕 왕자 14남 옹주 11녀 중 4녀 | | |
| **부마** | 당원위 홍우경 | | |
| **자녀** | 1남 | | |

홍언(洪琂, 1609~?)

**묘소** 홍우경. 정인옹주 합장묘(충청북도 진천군 광혜원면 실원리)


• **출생과 혼인**: 조선의 제14대 왕인 선조와 그 후궁 정빈 민씨의 장녀로 태어났다. 정인옹주는 1603년<sub>선조 36</sub> 이조참판을 지낸 남양 홍씨 홍식의 아들 홍우경과 혼인하였으며, 홍우경은 당원위에 봉해졌다. 이후 정인옹주는 1656년<sub>효종 7</sub> 음력 1월 10일 사망하였으며, 사후에도 3년간 녹봉을 그대로 지급받았다.

정인옹주 묘

정인옹주와 홍우경의 묘는 1988년 9월 30일 충청북도의 기념물 제78
호로 지정되어 보호받고 있다.

## 정안옹주: 조선국 선조대왕의 왕녀

| 부왕 | 선조대왕 | 모친 | 경빈 김씨 |
| --- | --- | --- | --- |
| 책봉 | 정안옹주 | | |
| 출생일 | 1590년 | 출생지 | 조선 한성부 창경궁 |
| 사망일 | 1660년 9월 27일 (음력 8월 23일) (향년 70세) | | |
| 형제자매 | 선조대왕 왕자 14남 옹주 11녀 중 5녀 | | |

| 부마 | 금양군 박미(錦陽君 朴瀰, 1592~1645) |

| 자녀 | 1남 |

박세교(朴世橋, 1611~1662)

| 묘소 | 안산(安山) 마유면(馬遊面) (現 경기도 시흥시 군자동 산22-2) |

• **출생과 혼인**: 조선 선조와 인빈 김씨의 4남 5녀 중 4녀로 태어났다. 의안군, 신성군, 정원군, 의창군, 정신옹주, 정혜옹주의 친 여동생이자, 정휘옹주의 친 언니이며, 인조의 친 고모이다. 단 고모-조카 관계라고는 해도 나이 차이가 5살밖에 안 났다. 인조는 1595년생.

1590년선조 23, 선조의 자녀 중에서 서5녀이다. 반남 박씨 금양위 박미錦陽尉 朴瀰, 1592~1645에게 하가하여 외아들 박세교朴世橋, 1611~1662를 두었다. 참고로 남편 박미의 조카남동생의 아들는 그 유명한 소론의 박

정안옹주 묘



조선국 왕자 경평군

세채이다.

56세인 1645년<sub>인조 23</sub> 박미가 죽자 가세가 빈한해져서, 친정 조카손자<sub>종손</sub>인 효종은 옹주 부부의 아들 박세교를 특별히 군수로 임명하여 봉양하도록 하였다. 1660년<sub>현종 1</sub> 향년 71세로 별세하여 안산 마유면에 장사를 지냈다. 현재는 경기도 시흥시 군자동 시아버지 박동량 묘 아래에 있다.

## 정휘옹주: 조선국 선조대왕의 왕녀

| | |
|---|---|
| **부왕** 선조대왕 | **모친** 경빈 김씨 |

**책봉** 정휘옹주

**출생일** 1593년(선조 26년) 8월 7일

**출생지** 황해도 해주(海州)의 행궁

**사망일** 1653년(효종 4년) (향년 61세)

**형제자매** 선조대왕 왕자 14남 옹주 11녀 중 6녀

**부마** 전창군 류정량(全昌君 柳廷亮, 1591~1663)

**자녀** 2남 2녀

　　**장남** 류심(柳淰, 1608~1667)

　　**차남** 류흡(柳潝, 1611~ ?)

| **장녀** | 류백임(柳伯任, 1616~?) |

| **차녀** | 류중임(柳仲任, 1617~?) |

**묘소** 전주류씨묘역 경기도 남양주시 별내동 산210-1

• **출생과 혼인**: 임진왜란이 한창이던 1593년선조 26 황해도 해주海州의 행궁에서 선조와 인빈 김씨의 딸로 태어났다. 정휘옹주는 선조의 14남 11녀 중 6번째 딸이며, 인빈에게는 3남 5녀 중 막내딸이다.

시할아버지 류영경은 노골적으로 영창대군을 세자로 올리기 위해 선조의 곁에서 온갖 언플을 시도하고 그의 사후에도 광해군에게 왕위를 물려주라는 선조의 교지마저 빼돌리며, 왕위 계승을 지연시키는 가히 역모에 준하는 짓을 저지른 대가로 영의정 자리에서 내쫓긴 뒤 파직과 삭직을 거쳐 유배 후 사사되고 시신마저 도로 끄집어내져서 부관참시

정휘옹주 묘

   **조선국 왕자 경평군**

되는 비참한 최후를 맞이했다.

## 정선옹주: 조선국 선조대왕의 왕녀

**부왕** 선조대왕 　　　　**모친** 경빈 김씨

**책봉** 정선옹주

**출생일** 1594년 5월 20일(음력 4월 1일)

**출생일** 미상

**사망일** 1614년 9월 4일(음력 8월 1일) (광해군 6년 향년 21세)

**형제자매** 선조대왕 왕자 14남 옹주 11녀 중 7녀

**부마** 길성위 권대임(吉城尉 權大任, 1595~1645)

**자녀** 1남

　　권진(權瑱, 1613~1659)

**묘소** 서울특별시 구로구 궁동

• **출생과 혼인**: 조선 1594년선조 27 음력 4월 1일 선조와 정빈 민씨 사이에서 셋째딸로 태어났다. 외할아버지는 민사준이며, 동복 형제로 오빠 인성군, 언니 정인옹주, 여동생 정근옹주, 남동생 인흥군이 있다

정선옹주는 안동 권씨 권협의 손자이자 권신중의 아들 권대임과 혼

정선옹주 묘

인하였다. 권대임은 당시 부평부<sub>지금의 서울특별시 구로구 궁동 일대</sub>에 살고 있었는데, 선조는 이곳으로 시집을 가는 정선옹주에게 해당 지역 인근의 땅을 하사하였다. 당시 권대임과 옹주의 집이 매우 크고 으리으리한 궁<sub>宮</sub>과 같다 하였고, 이것이 오늘날 궁동<sub>宮洞</sub>이라는 동명의 유래가 되었다. 한편 권대임은 정선옹주와 혼인한 후 길성위<sub>吉城尉</sub>에 봉해졌다

그러나 정선옹주는 1614년<sub>광해군 6</sub> 음력 8월 1일 21세의 나이로 요절하였다. 사후 궁동에 있는 시댁 식구들의 묘역에 묻혔으며, 1645년<sub>인조 23</sub> 남편 권대임도 이곳에 같이 묻혔다. 아들 권진은 돈녕부봉사를 지냈다.



조선국 왕자 경평군

# 정정옹주: 조선국 선조대왕의 왕녀

**부왕** 선조대왕 　　**모친** 경빈 홍씨

**책봉** 정정옹주

**출생일** 1595년 1월 17일 (음력 선조 28년)

**출생지** 조선 황해도 해주 행궁

**사망일** 1666년 9월 16일 (72세) (음력)

**사망지** 1조선 한성부 명례방 사택

**형제자매** 선조대왕 왕자 14남 옹주 11녀 중 8녀

**부마** 진안위(晋安尉) 유적(柳頔)

**자녀** 1남

　　**양자** 유명전

**묘소** 경기도 안산시 상록구 부곡동

• **출생과 혼인**: 정정옹주는 어릴 때부터 자질이 뛰어났으며, 자라면서 단정하고 의젓하였다고 한다. 10살 때인 1604년선조 37 정식으로 옹주에 책봉되어 정정옹주貞正翁主가 되었다. 2년 후인 1606년선조 39 교리를 지낸 진주 유씨 유시행의 아들 유적과의 혼인이 결정되어 유적은 진안위晋安尉에 책봉되었으나, 혼례 직전 유시행이 사망하는 바람에 일시적으로 혼례가 연기되었다. 이어 1608년선조 41에는 부왕 선조마저 승하하

정정옹주 묘

는 바람에 두 사람의 혼인은 탈상 후인 1610년<sup>광해군 2</sup>에야 이루어졌다. 두 사람은 유시행이 죽었을 때 현재의 경기도 안산시 일대에 터를 잡아 장사를 지냈고, 이후 그 지역에서 대를 이어 살았다. 정정옹주가 죽자 현종은 정사를 중지하고 장례 비용을 지원하였으며, 남편 진안위 유적의 묘에 합장토록 하였다. 1991년 11월 2일 안산시의 향토유적 제14호로 지정되어 보호받고 있다.

## 정근옹주: 조선국 선조대왕의 왕녀

| 부왕 | 선조대왕 | 모친 | 정빈 민씨 |

 조선국 왕자 경평군

| 책봉 | 정근옹주 |
| 출생일 | 1599년 |
| 사망일 | 1613년 7월 11일(음력) |
| 형제자매 | 선조대왕 왕자 14남 옹주 11녀 중 9녀 |
| 부마 | 일선위 김극빈(金克鑌, 1600~1628) |
| 자녀 | 1남 |
| | **양자** 김세필(金世泌, 생몰년 미상) |
| 묘소 | 경기도 양평군 강상면 병산리 |

• **출생과 혼인**: 정근옹주는 선조와 정빈 민씨의 딸이다. 1610년광해군 2 음력 9월 19일 광해군이 정근옹주의 남편을 간택하기 위해 11세부터 16세까지의 남성을 대상으로 간택 단자를 내도록 하였고, 이듬해인 1611년광해군 3 음력 5월 21일 대사헌 등 여러 관직을 역임한 선산 김씨 김신원또는 김이원의 아들 김극빈으로 남편이 정해졌다. 이때 김극빈은 일선위에 봉해졌다.

정근옹주는 혼인 2년 뒤인 1613년광해군 5 음력 7월 11일 사망하였다. 옹주가 죽자 광해군은 차자를 올리는 것과 모든 하례를 미루도록 하였다. 정근옹주는 자녀가 없어 김극빈의 조카 김세필로 그 후사를 이었다. 그러나 김세필 또한 아들을 낳지 못해 다시 일가 친척 김구상으로 하여금 그 뒤를 잇게 하였다.

현재 정근옹주의 묘소는 경기도 양평군 강상면 병산리에 있다. 남편

정근옹주 묘

김극빈의 묘와 나란히 위치하고 있으며, 망주석과 문인석 등이 있다.
그러나 묘비는 없다.

## 정명공주: 조선국 선조대왕의 왕녀

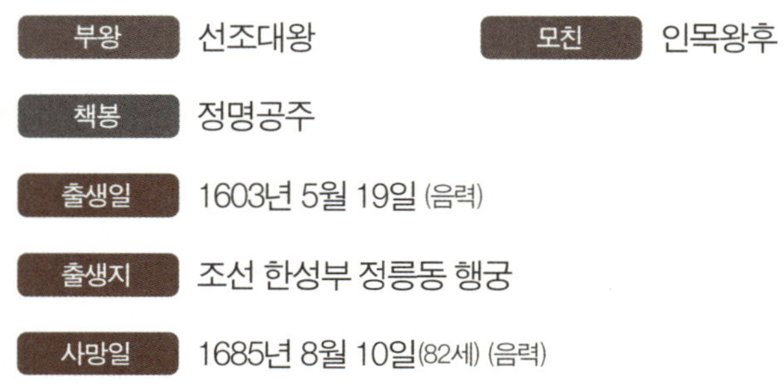

| 부왕 | 선조대왕 | 모친 | 인목왕후 |
|---|---|---|---|

| 책봉 | 정명공주 |
|---|---|
| 출생일 | 1603년 5월 19일 (음력) |
| 출생지 | 조선 한성부 정릉동 행궁 |
| 사망일 | 1685년 8월 10일 (82세) (음력) |

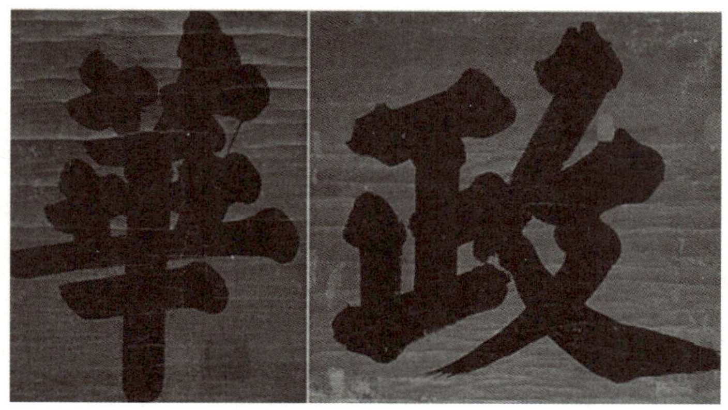

정명공주의 글씨

| | |
|---|---|
| **형제자매** | 선조대왕 왕자 14남 옹주 11녀 중 10녀 |
| **부마** | 영안위(永安尉) 홍주원(洪柱元) |
| **자녀** | 7남 1녀 |
| | 홍태망, 홍만용, 홍만형, 홍태량, 홍태육, 홍만희, 홍만회, 홍태임 |
| **묘소** | 고양 태산(高陽 胎山) 실전 (부마 홍주원의 무덤에 합장되었다.) |

• **출생과 혼인**: 1603년 6월 27일음력 5월 19일 선조와 인목왕후 김씨 사이에서 선조의 21번째 자식이자 10번째 딸로 태어났으며, 선조에게는 유일한 적녀이다. 선조는 52세의 나이에 본 늦둥이 딸 정명공주를 무척 귀여워했의 이복오빠 광해군이 즉위한 뒤 외할아버지 김제남과 동생 영창대군은 계축옥사에 연루되어 역모 죄로 처형되었다.

정명공주는 선조와 인목왕후를 닮아 선이 굵고 힘이 넘치는 한석봉

체를 잘 썼는데 조선 후기의 서예가 남구만은 자신의 저서에서 정명공
주의 글씨를 칭찬하기도 했다.

인조의 의심을 살 것이 두려워 바느질과 가사에만 전념하며 의도적
으로 정치를 외면하였다. 인목왕후 사후 궁중에서 발견된 무도한 백서
帛書로 인해 인조와 효종의 의심을 산 적도 있다. 남편 홍주원과의 사이
에 7남 1녀를 두었으며 1685년 9월 8일음력 8월 10일 83세를 일기로 사망
하였는데 이는 조선시대 공주 가운데 가장 장수한 기록이었다.


## 정화옹주: 조선국 선조대왕의 왕녀

**부왕** 선조대왕  **모친** 온빈 한씨

**책봉** 정화옹주

**출생일** 1604년 2월 22일 (음력)

**사망일** 1667년 9월 24일(64세) (음력)

**형제자매** 선조대왕 왕자 14남 옹주 11녀 중 11녀

**부마** 동창위(東昌尉) 권대항(權大恒)

**자녀** 1남

**양자** 한산군수 권덕휘(韓山郡守 權德徽, 1622~1696)

**묘소** 경기도 양주시 덕정동 산40번지[화합로]에 있다. (양주시 덕정동 183-2)

정화옹주 묘

• 출생과 혼인: 1604년선조 37 2월 22일 선조와 온빈 한씨의 딸로 태어났다. 조선의 왕족으로, 선조의 11녀이며 막내딸이다. 어머니는 온빈 한씨이다.

1630년 동지중추부사 권익중의 아들 동창위 권대항에게 하가하였다. 권대항은 이복언니 정선옹주의 남편 권대임의 재종동생이었다.

1666년효종 7 남편 권대항과 사별하였다. 정화옹주 또한 다음해인 1667년효종 8 9월 24일, 향년 64세에 졸하였는데 슬하에 자식이 없어 조카 한산군수 권덕휘權德徽를 후사로 삼았다. 양주楊州 오등관곡於登寬谷의 언덕에 권대항과 합장되었다. 현재 양주시 문화재로 지정되어 보존되고 있다.

# 조선
# 왕조
# 보감

# 제 4 편

# 조선시대의
# 기록과 정치

국보 **조선왕조실록 태백산사고본**

제17장

# 조선왕조의 실록들

조선왕조의 여러 기록들은 살펴보면 『조선왕족실록』, 『연려실기술』, 『승정원일기』, 『비변사등록』, 『일성록』, 『국조보감』 등이 있는데, 그 가치와 차이점을 살펴보면 다음과 같다.

## 조선왕조실록

먼저 『조선왕조실록』은 공정성과 객관성을 지켜내기 위하여 매우 엄격한 규율에 따라 작성되었다. 또 『조선왕조실록』에는 "사신(史臣)은 논한다. …"라는 형식으로 사관의 의견일종의 논평을 적을 수 있었다. 『조선왕조실록』은 편찬될 때마다 여러 부를 활자로 더 인쇄하여 여러 곳에 나누어 보관하였기 때문에 임진왜란, 병자호란 등의 전쟁 시기에도 그 기록을 유지할 수 있었다. 왕의 실록은 반드시 해당 왕의 사후에 작성되었으며, 임금은 어떠한 경우에도 실록을 열람할 수 없었다. 사관들은 독립성과 비밀성을 부여 받아 사소한 사항까지도 왜곡 없이 있는 그대로 작성할 수 있었다.

그럼에도 불구하고 첫째, 오로지 "궁정宮廷을 중심으로 한 사건의 기록"이어서 지방의 실정 또는 "사건의 실제 정황 등을 단적으로 나타내지 못하는 흠"도 있다.

둘째, 고전 번역의 주체가 다른 데다 시간과 예산에 쫓기다 보니 "오역투성이라는 지적"이 나왔다.

셋째, 선조 때부터의 실록은 기사가 점차 간략 되었고, 또 "붕당정치의 당쟁 때문에 내정에 관한 기사는 다소 조작 및 순화한 아쉬운 부분이 존재"한다.

넷째, 21세기 오늘날 대중문화 속 『조선왕조실록』은 실제 기록을 고증하거나 재해석한 작품도 있으며, 아예 『조선왕조실록』의 "기록을 모티브로 한 허구를 다룬 작품이 존재"한다.

# 연려실기술

『연려실기술燃藜室記述』은 조선 후기의 실학자 이긍익이, 그의 아버지 이광사가 유배되었던 곳인 신지도薪智島에서 42세 때부터 집필하기 시작해 세상을 떠날 때까지 약 30년에 걸쳐 편찬한 "조선시대 야사野史의 총서"이다. 기사본말체記事本末體로 서술되어 있다. 야사 『연려실기술』은 객관적이고 중립적으로 공정하게 있는 그대로의 사실을 기록한다는 술이부작述而不作의 원칙을 지켰다. 또한 연려실기술은 매우 객관적이고 중립적인 태도로 역사를 서술하고 있어 조선시대의 사서 중에서도 매우 뛰어난 것 중 하나로 인정받고 있다. 그럼에도 불구하고 동아일보 2010년 2월 17일 자 기사에서 신봉승 추계예술대 석좌교수는 "『연려실기술』 같은 야사집에는 부정확한 내용이 많다는 점은 꼭 기억해야 한다"고 말했다.

『연려실기술』은 붕당정치의 당쟁 때문에 "내정에 관한 기사는 다소 조작"된 기록 내용 등이 있는데, 그 기록의 내용 그대로 객관적으로 서술한 것은 최대의 장점이지만 한편으로는 사건의 실제 정황環境 등을 단적으로 나타내지 못하는 흠과, 기록당시부터 조작된 내용에 대한 그대로의 서술이 가지고 있는 한계점으로 인하여, 특히 붕당정치의 당쟁 때문에 내정에 관한 기사나 기록은 일부 학자들 사이에 부정확한 내용이 많다는 평가도 있다고 사료된다.

다음은 승정원일기를 살펴보면, 『승정원일기承政院日記』는 조선 및 대한제국의 승정원에서 왕명 출납, 행정 사무 등을 매일 기록한 일기이다. 2001년 9월 세계기록유산에 등재되었다. 1623년인조 1 음력 3월부터 1910년순종 4까지의 기록이 현존하며, 현재는 인조와 고종 시기의 일기가 번역되어 있다. 다른 이름으로는 『후원일기喉院日記』라고도 한다.

승정원의 주서注書·가주서假注書는 날마다 승정원의 일기를 썼는데, 매월의 일기는 다음 달 안으로 완성하여 보존되었다. 원래 조선 개국 이래의 일기가 있었는데, 임진왜란 때1592년, 선조 25 불탔고, 1623년인조 1까지의 일기도 이괄의 난으로 말미암아 거의 사라졌다.

그 후 임진왜란 이후의 일기를 개수했으나, 1744년영조 20 승정원의 화재로 인해 임진왜란 직후부터 1721년경종 1의 기록이 소실되어 1746년영조 22 일기청日記廳을 설치해 개수했으나 본래 책수의 3분의 1도 안 되는 양만 개수할 수 있었다. 또 영조 때의 승정원일기 중 임오년의 일임오화변과 관련한 내용들은 세손의 청으로 인해 세초되었다. 그리고 1888년고종 25에 또다시 화재로 1851년철종 2에서 1888년고종 25까지의 일기 361책이 소실되었으나 다시 개수했다. 그밖에 수많은 분실과 화재를 당하고 개수하기를 반복하였고, 개수 때 원본의 내용을 어느 정도 고친 것인지 알 수 없다.

이 책은 당시의 공적 기록인 『비변사등록』, 『일성록』과 더불어 드물게 존재하는 조선시대 국정의 결과에 대한 1차 사료로 그 가치가 있다.

# 비변사등록

『비변사등록備邊司謄錄』은 조선조 중·후기의 최고의결기관이었던 비변사에서 처리한 사건을 등록하여 광해군 9년1617부터 고종 29년1892까지의 12왕조 280여 년간의 기록이며 273책이다. 1973년 12월 31일 대한민국의 국보 제152호 비변사등록부의정부등록備邊司謄錄附議政府謄錄으로 지정되었다가, 2010년 8월 25일 현재의 명칭으로 변경되었다.

처음 임시기구로서의 비변사는 명칭도 책성사築城司였으나 1517년 6월 삼공三公의 의견에 따라 비변사備邊司라 개칭되고, 1522년 추자도 등지에 왜구가 침범한 것을 계기로 상설기구화되었다. 비변사는 임진왜란을 통해 급격히 기능이 확장되어 문·무고관의 합의기관으로 그 정치적 지위가 확고해졌다. 후기에는 비변사에 대한 부정적인 논란이 있었고, 흥선대원군의 섭정으로 그 기능이 의정부로 이관되었다.

비변사등록은 1년에 1책씩 작성하는 것이 원칙이었으나 사건이 번다한 경우는 2책 또는 3책으로 작성된 것이 있다. 본래 비변사가 설치된 해인 1517년을 기준으로 하면 모두 349년분이 되어야 하나, 임진왜란 이전의 기록은 전란 중에 산일되고 광해군 9년1617 이후의 것만이 남아 있다. 고종 2년(1865)에 비변사가 폐지된 뒤에도 고종 29년

1892까지 등록이 계속된 것은 그 업무가 의정부에 의해 계속되어 의
정부가 비변사와 유사한 조직으로 그 사무를 처리하였기 때문이다.
그 서명이 『의정부등록議政府謄錄』과 같이 붙여졌지만, 내용이 종전의
것과 같고 체재도 동일하다.


## 일성록


『일성록日省錄』은 1752년영조 28부터 1910년융희 4까지 151년간의 국왕
의 동정과 국정의 제반사항을 기록한 일기체 연대기이다. 흔히 '왕의
일기'라고 표현한다.

총 2,329책이 모두 전해지며 21개월분이 빠져있다. 원본은 서울대
규장각 한국학연구원이 보관 중이며 국유물이다. 『일성록』은 기존에
세계기록유산에 이름을 올린 『조선왕조실록』과 『승정원일기』와 더불
어 조선왕조 3대 연대기로 꼽힌다. 편년체인 『조선왕조실록』이나 『승
정원일기』와는 달리 주제 순으로 사안들을 기록한 강목체 형식을 취
하고 있다.


『일성록』의 모태가 된 것은 정조가 세손 시절부터 직접 자신의 언

행과 학문을 기록한 일기인 『존현각일기』였다. 정조는 『논어論語』에서 증자曾子가 말한 "나는 날마다 세 가지 기준을 가지고 스스로에 대해 반성한다"에 깊은 감명을 받아 일찍부터 자신을 반성하는 자료로 삼기 위해 일기를 작성하였다.

1776년 즉위 후에도 직접 일기를 작성하던 정조는 직접 처결할 국정 업무가 점차 늘어나 일기 작성이 어려워지자 1783년정조 7부터 규장각 관원들이 시정施政에 관한 내용을 중심으로 일기를 작성하고, 작성된 일기를 5일마다 왕에게 올려 재가를 받도록 하였다. 이로써 『일성록』은 국왕의 개인 일기에서 공식적인 국정 일기로 전환되었다.

『일성록』은 『조선왕조실록』·『승정원일기』·『비변사등록』과 함께 조선시대의 대표적인 관찬 연대기라는 점, 다른 연대기에는 수록되어 있지 않은 정치적 사건이나 사회 상황 등이 다수 수록되어 있다는 점에서 사료적 가치가 크다. 1973년 12월 31일 국보 제153호로 지정되었으며, 2011년 5월에 유네스코 세계기록유산에 등재되었다.

실록과의 비교 및 평가를 한다면, 실록의 기록은 후대 임금이 볼 수 없기에 그 기록의 정확성 등에 비해 실제 국정에는 도움이 되지 않지만, 『일성록』의 기록은 후대 임금이 보고 국정에 참조할 수 있어서, 국정 운영 등에 도움을 주는 자료였다.

# 국조보감

『국조보감國朝寶鑑』은 조선의 역대 임금들의 정치 활동 가운데서 모범이 될 만한 사실을 뽑아 적은 편년체의 역사책이다.

세종 때 편찬 계획을 세우고 1457년세조 3에 수찬청修撰廳을 두어, 권남·신숙주 등이 태조·태종·세종·문종에 걸친 4대 보감 7권 3책을 처음으로 완성하였다.

그 뒤 숙종·영조·정조·헌종 때 편찬을 계속했고, 고종 때에는 전의 것과 합하여 모두 90권 28책으로 완성되었다. 규장각 및 성균관대학교 도서관에 소장되어 있다.

## 제18장

# 조선시대 정치의 큰 특징

## 왕권주의와 신권주의

조선 초기, 국가는 두 개의 이념이 서로 대립하고 있었다. 바로 왕권주의王權主義와 신권주의臣權主義였다.

왕권주의는 왕이 절대 권력을 갖고 국가를 통치해야 한다는 것이었고, 신권주의는 왕이 아닌 재상이 국가를 다스려야 한다는 것이었다. 당시 왕권주의를 대표하는 인물은 훗날 조선의 3대 왕 '태종太宗 대왕'이 되는 정안대군 이방원이다. 반면 신권주의를 대표하는 인물은 '역성혁명易姓革命'을 주창했던 대신大臣 삼봉三峰 정도전이다.

조선시대 정치의 큰 특징은 바로 "신권臣權이 강력하다는 것"인데,

조선은 문치주의文治主義에 기반을 두었기 때문이었다. 문치주의에 기반을 둔 국가체제에서는 학문적인 우월성을 점유한 신료들이, 태생적으로 이미 왕권을 압도할 수 있는 기반을 갖추고 있었다고 보인다.

조선 후기로 올수록 왕권은 전기에 비해서 상대적으로 약해지고, 나중에는 신료들이 임금을 택하는 세도정치勢道政治의 모습까지 보인다.

조선 후기로 갈수록 신권이 강해지는 모습을 확인할 수 있는데, 이는 조선왕조는 문치주의를 통한 신권주의 정치를 하였기 때문이다.

## 조선시대의 중앙 통치 제도: 의정부와 6조

조선시대의 중앙 통치 조직을 한마디로 요약 표현하면 "의정부議政府와 6조六曹체제"라고 말할 수 있다.

의정부에는 최고 수장인 영의정과 좌의정, 우의정을 두었는데, 이들 대신大臣들이 모여 국가의 주요 정책을 논의하고 합의하는 기능을 맡았다. 따라서 의정부는 의결 기구라고 할 수 있다.

"의정부가 결정한 사항"은 국왕에게 보고하고, 국왕은 의정부에서 결정한 사항의 시행여부를 결정하게 된다. 만일 국왕이"그대로 시행하라!" 이렇게 윤허允許를 하면, 비로소 그 정책을 집행하게 된다.

이처럼 조선시대 주요 정책결정은 먼저 의정부에서 합의로 결정되어 왕에게 시행여부를 윤허 받는 체계를 의정부 서사제議政府 署事制라 한다.

의정부  백관(百官)을 통솔하고 서정(庶政)을 총리하던 조선시대 최고의 행정기관

서사  의정부의 세 의정(영의정, 좌의정, 우의정)이 의논하고 결정하는 일

삼공  조선시대에서는 영의정·우의정·좌의정을 두고 삼공(三公)이라 불렀다.

6조에서 먼저 의정부에 보고하면, 의정부에서 정세情勢를 합의로 선택한 뒤, 국왕에게 보고하는 체계이다.

보고체계  6조(六曹)→ 의정부(議政府)→ 국왕(國王)

조선시대에는 결정된 정책을 실제로 집행하는 기관이 있었다. 그 집행기관이 바로 의정부 산하의 6조六曹였다. 지금 우리나라 정부서들로서 국방부, 교육부, 재경부, 사법부, 문화관광부, 국토부, 외무부 등의 부서를 두고 있지만, 조선시대는 전문부서 6조만을 두고 있었다. 이조, 호조, 예조, 병조, 형조, 공조 등의 6개 행정부서 등이다.

6조는 각기 전문 분야를 담당하고 있었다. 6조의 각 부서장은 "판서判書"라 지칭하고, 이조판서, 호조판서, 예조판서 등이란 직함으로 불렀다.

6조는 판서를 수장으로 다음과 같은 역할을 수행했다.

**이조(吏曹)** 문관의 임명, 봉급 관계 결정, 등용 시험 관리, 관료들의 근무 성적 평가, 공이 큰 관리를 훈장, 간단하게 관리들의 인사를 담당.

**호조(戶曹)** 나라의 재정과 호구(인구)와 관련된 업무

**예조(禮曹)** 예의와 음악, 제사, 과거 시험 관리, 학교(교육) 제도

**병조(兵曹)** 국방을 담당

**형조(刑曹)** 법률을 담당, 노비 관련사항은 형조소관이란 사실도 알아두면 좋다.

**공조(工曹)** 토목과 치수, 저수지 축조 관리, 공장(장인) 관련 업무 등

## 왕 아래 둔 독립 정치 기구

조선시대에는 의정부와 6조 이외에도 왕 아래 별도의 독립된 기관들이 설치되었다. 승정원, 의금부, 사헌부, 사간원, 홍문관, 한성부, 춘추관, 성균관 등이다.



조선국 왕자 경평군

| 승정원 | 왕명의 출납(왕명을 받아 해당 관서에 전달), 왕(王)의 비서실 기능 /수장호칭: 도승지(都承旨) |
| 의금부 | 사법 관청, 감옥 관리, 주요 범죄자 재판 등 / 수장호칭: 도사(都事) |
| 사헌부 | 관리들의 비리를 감찰, 풍속을 교정하는 기관 / 수장호칭: 대사헌(大司憲) |
| 사간원 | 왕의 잘못을 비판, 부당한 인사 발령을 비판하고 교정하는 기관 / 수장호칭: 대사간(大司諫) |
| 홍문관 | 경연(왕의 교육) 담당, 왕(王)을 학문적으로 고문하는 역할 기관 / 수장호칭: 대제학(大提學) |
| 한성부 | 수도 한양의 행정을 담당 / 수장호칭: 판윤(判尹) |
| 춘추관 | 역사서 편찬, 보관 / 다른 부서 관리 겸임 |
| 성균관 | 조선 최고 교육 기관 / 다른 부서 관리 겸임 |

특히 이 중에서 사헌부, 사간원, 홍문관을 삼사三司라고 불렀다. 이 세 기관은 언론 소통을 담당하므로,서 언론 삼사라 부르기도 한다.

삼사를 다시 한 번 정리하면 다음과 같다.

| 사헌부 | 관리들의 비리 마찰 |
| 사간원 | 왕의 잘못을 비판, 잘못된 인사 비판 |
| 홍문관 | 왕의 학문적 자문 역할 |

모두 왕과의 소통, 즉 언론을 담당한 것이다. 이들 3사의 권한이 활성화되면, 왕의 독재를 적극적으로 견제할 수 있었다.

이 중에서 사헌부와 사간원의 관리들을 "대간臺諫"이라고도 불렀다. "대간들은 부정과 비리에 대항하여 목숨까지 걸고 끝까지 왕께 직언直言을 고한 것으로 유명"하다.

3사 제도는 신권을 적극적으로 보장하여, 왕의 독재와 고위 관료의 부정을 방지하는 방파제 역할을 담당할 수 있었다. 이는 조선시대 정치의 민주주의적 특징을 잘 보여주는 제도이다.


왕권과 신권의 역학 관계에 따라 의정부와 6조의 지위는 시소게임처럼 항상 변동이 많았다. 왕권이 강화된 태종대왕 때에는 의정부 기능을 크게 축소시켜, 왕이 직접 6조에 명령하고 보고를 받는 6조 직계제六曹 直啓制가 시행되었다. 요즘 말로 '의정부 패싱'인 셈이다.


## 의정부 서사제와 6조 직계제


의정부 서사제議政府 署事制에서는 영의정, 좌의정, 우의정 등 대신들이 모여 자기들끼리 정책을 논의하고 결정하므로 상대적으로 왕권은 약화된다.

그러나 6조 직계제六曹 直啓制는 왕이 직접 정책 명령을 내리고 시행이 잘 되었는지 보고까지 챙기니 강력한 왕권을 휘두르게 된다. "조선시대 역사를 주장하고 이해하고자 할 때는 이런 힘의 역학 관계를 잘 이해하여야 오류를 범하지 않는다."

세종대왕은 태종대왕의 6조 직계제를 다시 의정부 서사제로 체제를 바꾸었다. 의정부 서사제를 선택하면 왕권이 약화될 위험성이 있다는 걸 알면서도 그렇게 한 것이다. 이는 세종대왕의 아버지인 태종대왕이 반대파를 철저히 축출하였으므로, 세종대왕 때에는 왕에게 태클을 걸 만한 세력이 거의 없었기 때문에 가능한 일이기도 했다.

조선왕조는 당시 동서양의 모든 왕조국가 중에서도 가장 민주적인 왕조라고해도 지나치지 않다. 다시 말해서 조선왕조는 문치주의를 기반으로 왕권과 신권의 균형을 맞춰 민주적인 통치를 실현한 왕조로서 그 역사적 가치가 매우 높다.

# 조선 중기 정세에 대한 역사적 재조명

국보 **일성록**

# 인조반정의 실체: 계해정변

## 명칭에 대하여

먼저 조선시대에 사용한 반정의 의미와는 부적합한 사건이다. 현재 사용 중인 인조반정은 이제부터 계해정변쿠데타이라 하는 것이 정확한 명칭이라 사료된다.

### 조선시대에 반정이란?

조선시대에 반정(反正)은 폐정(弊政)을 일삼는 왕을 폐위하고 새로운 왕을 세우는 정치 활동을 말하며, 『조선왕조실록』에서는 주로 혼란한 정치를 정상으로 회복시킨다는 의미로 사용되었다.

올바른 명칭 사용 이유는 다음과 같다.

명칭은 실제 사건에 부합돼야 함에도 불구하고, 다른 의미로 해석되거나 오해할 소지의 명칭을 붙이거나 사용되었다면 역사적 재조명 차원에서 수정돼야 한다. 또한 오해의 소지가 있는 명칭은 반드시 수정되어 역사를 올바르게 이해하는 데 도움이 되는 시금석이 돼야 한다.


## 조선시대 왕위계승 변경 주요 4대 사건


첫 번째 사건은 태종의 무인정사1차 왕자의 난이다. 1398년태조 7 무인년 8월 왕위 계승을 둘러싸고 일어난 왕자 간의 싸움으로 태종방원이 승리한 사건으로, 뒷날 방원이 태종으로 등극한 배경이 되었다

우리는 태종반정이라 하지 않고 '무인정사'라 한다. 그 이유는 조선은 유교국가로서 명분을 중시하는 국가이다. 다시 말하면 무인정사란 명칭은 이 사건으로 종묘사직의 기틀을 바로잡았다는 의미에서 이름을 붙인 것이며 그것이 명분이다.

두 번째 사건은 세조의 계유정난이다. 위와 맥을 같이 하여, 세조반정이 아니라 세조의 '계유정난'이라 명칭한다.

수양대군은 세종대왕의 아들이다. 수양대군은 왕권을 안정시킨다는 명목으로 난을 일으킨 것이 계유정난이다. "종친들이 주체가 되어 그들의 뜻대로 왕위를 교체한 사건"이다. 재미있는 건 계유정난은 계유년1453년에 일어난 수양대군이 일으킨 난이라고 생각하겠지만, 풀이를 해보면 김종서가 난을 일으킨 것을 평정한 것이라는 뜻이다. 정난의 명분이 난을 일으킨 게 아니고 평정했다는 뜻이 된다.

세 번째, 중종반정中宗反正은 1506년 9월 2일음력 일어난 정변으로, 폐정弊政을 일삼는 왕 연산군조선국 10대국왕을 폐위하고 새로운 왕중종을 세운 사건으로, 조선시대 통념에 알맞은 명칭으로서 중종반정은 혼란한 정치를 정상으로 회복시킨다는 의미로 사용되었다. 중종반정은 "신하들이 주체가 되어 그들의 뜻대로 왕위를 교체한 사건"으로, 조선왕조 개창 이래 장자長子 상속의 왕위세습제에 새로운 변화를 가져왔다. 반정 자체가 철저하게 신하 주도로 이루어짐에 따라 중종이 실질적인 왕권을 행사하기는 어려웠다. "반정의 명분이 또렷하게 폭군 연산군의 폐정"이다.

네 번째, 인조반정계해정변은 위에 세 번의 반정과 달리 일어나면 안 되는 반정이다. 개인적 원한으로 시작하여 얼떨결에 왕이 된 사람이 인조이다.

그래서 인조반정을 조선시대에서 의미하는 반정이라 보기에는 다

소 미약한 점이 많다. 다시 말하지만 인조반정이 아니라 인조의 계해
정변쿠데타이라 명명하는 것이 올바른 명칭이라 사료된다.

단적으로 세조가 조카 단종의 왕위를 찬탈했다면, 인조는 계해정변
을 통해서 조선왕조 개창 이래 내려온 왕위계승 전통정통성을 지키려
는 삼촌인성군, 흥안군 외 5명의 왕자의 왕위를 찬탈한 것이다. 즉 조카인조
가 삼촌의 왕위를 찬탈한 사건이다.

설상 왕위찬탈 명분이 광해군의 패륜이라 주장한다면, 후계왕은 유
교명분에 따라 광해군과 같은 항렬行列: 인성군, 흥안군 외 5명의 왕자, 즉 선
조의 아들들 중에서 추대되어야 한다.

그럼에도 불구하고 창칼과 살육으로 왕위를 찬탈한 사건을 가지고
"반정이라 주장하는 것"은 조선시대 반정이라는 의미에도 적합하지
않으며, 명분에도 맞지 않는 억지주장이다. 그러므로 인조반정을 '인
조의 계해정변'으로 표기를 정정하여야 한다.

## 중종 반정과 인조 반정의 차이

앞서 언급했듯, 조선시대에는 네 가지의 반정이 있었다. 그것들은
각각 무인정사1398년 1차 왕자의 난, 계유정난1453년 종친에 의한 왕위 교체, 중



조선국 왕자 경평군

종반정<sup>1506년 신하들의 주도로 왕위 교체</sup>, 그리고 인조반정<sup>1623년 서인세력이 능</sup>양군과 결탁하여 왕위를 찬탈한 정변이었다.

이번 보감에서는 중종반정과 인조반정에 대해서만 설명하겠다. 얼핏 보기에는 폭군을 몰아내고 새로운 왕이 등극했다는 점에서 이 둘은 비슷한 것처럼 보일 수도 있으나, 이 둘은 발생원인과 시기는 그렇다 쳐도 그 근본부터가 다르다.

첫째, 중종반정은 어머니의 복수에 눈먼 왕<sup>연산군</sup>이 신하들을 죽이다가 쫓겨난 사건이다.

둘째, 인조반정<sup>계해정변</sup>은 임진왜란 후 왕<sup>광해군</sup>이 조선을 개혁하려다가 반대하는 신하들 간의 세력다툼에 의해 내쫓긴 것이다. 이 시기에 조정에 불만을 품은 신하들<sup>서인</sup>과 연합하여 능양군<sup>후일 인조</sup>이 왕위를 찬탈한 정변<sup>쿠데타</sup>이다.

이처럼 『조선왕조실록』의 말만 믿고 역사는 다 안다고 했다간, 진실이 아닌 신하의 거짓말들이 섞여 들어간 주장이나 실록을 보게 되는 것이나 다름없다. 이제부터 두 반정에 대해서 그 전후의 상황들을 자세하게 살펴보면 다음과 같다.

일단 중종반정의 경우 위에서 서술한 복수에 눈먼 폭군, 즉 연산군을 신하들이 몰아낸다. 반정은 성공적으로 끝나나, 개혁은 하지 못했다. 이 점이 역사학자 등 사람들에게 아쉽다고 평가되지만 백성들의 환영도 받고 그 뒤의 상황도 잠시 동안은 평화로웠다. 중종반정은 반정이라는 이름에 걸맞은 한국의 진짜 반정이다.

반대로 인조반정계해정변은 명분과 정당성이 취약했다. 인조반정의 가장 큰 명분은 광해군이 동기同氣를 살해하고 모후母后의 폐출을 시도하여 패륜을 행했으며, 명나라에 대한 은혜를 잊고 오랑캐와 통하여 예의와 삼강을 쓸어 버렸다는 것이었다.

그러나오수창 서울대 국사학과 교수는 국립고궁박물관이 최근 발간한 책『국왕과 신하가 함께 만든 나라, 조선』에서 인조반정에 대한 이러한 견해에 "심각한 오류와 오해가 담겨 있다."며 반박한다. "인조반정 원인은 광해군 패륜 아닌 북인의 권력 독점이다."라는 것이다.

인조반정 당시 "서인은 광해군이 동생인 영창대군을 죽이고 모후인 인목대비를 폐위하려 했던 패륜과 명을 배신하고 후금과 내통한 외교정책을 반정의 명분으로 내세웠다." 그러나 오수창 교수는 "반정의 진정한 원인은 집권 세력인 북인의 권력 독점이었다고 주장"한다.

당시 북인은 소수 세력이었으나, 권력을 다른 정파와 나누려 하지 않았다. 반대 의견을 지닌 남인과 서인을 역적 토벌의 이유를 들어 중앙 정부에서 쫓아냈고, 정권 유지를 위해 무리하게 정국을 운영했다.

# 중종반정

중종반정은 1506년 9월 2일에 발생하였다. 중종반정은 무엇보다 무오사화·갑자사화로 초래된 연산군의 악정이 그 촉발요인이었다. 1506년(연산 12) "성희안"과 "박원종" 등 이른바 훈구세력이 "연산군"을 폐하고, 진성대군을 왕으로 추대한 사건으로 연산이 재위 12년간 화옥과 폭정으로 국가의 기틀을 흔들어 놓자, 이조참판을 지낸 "성희안"과 중추부지사 "박원종"은 연산을 폐하기로 밀약하고, 당시에 인망이 높던 이조판서 "유순정"과 연산군의 총애를 받고 있던 군자부정(軍資副正 종3품 벼슬) "신윤무" 등의 호응을 얻어 "연산군"이 장단 석벽에 유람하는 날을 기하여 거사하기로 계획을 꾸몄다.

1506년 9월 1일 "박원종"과 "성희안"은 "신윤무"를 비롯하여 전 수원부사 "장 정", 군기시첨정 "박영문" 그리고 사복시첨정 "홍경주" 등과 규합하여 무사들을 훈련원에 모았고 그들은 먼저 "임사홍"과 "신수근" 그리고 그의 아우 "신수영" 및 "임사영" 등 연산군의 측근들을 죽인 후, 궁궐을 둘러싸고 옥에 갇혀 있던 자들을 풀어 종군하게 하였으며, 그 다음날 9월 2일 "박원종" 등은 군사를 몰아 텅 빈 경복궁에 들어가서 대비의 윤허를 받아 "연산군"을 폐하고 진성대군을 왕으로 옹립하니 이가 곧 조선왕조 제11대 왕 중종이다.

이처럼 조선시대에 반정은 폐정을 일삼는 왕을 폐위하고 새로운 왕을 세우는 일을 의미하였다.

## 제20장

# 광해군 이후 후계왕 다툼: 명분파와 능양군파

인조반정계해정변 성공 후 모든 결실을 '능양군파'가 독점하면서 '명분파'의 불만이 폭발해 일어난 사건이'이괄의 난'이다.

역사적으로 이괄의 난이라 알려진 역모사건의 본질은 반정주역들 간의 '후계왕 다툼'이다.

인조반정에 참여할 주역들이 확정된 시점은 거사 한 달 전인 1623년 2월이었다. 그런데 반정 주역들은 광해군을 타도한다는 점에는 합의했지만 다른 점에는 그러지 못했다.

가장 큰 이견은 다음 왕으로 누구를 추대하는가의 문제였다. 이 문제를 놓고 반정 주역들은 명분파와 능양군파로 나뉘었다. 양쪽 모두에 일장일단이 있었다. 우선 명분파는 광해군을 타도한 뒤 후계왕은 조선의 유교명분에 따라 광해군과 같은 항렬, 즉 선조의 아들들 중에서 추대해야 한다고 주장했다. 이는 "명분에서 앞서는 주장"이었다.

인조반정이 성공한 지 2년 후, 반정의 대표인사 중 한 명인 이귀가 당시 명분파와 능양군파의 대립 상황을 회고한 내용이 실록에 실려 있다.

이귀(李貴)가 말하기를 "광해군을 몰아내기로 결의했던 처음부터 이괄과 김원량은 인성군에게 뜻을 뒀습니다. 반정하기 직전에 우리들이 최명길의 집에 모여 회의했는데 김원량은 반드시 이괄을 대장으로 삼으려 했습니다.

그때 이흥립이 회의 자리에 와서 김원량에게 말하기를 '나가서 능양군을 한 번 만나보시라' 했습니다. 그러자 김원량은 발끈하며 얼굴색이 변했습니다. 이에 김류가 또 권유하기를 '가서 능양군을 한 번 만나보시라' 했더니, 김원량은 또 발끈하며 안색이 변했습니다. 반정하던 당일에 김류가 무슨 일로 늦게 도착했는데 그때 이괄이 이미 대장이 돼 김류를 죽이려는 마음이 있었습니다. 김원량 또한 그날 거사하는 자리에 가지 않았습니다. 이로 본다면 이괄과 김원량이 인성군에게 뜻을 뒀음을 알 수 있습니다" 했다.

생전의 선조에게는 왕비소생의 대군 1명과 후궁소생의 왕자군 13명 등 총 14명의 아들이 있었다. 이들 중에서 1623년 2월 당시까지의 생존자는 광해군을 위시해 왕자군群 7명 등 총 8명이었다. 생존한 왕자군 7명<sub>인성군, 의창군, 경창군, 흥안군, 경평군, 인흥군, 영성군</sub> 중에서는 36세의 인성군이 최고 연장자였다. 따라서 광해군을 축출한다면 왕자군 7명 중에서 최고연장자인 인성군을 추대하든가 아니면 그와 같은 왕자 항렬 중에서 추대해야 한다는 것이 당연한 명분파의 주론이었다.

문제는 아직 인성군의 내락을 받지 못했다는 사실이었다. 하지만 반정 주역들이 합의만 되면 아무런 문제 없다는 것이 명분파의 입장<sub>주론</sub>이었다. 이 같은 명분파의 대표자는 '이괄과 김원량'이었다.

반면 능양군파는 이미 능양군<sub>후일 인조</sub>이 반정에 적극 개입하고 있는 현실을 인정해 능양군을 추대해야 한다는 입장이었다. 1623년 당시 29세의 능양군은 거금의 재산을 풀어 거사자금에 충당했으며, 주요 반정<sub>정변</sub> 참여자들과 결속을 다지고 있었다.

사실 능양군의 정변 참여이유는 동생과 아버지의 죽음에 대한 동참이지, 임진왜란 후에 쇠락한 국가에 대한 바른 정책이나 부흥이 아니며, 권력에 불만을 가진 반대세력의 신하들과 결탁하여, 권력을 찬탈하고자 일어난 정변<sub>쿠데타</sub>이라는 것이 역사적 사실이다.

후계왕 다툼에서 승리한 능양군파는 광해군을 쫓아내고 인조를 왕위에 올리지만, 결과는 '병자호란의 시작'이다.



**조선국 왕자 경평군**

병자호란으로 백성들의 삶을 아주 비참하게 만든다. 병자호란 관련 문헌에서는 병자호란으로 죽은 조선사람이 30,000명이며, 중국으로 끌려가 노예시장에서 거래된 조선사람이 육십만 명600,000명이라니, 육십만 명은 지금도 어마어마한 사람인데, 당시 조선의 인구가 삼백팔십만 명3,800,000명이라고 하니 그야말로 조선의 모든 장정이 다 끌려가 갔다고 해도 과언이 아니다. 이것은 조선시대 최대의 국력손실 사건이다.

## 병자호란으로 인한 인구 손실

전사자 30,000명 이상. 포로로 끌려간 사람은 300,000~600,000명으로 보기도 하나, 이것이 엉터리라는 비판도 있다. 포로의 수가 50만이라는 주장은 최명길의 기록에 기반을 두고 있다.

① 전쟁 전 조선 인구: 3,800,000명
② 전쟁 후 조선 인구: 3,300,000명

대략 13.2%의 인구가 줄어든 것으로 추정된다.

## 제21장

# 흥안군의 반정: 7일의 조선국왕

계해정변으로 왕위 승계서열을 무시하고, 권력을 잡은 능양군 일파 세력 추종자들은 공포정치를 자행했다. 내암 정인홍정승을 비롯하여 관료 100여 명을 처형하고, 예조판서 임취정을 비롯하여 관료 116명은 귀양 보내고, 이조참판 이성을 비롯하여 관료 80명은 중도부처하고, 무림군茂林君 선윤을 비롯하여 관료 67명을 위리안치하고, 좌의정 박홍구, 대사간 유대건 등을 비롯하여 관료 23명의 관직을 삭탈하고, 부제학 송응순, 판서 이지완 등을 비롯하여 관료 44명을 파직하고, 우의정 조정, 황해감사 이명을 비롯하여 관료 12명의 관작官爵을 삭탈하고, 금부도사 이승원을 비롯하여 관료 12명을 사판仕版에서 삭제하고, 영의정 한효순, 우의정 민몽룡, 대사헌 윤효전 등을 비롯하여 관료 14명의 관작을 추탈하였다.

이는 조선시대 전대미문의 만행과 유혈사태로 임진왜란 영웅들과 당시 조정 모든 신료들이 처참하게 희생당하는 사실을 목격한 왕실 종친부조선국의 최고 관서는 조선의 왕위승계 정통성의 위계질서를 무시하고, 제멋대로 왕위를 찬탈한 조카 능양군의 만행을 국기문란이며 하극상으로 규정하고, 태조부터 내려온 조선왕위승계 정통성을 바로 세우고자 한다.

당연히 '왕실 종친'들은 조선왕위승계 정통성은 명분파의 주장에 근거하고 있었다. 생전의 선조에게는 왕비소생의 대군 1명과 후궁소생의 왕자군 13명 등 총 14명의 아들이 있었는데 이들 중에서 1623년 2월 당시까지의 생존자는 광해군을 위시해 왕자군群 7명 등 총 8명이었다.

생존한 왕자군 7명인성군, 의창군, 경창군, 흥안군, 경평군, 인흥군, 영성군 중에서는 36세의 인성군 이공李珙이 최고 연장자였다. 따라서 광해군을 축출한다면 왕자군 7명 중에서 최고연장자인 인성군 이공李珙을 추대하든가 아니면 그와 같은 왕자 항렬 중에서 추대해야 한다는 것이 명분파이괄,김원량와 왕실 종친의 주론이었다.

특히 7명 왕자는 인성군 집안인성군, 인흥군과 흥안군 집안흥안군, 경평군, 영성군이 주류를 이루고 있었다.  의창군 이광李珖은 1618년광해군 10 모반죄로 주살된 허균의 사건에 연좌되어 훈작을 삭탈당하고 유배

중이었으며, 경창군 이주李珘는 1617년광해군 9 음력 11월 선조의 계비 인목왕후에 대한 폐비론이 불거졌을 때는 폐비에 찬성하는 의견을 냈으며 자중하고 있었다.

이렇게 광해군시대에 사실상 종친을 대표하는 7명의 왕자군은 '인성군형제 2명 왕자'와 '흥안군형제 3명 왕자'가 왕실종친부 활동을 주도하였던 사실을 『조선왕조실록』 광해군일기등에서 확인할 수 있다.

능양군은 무력으로 왕위를 찬탈하였으나 왕실 종친으로부터 인정받지 못하였다. 인조반정계해정변: 3월12일 4개월이 지난 후에 왕실 종친부는 능양군의 만행을 왕위계승 정통성을 무시한 국기문란 하극상으로 규정하고, 태조부터 내려온 조선왕위승계 정통성을 바로 세우고자, 왕실종친부를 대표하여 '흥안군 이제李瑅가 건원능에 가서 태조 이성계를 참배하고 목능선조에 가서 대성통곡하며 조선의 왕위 정통성을 바로 세우고자 공식적으로 선포'한다.

그리고 흥안군 이제는 조선의 왕위계승 정통성을 바로잡기 위하여 자신의 재산을 풀어가며 무사들을 모으기 시작했다.

자연히 흥안군 주변으로 동조세력이 몰려들었다. 그렇게 모인 대표자는 윤인발이다. 그는 이괄함경도 병마절도사: 종2품의 아들인 이전과 친구였다.

윤인발은 인조반정계해정변에도 불만이 많았다. 예컨대 "지금 주상



조선국 왕자 경평군

인조은 여러 왕자 중 연장자도 아니면서 스스로 왕이 됐다"고 비판했다. 이런 비판으로 본다면 윤인발은 근본적으로 김원량, 이괄 같은 명분파라고 할 수 있다.

이러한 공식적인 흥안군 이제의 행보는 '명분파의 주장'과 일치상통되는 행위로 능양군파 신료들을 매우 놀라게 하였다. 인성군 이공李珙, 인흥군 이영李瑛, 흥안군 이제李瑅 등은 적들의 공초에 뚜렷이 나와 단서가 낭자함을 주장하며, 공식적 활동을 하고 있는 흥안군 이제에게 '죄' 주기를 청한다.

『실록』에는 다음과 같은 장면이 등장한다.

좌찬성 이귀(李貴)가 아뢰기를,

"인성군(仁城君)·인흥군(仁興君)·흥안군(興安君) 등은 적들의 공초에 뚜렷이 나와 단서가 낭자한데, 한번도 대명(待命)하지 않고 사실(私室)에 물러가 있습니다. 더구나 흥안군은 국법을 무시하고 제멋대로 여러 능(陵) 아래에서 절하고 곡한 것은 크게 놀라운 일인데 대간(臺諫)은 다만 파직할 것으로 논계하였으니, 이것이 군신의 대의(大義)를 아는 것이라 하겠습니까. 대사간 정엽(鄭曄)을 나국(拿鞫)하여 죄를 정하소서."

하니, 상이 답하지 않았다. "이때 흥안군 이제(李瑅)가 사사로이 건원릉(健元陵)과 여러 능에 가서 숙배(肅拜)하고 목릉(穆陵)에서 곡하였는데, 재랑(齋郎)이 이 사실을 아뢰었다."

대사간 정엽이 아뢰기를, ……

"그런데 어제 또 홍안군 이제가 여러 능에 두루 숙배하고 목릉 아래에서 곡하였다는 말을 듣고 '매우 놀라' 수호군(守護軍)을 추문(推問)하기 전에 먼저 파직할 것으로 논계하였습니다. "

그럼에도 불구하고 홍안군 이제와 윤인발은 적극적으로 활동을 벌였다. 하지만 이들의 활동은 능양군인조파 주역들에게 낱낱이 밀고 되고 있었다.

인조반정계해정변: 1623년 3월 12일(양력 4월 11일) 일로부터 4개월이 지난 1623년 7월쯤 이귀인조반정의 대표인사는 첩자 최홍성을 통해 "홍안군이 무사들과 결탁한다는 정보를 입수"했다. 그는 인조에게 "홍안군 이제에게는 해괴한 일이 많습니다. 주상께서 항상 편전에 자주 불러 엄하게 경계를 내리셔야 합니다."라고 진언進言했다.

8월 7일 이후 홍안군 이제와 윤인발의 반정계획은 더욱 구체화됐다. 그리고 윤인발은 반정을 성공시키기 위해 동분서주했다.

10월 1일, 훈련대장인 이시언이 고변하기에 이르렀다. 그 내용은 홍안군을 위시해 윤인발홍안군 책사 ·이괄함경도 병마절도사: 종2품 ·이전이괄의 아들 ·황현 ·이유림 등이 역모를 도모한다는 것이었다.

한편 인조 역시 홍안군 이제인조의 삼촌가 역모를 꾸민다는 사실을 믿고 싶어 하지 않았다. 인조반정을 일으킨 지 겨우 반년 만에 삼촌 홍안군이 역모를 꾸민 것이 사실이라면 인조 자신에게 치명적이었다.

인조반정계해정변의 명분은 광해군이 명나라에 대한 의리를 저버렸다는 것과 함께 어머니를 내쫓고 형제를 죽였다는 것이었다. 이런 패륜아 광해군을 처단하겠다는 기치로 반정정변을 일으켰는데 만약 흥안군인조의 삼촌이 역모를 꾸몄다면 삼촌을 죽여야 했다. 그뿐만 아니라 살아 있는 나머지 삼촌 6명의 왕자도 살려두기 어려웠다. 나아가 5촌 당숙들 그리고 4촌 형제들도 모조리 죽여야 할 판이었다. 그렇게 된다면 인조 자신이 광해군과 다를 것이 없게 된다. 아니, 더 흉악한 왕이라 비판받을 수 있었다.

그래서 인조는 흥안군에 대한 조사도 못하게 했고 나아가 또 다른 삼촌인 인성군 등에 대한 조사도 못하게 했다. 그렇지만 나머지 사람 윤인발에 대한 조사는 계속됐다.


수사망이 좁혀오자 윤인발은 특단의 대책을 강구했다. 강도를 만나 살해당한 척했던 것이다. 얼마나 감쪽같았던지 가족들도 모두 윤인발이 죽은 줄 알고 장례까지 치렀다. 이렇게 강도를 만나 살해됐다고 하자 그에 대한 고변은 흐지부지됐다.

그 사이 윤인발은 영변으로 내려가 이괄을 만났다. 뒤이어 이괄의 아들 이전은 1623년 12월에 아버지에게 인사를 드린다는 핑계로 영변에 왔다. 기록에 의하면 이괄과 윤인발 사이에는 부자지간 같은 정의가 있었다고 한다. 또한 윤인발은 이괄 그리고 이전과 늘 귓속말을 해 다른 사람이 듣지 못하게 했다고도 한다.

이로 보면 이괄이 8월에 영변으로 간 후, 뒤이어 10월에 윤인발이 오고 또 12월에 이전이 왔고, 세 사람은 한통속이 돼 흥안군 반정을 세웠다고 하겠다.

그런 그들에게 흥안군은 계속해서 서신과 선물 등을 보냈다. 예컨대 윤인발에게 밀서가 적힌 달빛 전복戰服: 조선 후기에 무관들이 입던 옷"을 보내기도 했다.

이렇게 한양의 흥안군과 영변의 윤인발은 1624년 1월을 거사일로 정하고 반정을 구체화했다.

결국 1624년 1월 21일 한밤중에 이괄은 반정(반란)을 일으켰다. 반정반란군은 승승장구하며 한양으로 쳐들어왔다. 이괄은 자신의 아들 이전을 압송하러 온 사람금부도사 '고덕상'와 선전관들을 죽이고 1624년 1월 22일양력 3월 11일 항왜병 100명을 선봉장으로 하여 1만 2,000명의 군사를 이끌고 반정을 일으켰다.

2월 8일 오전에 이괄함경도 병마절도사: 종2품 군단장급★★★의 군대는 한양 가까이 접근했다. 이에 놀란 인조는 2월8일 오후에 부랴부랴 피란길에 올랐다. 인조의 피란길에 백성들은 동조하지 않았다.

'이괄이 반란을 일으켰을 때 백성들 가운데 한양(서울)을 떠나는 인조의 가마를 뒤따르는 사람이 없었다'는 사실을 들어 민심이 떠났다고 통박했다.

출처: 한명기의 병자호란

2월 9일 오전쯤 명분파 이괄의 군대는 한양에 입성하였고 경복궁 옛터에서 "흥안군 이제李瑅는 조선국 국왕으로 등극"한다.

그날 저녁 이괄은"도성 안의 사람들은 놀라 동요하지 말라 새 임금이 즉위했다"고 선포했다. 이괄이 한양에 입성할 때 관청의 서리들은 의관을 갖추고 영접했으며 백성들은 길을 닦고 황토를 깔아 영접했다.

이괄은 경복궁에 주둔했고, 흥안군은 조선국 국왕으로서 조정 관료들을 임명했다.

흥안군 국왕 즉위식

다음날 이괄은 서대문 밖의 관군과 싸우다 패배했다. 그날 밤 한양을 탈출했던 이괄은 13일 저녁 이천에서 부하들에게 암살당했다.

심기원도원수 정2품과 신경진공조참의 정3품은 장만팔도 도원수 정2품과 상의하여, 국청도 없이 1624년 2월 16일양력 4월 3일에 창덕궁 돈화문 앞에서 흥안군을 목매달아 죽인다. 흥안군은 그때까지 7일간 등극한 임금이다. 흥안군이 교수형 당할 때 간신배 심기원에게 "네놈은 대역죄로 죽을 것이다!"라고 저주했다는 야사 또한 전해진다.

흥안군은 이괄의 난 초기부터 내통했다는 기록이 많으며, 사실상 왕실종친을 대표하여, 왕위를 찬탈한 능양군의 국기문란과 하극상을

창덕궁 돈화문 정경
출처: 국가유산포털



조선국 왕자 경평군

바로잡고자 일으킨 반정을 역사는 '이괄의 난'이라 기록하고 있다.

그러나 능양군파 입장에서 본다면, 미처 피란가지 못한 채 한성에 남아 있다가 얼결얼떨결의 옛말에 추대 받은 것도 아니고 적극적으로 반란군과 내통했기 때문에 처형하는 것 자체는 매우 합당한 일이었다.

다만 아무리 대역죄인이라고 해도 왕족의 처벌은 국왕의 허가가 필요한데 도원수정2품 심기원은 인조한테 허락도 받지 않고 멋대로 처형했으니 이는 문제가 될 수밖에 없는 일이었다.

비운의 조선국왕 흥안군 이제가 조선국 국왕으로 등극한 사실에 관한 문헌은 숙종실록과 영조실록 등에 기록되어 있는 역사적 사실

> 4. 「고종실록」 10권, 고종 10년 2월 22일 신미 1번째 기사: "안 대군, 안평 대군 내외의 사당 등에 관리를 보내어 치제하게 하다. 사판(祠版→神主, 신주)
> - 평원 대군(平原大君)과 제안 대군(齊安大君) 내외의 사판,
> - 영창 대군(永昌大君)과 용성 대군(龍城大君)의 사판,
> - 금평군(錦平君)과 영풍군(永豐君), 흥안군(興安君) 내외의 사판,
> - 능풍군(綾豐君)의 사판,
> - 의창군(義昌君)과 낙선군(樂善君) 내외의 사판,
> - 경완군(慶完君)의 사판, 복선군(福善君) 내외의 사판
>   등에 종신(宗臣: 왕족으로 벼슬자리에 있는 사람)을 보내어 치제(致祭: 임금이 제물과 제문을 보내어 죽은 신하를 제사 지내던 일)하게 하라." 하였다."
> 5. 「고종실록」 40권, 고종 37년 5월 10일 양력 3번째 기사: "흥안군 이제에게 작위와 시호를 주고 계후를 세운 것을 그만두게 하다(院卿). 완순군(完順君) 이재완(李載完)이 아뢰기를, '흥안군(興安君) 이제(李瑅)의 사적(事蹟)은 역사책에 명백히 실려 있으므로 새삼스럽게 논하지 않더라도 임신년(1872) 에 족보를 수정할 때 작위와 시호(諡號)를 주고 계후(繼後)를 세운 것은 나라의 체통으로 따져 볼 때 떳떳한 법에 어긋나므로 이제는 모두 시행하지 말고 『선원보략(璿源譜略)』을 개정하는 것…"



조선국 왕자 경평군

이다.

특히 고종황제는 1871년고종 8 3월 16일, 자혜애친慈惠愛親, 자비롭고 은혜롭게 어버이를 사랑한다을 효孝라고 하고, 소심공신小心恭愼 마음이 조심스럽고 정중하며 신중하다을 희僖라 하여 흥안군을 '효희孝僖'로 시호하고 추증하였다.

1872년고종 9 12월 2일에는 선조의 7남이자 이복형 인성군 이공의 5남 해양군 이희海陽君 李儇을 후사로 정했다가 이해 12월 12일 다시 유학幼學 이휘소李暉沼에게 봉사奉祀하게 하였다.

또한 1873년고종 10 2월 22일부터 1900년고종 37 양력 5월 10일까지 27년간 흥안군 내외의 사판祠版, 신위에 종신宗臣을 보내어 치제致祭, 제사하게 하였다.

역사적으로 재조명하면 '인조반정'이라는 용어는 '계해정변'으로 바꾸어야 조선시대 반정과 정변을 올바르게 구분하는 것이며, 인조반정을 한마디로 요약하면 조선의 왕위계승을 무시한 하극상으로 조카인조가 삼촌의 왕권을 찬탈한 정변쿠데타이다.

계해정변인조반정에 맞서 왕실종친이 주체가 되어, 흥안군이 '명분파 이괄'과 함께 일으킨 사건을 역사는 '이괄의 난'이라 적고 있으나 "진실은 흥안군이 조선 왕위계승과 하극상을 바로 세우고자 일으킨 사건이며 반정"이다.

## 제22장

# 인조반정에 대한 「상시가」와 병자호란 이야기

## 상시가

1623년 광해군을 몰아내고 조선의 16대 임금 자리에 오른 인조와 이귀. 김류. 신경진 등의 반정공신들은 1624년에 일어난 이괄의 난을 가까스로 진압하고, 다음 해 1625년인조3 봄 회맹연과 분축연을 열어 정권의 무궁한 앞날을 축원한다. 그러나 그때로부터 겨우 2개월이 지난 1625년 6월에 한양 성내에는 「상시가傷時歌」라는 수상한 노래가 떠돌기 시작한다.

# 상시가

아. 너희 훈신들이여 *嗟爾勳臣*

잘난 척 하지 마라. *毋庸自誇*

그들의 집에 살고 *爰處其室*

그들의 토지를 차지하고 *乃占其田*

그들의 말을 타며 *且乘其馬*

그들의 일을 행하니 *又行其事*

너희들과 그들이 *爾與其人*

돌아보건대 무엇이 다른가. *顧何異哉*

「상시가」란 "시절을 한탄하는 노래라는 뜻"으로 인조반정을 주도했던 공신들의 행태가 지난날 그들이 몰아낸 광해군 및 정권실세들이 보였던 행태와 너무나 닮았음을 통탄하는 것이다.

인조반정의 명분이 약한 것은 별도로 하더라도. 이때 사어司御 벼슬에 있던 강학년姜鶴年은 1626년인조4 12월 상소를 올려 "즉위 이래 덕정德政 아닌 형정刑政으로 백성을 다스렸으며, 과중한 부역 때문에 백성들의 믿음을 잃었다."며 비난하고. "이괄이 반란을 일으켰을 때 백성들 가운데 한양서울을 떠나는 '인조의 가마'를 뒤따르는 사람이 없었다."는 사실을 들어 민심이 떠났다고 통박했다. 출처: 한명기의 병자호란

인조는 무능을 넘어 정신분열증과 편집성 인격장애를 가지고 있었다. 조선시대 전체에서 권력다툼으로 자식이나 형제를 죽인 임금은 있어도, 며느리까지 의심하고 죽인 임금은 전무후무하고 오직 인조뿐이라는 것이 역사적 사실이다.

병자호란으로 조선국 전사자가 30,000명 이상이며, 포로로 끌려간 사람이 600,000명 중국의 인신매매 시장에서 조선인이 60만 명이라고 적고 있으며, 당시 조선의 신료 우의정 최명길은 포로로 끌려간 사람이 50만이라 기록하고 있다.

'우리가 끌고 가는 조선인 포로들 가운데 압록강을 건너기 전에 탈출에 성공하는 자는 불문에 부친다. 하지만 일단 강을 건너 한 발짝이라도 청나라 땅을 밟은 다음에 도망치는 자는 조선이 도로 잡아 보내야 한다.' 청 태종 홍타이지가 1637년 1월, 항복을 받을 당시 조선 조정에 제시했던 포로 관련 조건이었다.
……
병자호란 당시 청군에 붙잡혀 청나라로 끌려간 사람은 얼마나 될까. … 나만갑羅萬甲이 『병자록』에서 '청군이 철수하는 동안 매번 수백 명의 조선인들을 열을 지어 세운 뒤 감시인을 붙여 끌고 가는 것이 하루 종일 지속되었다.'거나 '뒤 시기 심양瀋陽 인구 60만 가운데 상당수가 조선 사람'이라고 서술했던 사실을 염두에 두면, 최명길의 추정이 과장된 것이라고 단정할 수는 없다. 50만 명은 안 될지 몰라도 적어도 수십만 명에 이르렀을 가능성은 꽤 높아 보인다.

……

영역은 날로 늘어나는데 인구가 부족했던 후금은 이후에도 '포로 사냥'에 몰두했다. 특히 1629년 이후 명을 수시로 공략하면서 매번 수만에서 수십만의 한인들을 납치했다. 그들은 후금의 새로운 인구가 되고, 노동력이 되었다.

따라서 병자호란 무렵에 오면, 청은 이미 상당한 수의 한인 노동력을 확보한 상태가 되었다. 이제 조선인은 단순히 노동력이라기보다는 돈을 받고 판매할 '무역 상품'으로서의 의미를 더 크게 지니게 되었다.

출처: 한명기 명지대 교수,<br>
서울신문 「병자호란 다시 읽기 (100) 포로들의 고통과 슬픔」

## 제23장

# 광해군에 대한 역사적 재조명

## 임진왜란과 광해군

세계적으로 볼 때 전쟁 영웅이 국가의 원수 내지는 지도자가 되는 사례는 매우 흔한 일이다. 미국 남북전쟁의 영웅 율리시스 그랜트, 세계 2차 대전의 영웅 아이젠하워 등 위에 해당하는 사례는 많다.

광해군 역시 임진왜란의 영웅이다. 아버지 선조와 달리 그는 조선에 남아 백성들을 다독이고, 의병을 이끌고 왜적들과 싸워나갔다. 선조에게 배신감을 느꼈던 일반 백성들은 광해군을 새로 기댈 수 있는 지도자로 생각하게 되었다. 이 점이 그가 장남이었던 임해군을 제치고 왕위에 오를 수 있었던 결정적인 계기가 되었다. 당시 조선인들이 그에 대한 믿음과 기대가 얼마나 컸는지 알 수 있다.

게다가 그의 전임자였던 선조와 그의 후임자인 인조가 국가를 전란으로 몰고 갔다는 점은 그에 대한 평가를 더 좋게 만드는데 한몫을 하고 있다. 임진왜란과 병자호란으로 이어지는 조선 최악의 위기를 자초한 두 왕선조와 인조과 달리 광해군은 전란을 매우 훌륭하게 극복했다. 이런 점으로 보았을 때, 광해군은 군자로서의 덕목을 충분히 갖추고 있었음을 알 수 있다.

## 광해군의 중립 외교

외교와 경제는 과거부터 현대까지 지도자를 평가하는 데 가장 중요한 지표 두 가지이다. 그런 점으로 볼 때, 광해군의 외교술은 다른 왕들에 비해 정말 뛰어났다.

좋은 외교란, 국가가 전쟁의 위기에 도달하지 않게 주변국들과의 마찰을 최소한으로 줄이며, 타 국가와의 교류에서 실질적 이익을 우리가 가져오도록 하는 것이다. 두 개의 가치를 이루기 위해 전혀 상반되는 방향으로 나아가야 하기 때문에 외교가 어렵고, 그만큼 지도자 평가에 중요한 요소로 작용하는 점이다. 광해군은 이 두 개의 가치를 모두 실현한 왕이었다.

# 분조와 본조

임진왜란의 원인은 왜나라(일본)가 대군 17만 명, 배 700척으로 조선을 침공한 것이다. 무방비 상태에서 침공을 받은 선조는(선조 25년 6월 14일) 바람 앞에 촛불처럼 위태로운 조선을 구하고자, 조정의 전시체계를 분조(임시정부)와 본조(정부)로 개편하고 임진왜란에 임한다.

분조(임시정부)는 세자 광해군이 최전방에서 전쟁을 진군지휘하며, 선조는 후방에서 본조(정부)를 지휘하기 위하여 요동을 향해 떠난다.

역사학에서는 이후 선조가 이끄는 것을 본조, 광해군이 이끄는 조정을 분조(임시정부)라 구분하고 있다. 하지만 종묘사직의 신주를 모시는 것이 광해군의 분조였음을 고려한다면 사실상 조정은 광해군의 분조(임시정부)라 보아야 할 것이다. 이후 광해군의 조정은 전시조정으로 그 역할을 다했다. 백성을 위무하고, 흩어진 관리들을 수습하여 일본군과 맞서 싸웠다.

사실상 전쟁 초 7개월 동안 군주 역할을 한 인물이 바로 광해군이다. 이처럼 광해군의 분조는 적절한 시점에 등장해서 전쟁의 구심점 역할을 톡톡히 했다. 객관적으로 전시 중에 약소국이 쓸 수 있는 최후의 전술은 정부를 본조(정부)와 분조(임시정부)로 나눠 저항하는 것이다. 이는 국가(조선)의 패망을 방지하는 전술로써 그 가치가 있다.

광해군 시기엔 조선이 전쟁의 소용돌이에 휘말리지는 않았다. 이 부분에 있어서는 순전히 광해군의 역할이 매우 컸다. 다른 신하들이 명과의 의리를 이유로 후금과의 항전을 주장했지만, 광해군은 명과 후금 사이에서 저울질해 가며 상황을 지켜보았다. 외부적으로는 어떤 쪽의 편도 들어주지 않으며, 내부적으로는 군대를 모으고 양측의 정보를 수집하였다. 그의 훌륭한 외교적 감각은 그가 리더적 역량이 매우 뛰어났던 군주임을 알려주고 있다.

## 전쟁(임진왜란)후 복구에 힘을 쓴 왕

방납의 폐단을 해결하기 위해 만든 법인 대동법은 광해군 즉위 기간에 처음 시행되었다. 선조대왕 시에도 율곡 이이와 같은 학자들 사이에서 대동법 주장이 나왔지만, 실제로 시행되지는 못했다. 그러다 임진왜란이 끝난 후 백성들의 삶을 개선하기 위해 영의정 이원익의 강력한 주장으로 처음 시행되었다.

광해군은 즉위 기간 동안 허준에게 동의보감을 편찬하도록 후원하였고, 국가적 기록물 재간과 보급에도 힘썼다. 광해군은 세자시절 임진왜란 중 왜적에 살해, 폭행, 강간을 당하는 장면을 직접 보며 자라왔기 때문에, 왕이 되어서 전후 복구 사업에 많은 공을 들였다. 또한 강성해지는 후금을 대비하여 다시는 이런 전란이 일어나지 않도록 성곽을 복귀하고 병사를 충원했다. 광해군은 북방의 성벽을 강화하고 국가적 요충지인 강화도와 남한산성에도 방비를 철저히 했다고 전해진다.

이 외에도 광해군이 행한 정책과 정치는 다음과 같다.

첫째, 광해군은 국방 정책에 있어서는 "조총수 및 포병을 양성"하고 '후금'에 밀정을 투입하여 정보를 수집했으며 진법 훈련이나 성곽 수축에도 진력했다.

둘째, 광해군은 대동법을 시행하면서, 백성들에게 공납의 의무를 줄여주었다.

셋째, 왕권강화를 위한 궁궐 복원공사를 실시했다. 임진왜란 때 화재로 소실된 창덕궁, 경희궁, 창경궁을 재건하고 인경궁을 설치했으며, 임진왜란 때 소실된 서적 간행에도 힘써『신증동국여지승람』, 『용비어천가』,『동국신속삼강행실』 등을 다시 간행했다. 허균의『홍길동전』, 허준의 한의학책인『동의보감』 등도 이 시기에 완성되었다.

광해군은 창덕궁, 창경궁, 경희궁, 인경궁, 자수궁 등의 무리한 토목공사로 조선의 재정을 파탄 냈다고 주장하나, 반대로 외침外侵, 외세의 침락을 왕권의 힘으로 막고자 방대한 궁궐 복원 사업을 시행하였다. 이는 고려의 「팔만대장경八萬大藏經」이 몽골의 외침을 "부처의 힘"으



조선국 왕자 경평군

로 막고자 방대한 대장경의 간행 사업을 추진한 역사적 사실을 교훈으로 한 왕권 강화 사업의 일환으로 시행한 궁궐 복원 공사로 추정된다. 이는 흥선대원군 때도 유사한 사례를 볼 수 있다.

넷째, 광해군은 당론의 폐해를 통감하고, 이를 초월하여 좋은 정치를 하려고 노력했다. 그래서 이원익, 이항복, 이덕형 등 명망 높은 인사를 조정의 요직에 앉혀 어진 정치를 행하려 했다.

광해군은 성군은 아니었지만 명군이었으며, 그는 군주가 갖춰야 할 또 다른 덕목인 사리분별과 시대 판단 능력이 매우 뛰어났다. 유교국가의 군주가 갖춰야 할 덕이라는 점수는 낙제점이지만, 현대국가에서 지도자의 지표로 삼는 외교, 경제, 사회 점수에서는 조선 국왕 평균 이상의 능력을 수행했다. 이중 외교는 모든 국왕 중 최고점을 부여받을만하다. 참고로 조선 국왕들의 능력 평균은 결코 낮지 않다. 그는 분명 능력이 있는 군주였고 21세기에 더욱 가치가 높을 리더였다.

이렇듯 광해군은 폭군이라고 하기에는 훌륭한 업적들도 많다. 광해군에 대한 부정적인 사료들도 많이 남아있지만, 이는 모든 왕들에게도 해당되는 이야기다. 즉, 광해군에게만 잘못된 업적이 있는 것만은 아니라는 것이다. 아직도 '광해군'이라 하면 부정적으로 생각하는 사람들도 많이 있지만, 예전보다는 인식이 많이 개선되었다. 이를 보아 알 수 있듯이, 사회적 흐름에 따른 광해군의 재평가가 시급하다고 생각된다.

1623년광해 15 4월 11일음력 3월 12일 일어난 인조반정을 한마디로 요약하면 이귀李貴, 김류金瑬 등 서인西人들이 "광해군이 오랑캐 청나라와 화친했다"는 이유 등으로 임금 광해군을 내쫓고, 북인北人을 도륙屠戮한 "궁중반란적 정변반란"이다.

결과적으로 인조반정계해정변은 당시 "비주류 서인들과 능양군인조의 개인적인 원한이 서로 만나서 성공한 정변반란의 결정판"인 것이다.



**조선국 왕자 경평군**

# 선조와 임진왜란에 관한 재조명

국보 이순신 난중일기 및 서간첩 임진장초

## 제24장

# 선조대왕의 재조명: 목릉성세

선조는 임진왜란 승전국 국왕임에도 퓨전 사극의 왜곡으로 인하여 다소 폄하되어 인식되고 있어서, 역사적 사실을 근거로 재조명하고자 한다.

선조는 중종과 창빈 안씨의 차남인 덕흥군 이초와 하동부대부인 정씨의 3남으로 태어나 하성군河城君에 봉해졌다.

조선 왕조 최초로 대군 출신이 아닌 방계 출신의 국왕이다. 원래 명종의 뒤를 이어 왕위에 오를 예정이었던 순회세자가 갑자기 이른 나이에 사망하면서 명종의 뒤를 이을 후사가 친자식 중에 없자, 왕실 종친의 근친 가운데 후사後嗣를 정하도록 하였고 덕흥군 제삼자德興君第參子, 어린 하성군이 선택되어 명종과 인순왕후의 "양자"로 들여 명종의 뒤를 잇게 하였다.

선조는 왕위 계승은 생각도 못했던 그 어린 나이에 갑자기 즉위하였는데 심지어 방계 중 서자 출신이어서 정통성에 상당히 불안한 측면이 있었다.

초창기에는 숙모이자 법적으로 어머니인 인순왕후가 수렴청정을 했지만, 어린 나이에 곧 신료들을 능수능란하게 다루고 정치력이 뛰어나 무난히 조정을 휘어잡았다.

무려 41년의 재위 기간 중에서 임진왜란 6년을 뺀 35년 동안 목릉성세穆陵盛世라고 칭송받은 선조의 모습은, 그가 통치자의 자질만은 타고난 인물임을 방증하는 부분이다. 이후로도 국가 경영에 관하여서 만큼은 매우 숙련된 모습을 보였으며, 조선의 병폐와 한계에 대하여 여러 가지 통찰력을 보이며 여러 방면에서 개선점을 만들었다.

조선 역사의 중간에 위치한 임금으로 왕위 계승도를 보면 선조 시기와 임진왜란을 기준으로 전기와 후기로 계보도가 나눠지며, 이후 조선 임금들은 모두 선조의 직계 후손들이 된다.



조선국 왕자 경평군

# 목릉성세

선조는 즉위 직후 율곡 이이를 통해 즉위를 반대하던 부패한 척신 심통원을 파직시키는 등 단호한 면모는 보였지만, 사림 간 붕당이 크게 대두되면서 파당동인과 서인 갈등 문제도 새롭게 수면 위로 부각되었다.

이 시기의 치세는 선조의 능인 목릉을 따서 목릉성세穆陵盛世라고 일컬어지기도 했다. 사실 목릉성세는 한문학의 융성을 뜻하는 용어로 선조 이후 사림파가 대대적으로 흥기했다는 사실에 바탕으로 나온 표현이다.

선조시대에는 세조가 씨 뿌리고 연산군과 중종이 키워놓은 조선 중기의 '사회 모순에 대한 보완과 개선 노력이 시작'되는 의미 있는 시기이다.

1588년선조 21 명나라 측에서 태조 이성계를 간신 이인임의 아들로 잘못 기록한 조선 왕실 선원록을 마침내 제대로 고쳤다. 사대를 했던 조선 왕실과 성리학 유학계의 너무나 오랜 숙원으로 이른바 '종계변무'라고 한다.

정치 분야에서는 선조의 치세 때 본격적인 당쟁이 시작되어 격렬한 정치투쟁이 일어나기도 했다. 처음엔 다소 덜 다듬어진 면이 있던 선조도 왕으로서 감각을 기른 중기 이후 상당한 정치적 수완으로 신하들을 잘 다스렸다.


## 선조에 대한 평가

부정적인 면모로는 임진왜란이라는 초유의 국난 때문에 전란기와 평상시의 평가가 극명하게 갈리는 왕이다. 통치내정 면에서 보면 선조의 시절부터 주목할 만한 정책들이 많이 만들어졌고 후대로 이어졌다.

그러나 임진왜란 때 드러난 국가 지도자로서의 결격 사유 때문에 전반적인 여론은 긍정적이지 못하다. 특히 파천으로 대표되는 무책임한 면모와 이순신 해임 등 전시에 당파싸움에 잘 대처하지 못한 무능으로 대중의 이미지는 최악이라고 해도 좋다.

긍정적인 면모로는 정말 내치에서 유능한 왕이었다는데 있다.

첫째, 선조는 정책비전과 개혁적인 국왕이었다.

조선은 초기 이후로 여러 가지 국가 체제의 모순이 쌓여서 다양한 병폐가 곳곳에서 발생하고 있었고, 선조는 이러한 병폐에 대하여 깊은 관심을 가졌다. 대동법의 시험제작원형프로토 타입인 대공수미법

선조 27년(1594)부터 32년까지 실시된 공납 제도. 각 도의 상납 공부를 쌀로 환가하여, 도
내의 전체 전결에서 균등 과수하는 법 등 많은 개혁안과 국가 경영을 개선하
기 위한 수많은 방향의 책을 남겼다.

둘째, 선조 치세의 최고는 인재등용이었다. 선조는 인재등용 안목
이 높았다. 성군의 자질은 인재등용에 있다. 그런 면에서는 세종대왕
시대 다음으로 인재를 등용한 임금이다. 선조는 유능한 인재를 알아
보는데 상당히 뛰어났으며 실제로 그 인재들은 다방면에서 많은 공
로를 남겼다.

이 시대 인물로는 류성룡, 이원익, 김육 그리고 오성과 한음, 『동의
보감』의 허준, 문인 정철, 허균, 동북아 최고 철학자 퇴계 이황, 율곡
이이 등이 있으며 선조가 발탁한 인재들 중 면천천민 출신된 사람들이
상당수이다.

무신으로는 권율행주 대첩, 이순신한산도 대첩, 김시민진주성 대첩 등이
있다.

또한 군사와 첩보에서도 많은 인재들을 긁어모아서 후대인 광해군,
인조 때까지도 그나마 쓸만한 실무자들은 선조가 직접 발탁해 둔 인
재일 정도로 선조는 인재의 등용과 배치에 있어서 유능했다.


일부 사학자와 몇몇 미디어에서 '전시 대비에 무능하고 게을렀다'는
식으로 평가하는 것과는 달리 오히려 선조는 대의명분이나 유교적인
허례허식 따위를 냉소적으로 보며 민주적 정치를 했다. 그러나 그 방식

이 합리적이었기 때문에 신하들도 따를 수밖에 없는 국왕이었다.

또한 선조는 권신들에게 휘둘리지 않으면서 당대의 비효율적인 모순들을 정비하는 유능한 통치자에 가까웠다. 즉, 임진왜란기를 제외하면 선조는 국가중흥을 준비하는 합리적인 통치라는 의외의 모습으로 발휘되었다.


## 임진왜란 승전국은 조선


선조는 능력이 없어서 혐오를 받는 것이 아니라 오히려 똑똑한 인물이기 때문에 혐오 받는 왕이다. 선조가 혐오 받는 과정은 왜곡과 오해가 가득하다.

선조의 왜곡과 폄하는 임진왜란으로 인하여 절정에 이른다. 전쟁 중 선조는 왜군<sub>일본</sub> 17만 대군이 파죽지세로 진격하자 쉬지 않고 북으로 몽진, 의주에 이르러서 아들 광해군에게 선위할 듯 하다가, 전쟁이 끝나자 돌아와서 실권을 잡았다. 이로 인해 임진왜란 시 선조의 전쟁 대처능력과 실정이 폄하의 절정을 이룬다.

그러나 임진왜란이 선조의 무능으로 발발한 전쟁<sub>왜란</sub>이 아니라, 왜나라<sub>일본</sub>의 국력팽창으로 인하여 조선이 무방비 상태에서 침공당한 일방적인 전쟁임을 간과해서는 안 된다.



조선국 왕자 경평군

객관적으로 보면 임진왜란 시 왜일본는 정예병력 17만 명과 배 700척으로 침공했으며, 후방 전초기지 나고야 성에는 예비부대 10만 명이 대기하고 있었다. 따라서 조선 침공을 위하여 이미 26만 명 군대를 조총무대 등의 신식무기로 무장하고 17만 명을 파병한 것이다.

반면에 조선은 전라도 지역 총병력 25,000명이순신 수군 5,000명, 이억기 수군 10,000명, 지역주둔군 10,000명 총병력이었으며, 경상도 지역 총병력 77,000명김시민 군사 15,000명, 정인홍의 군사 3,000명, 곽재우 군사 2,000명, 김면의 군사 5,000명 외 57,000명이었다.

이러한 조선국 병력수적으로나 질적으로도 전쟁에 준비되지 못한 병력으로 육지에서 왜군 정예병력 17만 명의 대군을 막기에는 전쟁 초기부터 역부족이었다. 임진왜란 시 왜군은 조선에 비하여 압도적 군사력을 가지고 있었다. 그 차이는 무려 50:1 이상이었다.

당시 전시 상황을 보면, 부산진성병사 800명과 주민 2,000명은 왜군과 전투를 벌인지 5시간 만에 함락되었고, 이튿날 동래성은 3시간 만에 함락되고, 부산, 울산, 창원, 경주 등의 여러 도시가 전쟁 7일 만에 왜군에 함락되는 대패를 당했다.

이러한 전쟁의 파국위기에 직면한 국가는 일반적으로 공멸하거나, 패전국으로 국가 존립 자체가 말살되고 식민지화되거나, 나라가 패망하는 것이 통상적인 역사이다.


그러나 이러한 악조건 속에서도 조선 조정과 백성이 합심하여 임진왜란의 3대 대첩인 한산도 대첩, 행주 대첩, 진주성 대첩 등을 승리로 이끌어, 마침내는 7년간의 왜군일본과의 전쟁에서 승전국으로 우리나라를 보존한 것은 전쟁 시 잘잘못과 이유 여하를 막론하고 위대한 승리이며, 그 중심에는 군주였던 선조와 그에 아들 광해군이 있었음을 간과해서는 안 되는 것이 역사적 사실이다.

특히 당시 군사적으로 절대 강대국인 왜군일본을 상대한 승리한 선조대왕을 폄하하는 일이, 혹시 일종의 식민지 사관에서 비롯되지는 않았는지 의심하고 유의하여야 한다. 근대사에서도 일본은 중일(중국과 일본) 전쟁과 러일(러시아와 일본)전쟁도 승리한 군사강국임을 간과해서는 안 된다.

선조는 즉위 기간 대략 40여 년 중에서 임진왜란 6년을 제외하고도 전쟁 앞뒤의 34년 동안 유능한 통치자였으며, 임진왜란 이후에도 국가를 재건하려 노력했으며 재위 후반기에도 죽는 순간까지 온갖 군사 정책과 첩보망 형성, 농경과 국가 부흥 등 조선 전기의 산업적인 모순을 개선하기 위한 비전을 물려주었다. 선조는 외침일본의 침략의 악조건 속에서도 승리한 "임진왜란 승전국" 국왕으로 그에 맞는 재조명이 이루어져야 한다는 것이 필자의 소견이다.



조선국 왕자 경평군

## 제25장

# 선조와 이순신

## 이순신의 위기

녹둔도 사건은 여진족이 1000여 필의 기병으로 조선의 녹둔도<sub>지금</sub>은 러시아 땅를 침공한 사건으로, 조선 군사 10명이 피살되고 106명이 포로가 되었으며 말 15필을 빼앗기는 등의 피해를 입은 사건이다.

이 패전으로 인해 책임을 지게 된 북병사北兵使: 북병마절도사 종2품 군단장급 ★★★ 이일李鎰은 경흥부사慶興府使 종3품 이경록李慶祿과 조산포만호수군水軍 중대장급 이순신李舜臣에게 그 책임을 덮어씌우고 이경록李慶祿과 이순신李舜臣을 수금하였다.

1587년 10월 10일 북병사 이일은 이경록과 이순신을 하옥시킨 뒤, "군기를 그르쳤다"고 장계를 올려 사건의 결과에 대한 책임을 물어

두 사람을 군율로 극형極刑: 사형을 이르는 말에 처해야 한다고 보고했다.

병사(兵使: 병마절도사의 약칭, 종2품의 군통수권자) 이일(李鎰)이, 이경록과 이순신에게 죄를 돌림으로써 자신은 벗어나기 위하여 형구를 설치하고, 그(이순신)를 베려(참형) 하자, 이순신이 스스로 변명하기를, "전에 군사가 적은 것을 보고 신보하여 더 보태주기를 청하였으나 병사(병마절도사의 약칭)가 따르지 않았는데 그에 대한 공첩(公牒)이 있다." 하였다. 병마절도사 이일이 이경록과 이순신을 수금하여 놓고 벌주기를 조정에 아뢰다.

「선조수정실록」 21권, 20년 9월 1일 정해 1번째 기사

이경록과 이순신 등을 잡아올 것에 대한 비변사군국의 사무를 맡아보던 관아의 공사公事를 입계하자, 10월 16일 선조는 한 번의 실수로 사형은 과하다며 다음과 같이 전교하였다.

"전쟁에서 패배한 사람과는 차이가 있다. 병사兵使: 병마절도사의 약칭. 종2품의 군통수권자로 하여금 장형杖刑을 집행하게 한 다음 백의종군白衣從軍으로 공을 세우게 하라."

선조는 북병사 이일이 이경록과 이순신을 모함하고 있다는 사실을 눈치채고 있었다. 그러나 당대 조선의 맹장인 방어사防禦使: 종2품 장수 신립申砬의 눈치를 보고 있던 선조는 북병사 이일과 정치적으로 같은 파벌인 신립을 분노하게 할 수 없었다. 그래서 어쩔 수 없이 이경록과



조선국 왕자 경평군

이순신을 처벌은 하되, 극형이 아닌 백의종군으로 일단락시켰다.

이는 선조가 이일의 모함을 알고 있었기에 가능한 조치였으며, 만약 선조가 이를 몰랐더라면 이일의 건의대로 이경록과 이순신을 극형에 처했을 것이다. 그렇게 되면 훗날 충무공 이순신 장군은 존재하지도 못했을, 초년 무관 이순신 생사의 위기였다.


## 이순신, 다시 등용되다


선조 22년 7월 28일, 선조는 다시 비변사에 "이경록과 이순신 등도 채용하려 하니, 아울러 참작해서 의계하라"는 전교를 내렸다. 그리고 류성룡柳成龍이 천거한 이순신을 정읍현감종6품으로 삼았다.

선조는 이순신이 정읍현감이 된지 1년 후 발탁하여 만포첨사만포 병마첨절제사의: 종3품 연대장급로 삼았는데, "대간이 이순신이 지나치게 진급이 빠르다"는 이유로 논핵論劾: 탄핵되어 취소되었다.

그로부터 1년 후, 선조는 다시 이순신을 남쪽 요해지에 정송定送하여 공을 세우게 하라는 전교를 내렸다.


선조는 신하들의 반발과 논핵을 피하기 위해 벼슬의 각 단계마다 임명하여 제수하고 승진시키는 방법을 썼다.

선조는 먼저 이순신을 정읍현감종6품 중대장급에서 고을을 다스리는 진도군수珍島郡守: 종4품 대대장급로 승진시켰고, 그가 부임지에 부임하기도 전에 종3품 가리포첨절제사加里浦僉節制使 연대장급로 전임시켰다. 이어 선조는 이순신이 가리포에 부임하기도 전에 다시 정3품 전라좌수사사단장급 ★★에 전임하게 하였다.

또한, 선조는 이경록도 전라도의 요지인 나주목사정3품에 제수하였다. 계속되는 대신들의 반대에도 불구하고 선조는 이순신을 수사정3품 사단장급 ★★로 삼으려는 심지를 굳혔다.

그는 이경록의 발탁은 천천히 생각하여 결정하겠다고 하면서도 이순신의 수사 발탁은 개정할 수 없다고 하며 밀어붙였다. 이렇게 1591년 이순신은 47세에 정3품 당상관인 절충장군折衝將軍 전라좌도 수군절도사에 발탁되어 임명되었다. 「선조실록」 25권, 선조 24년 2월 1일 무진 5번째 기사 특히 당시 신하들의 반대에도 불구하고, 선조대왕은 중대장급인 이순신을 초고속 승진시켜 사단장급으로 일시에 승진시킨 것이다. 이후에도 부제학정3품 김성일金誠一 등 많은 신하가 "그이순신의 경험이 모자라다는 것을 이유"로 들어 그와 같은 선조의 결정을 반대하였으나, 선조는 이순신을 신임하였다.

한편, 사간원은 전라 좌수사에 초수招授: 불러 임명된 이순신의 체차遞差: 다른 사람으로 바꾸는 일을 이르던 말를 청했다.

사간원이 아뢰기를, "이순신은 경력이 매우 얕으므로 중망(衆望)에 흡족할 수 없습니다. 아무리 인재가 부족하다고 하지만 어떻게 현감(종6품 중대장급)을 갑자기 수사(水使 정3품 사단장급 ★★)에 승임시킬 수 있겠습니까. 요행의 문이 한번 열리면 뒤 폐단을 막기 어려우니 빨리 체차시키소서."

「선조실록」25권, 선조 24년 2월 16일 계미 2번째 기사

그러나 선조대왕은 "이순신의 일이 그러한 것은 나도 안다. 다만 지금은 상규에 구애될 수 없다. 인재가 모자라 그렇게 하게 하지 않을 수 없었다."고 답하였다.


한편 초고속으로 승진한 이순신은 부임지에 부임하자마자 전쟁에 대비하고자 휘하에 있는 각 진의 실태를 파악하였으며, 무기와 군량미를 확충하고 거북선을 건조하는 등 군비를 강화하였다.

임진왜란 발발 직전인 1592년에 이순신은 왜는 섬이니 왜군의 수군이 강할 것이라고 예단해 수군을 육지로 올려보내 수비를 강화하라는 조정의 명에 대하여, "수륙의 전투와 수비 중 어느 하나도 없애서는 아니 되옵니다."라고 주장하였다. 그 결과 임진왜란이 일어나기 직전 이순신의 감독 아래에 있던 전라좌수영은 20여 척최소 26척 최대 29척의 판옥선을 보유할 수 있었다.

# 거북선의 등장과 첫 전투

## 거북선의 등장

태종 13년 2월 5일, 『실록』에는 거북선이 등장한다. 임금(태종 이방원)이 임진도(臨津渡)를 지나다가 거북선[龜船]과 왜선(倭船)이 서로 싸우는 상황을 구경하였다는 것이다.

태종 15년, 좌대언(左代言: 승정원 정3품 벼슬) 탁신(卓愼)이 병비(兵備)에 대한 사의(事宜: 일의 내용)를 태종에게 올리는 장면에서도 거북선이 언급된다.

"거북선의 법(사용법)은 많은 적과 충돌하여도 적이 능히 해하지 못하니 가위 결승(決勝)의 좋은 계책이라고 하겠습니다. 다시 견고하고 교묘하게 만들게 하여 전승(戰勝)의 도구를 갖추게 하소서."

## 거북선의 첫 번째 전투, 사천해전

전라우수영군의 합류가 늦어지자, 7월 8일(음력 5월 29일)에 이순신은 뱃머리를 돌려 노량으로 향하였다. 그곳에서 원균의 경상우수영군을 만났다. 이날 사천 선창에 있던 왜군을 공격하여 적선 30여 척을 쳐부수었다. 이것이 바로 사천해전이다.

이 전투에서 이순신은 왼쪽 어깨 위에 관통상을 입었다. 이 해전은 두 번째 출동하여 벌어진 첫 번째 전투였고, 또한 거북선이 출전한 첫 번째 전투이다.

# 제 3 부

# 500년 역사
# 조선국
# 국왕의 가계

# 조선왕의 가계

보물 **조선왕조 어보, 어책, 교명**

## 제26장

# 사왕손과 양무장군

조선왕조 500년의 시작이 되는 이성계의 4대 조상을 일컬어 사왕
손이라고 한다. 목조, 익조, 도조, 환조이다.

## 목조대왕

이성계의 고조부 이안사는 1274년고려 원종 15 3월 10일에 별세하였
다. 경흥慶興 남쪽에 장사 지냈다가 그 후 1410년태종 10 경인년에 함흥
서북쪽으로 이장했다. 이른바 덕릉德陵이다.

이성계 4대조 이안사의 덕릉(德陵)과 부인 이 씨의 안릉(安陵), 쌍릉이다. 이성계 즉위 후
목왕(穆王)과 효비(孝妃)로 하였다가 태종 때에 목조(穆祖)와 효공왕후로 다시 추존하였다.
현재 북한에 있어 사진을 구할 수 없으며 일제강점기 조선총독부 '조선고적도보' 사진이다.


## 익조대왕


목조대왕 이안사의 후계는 4남 "행리行里"로 원나라 조정으로부터
천호千戶 벼슬을 이어받았다. 여몽연합군의 일본 정벌에 함께 나아갔
다가 충렬왕을 만났을 때 선친 때의 이주가 배반이 아니라 위험을 벗
어나기 위함이었음을 아뢰고 의심을 벗었다고 한다.

이후 원나라의 이민족 배척과 여진족의 적대행위가 계속되는 바
그들의 영향력을 벗어나기 위하여 오동斡東에서 덕원德源으로 돌아와
쌍성 지역을 계속 관할하고 지내다 승하했다.




**조선국 왕자 경평군**

이성계 3대조 익조 이행리의 지릉(智陵)과 부인 최 씨의 능(陵)이다.
현재 북한에 있어 사진을 구할 수 없으며 일제강점기 조선총독부 '조선고적도보' 사진이다.

태조 이성계는 '익왕翼王'이라 칭했고, 태종 때에 '익조翼祖'로 추존하니 능은 지릉智陵이다. 부인 정숙왕후 최 씨의 능은 숙릉淑陵으로 남편과 떨어져 모셨다. 최 씨의 상여가 출발하여 지릉으로 향하는 도중에 한 고개에 이르자 상여가 갑자기 저절로 부서져 더 갈 수가 없어 근처에 장례를 모신 탓이라고 한다.

이춘, 즉 도조를 모신 흥남의 의릉(義陵). 곡장을 둘렀으며 묘 하단이 아닌
바로 앞에 정자각을 세웠고 왼쪽으로 관리사로 보이는 건물이 있다.
부인 경순왕후 박 씨의 순릉(純陵)은 별도로 모셨다. '조선고적도보' 사진.

## 도조대왕

익조는 이춘春으로 부친의 벼슬을 이어받았다. 관할 지역에 대농장
을 유지하며 풍부한 재력으로 사병 2천 명을 관리할 수 있었다. 개경
으로 올라가 충숙왕으로부터 하사품도 받아오는 등 왕실과의 관계를
유지하며 지내다가 돌아가니 각각 의릉義陵과 순릉純陵에 모셨다.



**조선국 왕자 경평군**

이성계의 부친 자춘, 즉 환조를 모신 정릉(定陵),
부인 의혜왕후 최 씨의 화릉(和陵)이 뒤편에 자리 잡은 상하릉 형태의 쌍릉이다.
'조선고적도보' 사진.

## 환조대왕

고조부 이안사로부터 증조부 이행리를 거쳐 조부 이춘까지 벼슬을 세습하며 영흥, 함흥 지역에 자리를 잡았다. 조부 이춘의 후계는 장자 자흥에게 이어졌으나 두 달 만에 되돌아갔다. 그 아들 교주咬住는 나이가 어려 계모의 흉계를 물리치고 이성계의 아버지 자춘子春이 임시로 이어받았다. 조카 교주가 성장함에 따라 관직을 돌려주려 했으나 받지 않았다.

고려 공민왕 때 큰 공을 세운 이자춘은 대중대부大中大夫: 종3품 사복경司僕卿: 정3품 벼슬을 하사 받는 등 고려국 중앙에 등장했다.

개경으로 올라온 대중대부大中大夫: 종3품 이자춘은 아들 이성계와 함께 크고 작은 전투에 참여했다. 승승장구함과 아울러 벼슬이 높아지게 되는데 천호千戶 관직에서 만호萬戶: 종4품 관직으로 높아져 함경도로 떠난 그해 승하하여 함흥에 장사 지내니 환조대왕의 정릉定陵이다.

이렇게 이성계의 4대 선조 왕릉은 모두 북한의 함경남도에 모셔져 있다. 2기는 쌍릉으로 함께, 2기는 각각 모시다 보니 여섯 지역에 나뉘어져 있는데 현재 어떤 상태인지는 알 수 없다. 세계유산에도 포함되지 않은 채 말이다. 남북관계가 좋아지면 답사꾼들이 찾아가 볼 날을 기대해본다.

## 양무장군(준경묘와 영경묘)

이성계가 목조穆祖로 추존한 4대조 이안사李安社의 부친은 양무장군이다.

이안사후일 목조대왕는 전주에서 삼척으로 옮기면서 부모의 묘도 이장해 모셨다. 부친 양무장군의 묘가 준경묘濬慶墓, 모친의 묘가 영경묘



조선국 왕자 경평군

강원도 삼척에 위치한
**준경묘(상),**
**영경묘(하) 전경**
출처: 국가유산포털

永慶墓이다.

그 중 준경묘는 5대손 안에 군왕이 나온다는 왕조 창건 전설이 시작된 곳이다. 한 도승이 개토제開土祭 때 소 백百牛 마리를 잡아 올리라고 일러준 것을 흰소白牛로 대신해 천 년 사직이 반으로 줄어 오백 년이 됐다거나, 준경묘 사방 다섯 봉우리의 수명이 각각 1백 년이라 도합 조선왕조 수명이 오백 년이 되었다는 말이 전해온다.

# 조선의 국왕들

조선의 국왕朝鮮-國王은 조선을 통치한 국왕과 왕이 되지는 못했지만 후손에 의해 추존된 국왕을 일컫는다. 대개 묘호로 불리며, 묘호를 올릴 때 공功이 있는 경우에는 '조祖'를, 덕德이 많은 경우에는 '종宗'을 쓴다고 하지만, 개국시조 인 태조를 제외한 세조, 선조, 인조는 당시 집권 세력의 정치적 판단에 의해 종宗에서 조祖로 결정되었다.

세조의 묘호는 본래 신종神宗, 예종睿宗, 성종聖宗 중에서 고를 계획이었으나, 아들 예종의 강력한 뜻에 의해 세조世祖로 결정되었다.

제10대 연산군과 제15대 광해군은 각각 중종반정과 인조반정에 의해 왕위에서 폐위되었기 때문에 종묘에 오르지 못하였고 시호나 묘호 또한 받지 못하였고, 군호로만 불린다.

태조부터 추존왕 원종까지의 15명의 왕목조, 익조, 도조, 환조, 단종, 연산군, 광해군 제외은 명나라로부터 시호를 받아 이를 조선왕조에서 자체적으로 추증한 시호의 앞에 붙여 사용했다. 하지만 제16대 인조仁祖 이후 12명의 왕과 추존왕 진종, 문조 등은 청나라로부터 시호를 받았음에도 불구하고 이를 시장諡狀과 대청對淸 외교문서를 제외하고는 청으로부터 받은 시호를 일체 사용하지 않았다.

순종의 경우에 편의상 조선의 마지막27대 임금이라 하고 있지만, 실제로는 조선의 국왕이었던 적이 없다.

| 1대 | 2대 | 3대 | 4대 | 5대 | 6대 | 7대 |
| --- | --- | --- | --- | --- | --- | --- |
| 태조 | 정종 | 태종 | 세종 | 문종 | 단종 | 세조 |

| 8대 | 9대 | 10대 | 11대 | 12대 | 13대 | 14대 |
| --- | --- | --- | --- | --- | --- | --- |
| 예종 | 성종 | 연산군 | 중종 | 인종 | 명종 | 선조 |

| 15대 | 16대 | 17대 | 18대 | 19대 | 20대 | 21대 |
| --- | --- | --- | --- | --- | --- | --- |
| 광해군 | 인조 | 효종 | 현종 | 숙종 | 경종 | 영조 |

| 22대 | 23대 | 24대 | 25대 | 26대 | 27대 |
| --- | --- | --- | --- | --- | --- |
| 정조 | 순조 | 헌종 | 철종 | 고종 | 순종 |

# 조선왕계표

왕명:왕(王) - 성(性):이(李) 27대 518년(환기 8589~9107, 서기1392~1910)

| 대 | 왕명 | 년도 | 재위 | 약사 | 왕능 |
|---|---|---|---|---|---|
| 1 | **태조**太祖 | 8589-1392 | 6 | 휘는 성계(成桂). 고려말 무신으로 왜구를 물리쳐 공을 세우고, 1388년 위화도 회군으로 고려를 멸망시키고 92년 조선왕조를 세움. | 건원릉 |
| 2 | **정종**定宗 | 8595-1398 | 2 | 휘는 방과(芳果). 사병을 삼군부에 편입시킴. 즉위 2년 만에 방원에게 왕위를 물려주고 상왕이 되었음. | 후릉 |
| 3 | **태종**太宗 | 8597-1400 | 18 | 휘는 방원(芳遠). 태조가 조선을 세우는 데 공헌하였으며, 왕자들의 왕위 다툼(왕자의 난)에서 이겨 왕위에 오름. 여러 가지 정책으로 조선왕조의 기틀을 세움. | 헌릉 |
| 4 | **세종**世宗 | 8615-1418 | 32 | 휘는 도. 태종의 셋째아들. 집현전을 두어 학문을 장려하고, 훈민정음을 창제하고, 측우기, 해시계 등의 과학기구를 창제케 함. 외치에도 힘을 써 북쪽에 사군과 육진, 남쪽에 삼포를 두었음. | 건원릉 |
| 5 | **문종**文宗 | 8647-1450 | 2 | 휘는 향(珦). 학문에 밝고 인품이 좋았으며, 세종의 뒤를 이어 유교적 이상 정치를 베풀고 문화를 발달시켰음. | 현릉 |
| 6 | **단종**端宗 | 8649-1452 | 3 | 12살에 왕위에 올랐으나 계유사화로 수양대군에 의해 영월에 유배되었다가 죽임을 당함. 200년 후인 숙종 때 왕위를 다시 찾아 단종이라 하였음. | 장릉 |
| 7 | **세조**世祖 | 8589-1392 | 13 | 휘는 유. 단종을 쫓아내고 왕위에 오른 수양대군. 국조보감(國朝寶鑑), 경국대전(經國大典) 등을 편찬하고 관제의 개혁으로 괄목할 만한 치적을 남김. | 광릉 |
| 8 | **예종**睿宗 | 8665-1468 | 1 | 휘는 광(晄). 세조의 둘째 아들. 세조 때부터 시작한 경국대전을 완성 시켰음. | 창릉 공릉 |



조선국 왕자 경평군

| 9 | **성종**成宗 | 8666-1469 | 25 | 휘는 혈. 학문을 좋아하고 숭유억불, 인재등용 등 조선초기의 문물 제도를 완성함. 경국대전을 편찬함. | 선릉<br>순릉 |
| --- | --- | --- | --- | --- | --- |
| 10 | **연산군**燕山君 | 8691-1494 | 12 | 휘는 융. 폭군으로 무오사화, 갑자사화를 일으켜 많은 선비를 죽임. 중종반정으로 폐위됨. | 연산군<br>묘 |
| 11 | **중종**中宗 | 8703-1506 | 38 | 휘는 역. 혁신정치를 기도하였으나 훈구파의 원한으로 실패하고 1519년 기묘사화, 신사사화를 초래함. | 정릉<br>온릉 |
| 12 | **인종**仁宗 | 8741-1544 | 1 | 장경왕후의 소생. 기묘사화로 없어진 현량과를 부활함. | 효릉 |
| 13 | **명종**明宗 | 8742-1545 | 22 | 휘는 환. 중종의 둘째 아들. 12세에 즉위하여 을사사화, 정미사화, 을유사화, 을묘왜변을 겪음. | 강릉 |
| 14 | **선조**宣祖 | 8764-1567 | 41 | 명종이 후사 없이 승하하자 16세에 즉위. 이이, 이황 등의 인재를 등용하여 선정에 힘썼으나 당쟁과 임진왜란으로 시련을 겪음. | 목릉 |
| 15 | **광해군**光海君 | 8805-1608 | 15 | 휘는 혼. 당쟁으로 임해군, 영창대군을 역모로 죽이고(계축사화), 인목대비를 유폐하는 등 패륜을 많이 저질렀으며 한편 서적편찬 등 내치에 힘쓰고 명나라와 후금에 대한 양면 정책으로 난국에 대처함. 인조반정으로 폐위됨. | 광해군<br>묘 |
| 16 | **인조**仁祖 | 8820-1623 | 26 | 광해군을 몰아내고 왕위에 올랐으나 이괄의 난, 병자호란, 정묘호란을 겪음. (선조의 5남 정원군의 아들) | 장릉<br>휘릉 |
| 17 | **효종**孝宗 | 8846-1649 | 10 | 휘는 호. 인조의 둘째 아들. 병자호란으로 형인 소현세자와 함께 청나라에 볼모로 8년간 잡혀 갔다 돌아와 즉위 후 이를 설욕하고자 국력을 양성하였으나 뜻을 이루지 못함. | 영릉 |
| 18 | **현종**顯宗 | 8856-1659 | 15 | 휘는 연. 즉위 초부터 남인과 서인의 당쟁에 의해 많은 유신들이 희생됨. 대동법을 전라도에 실시하고, 동철제 활자 10만여 글자를 주조함. | 숭릉 |
| 19 | **숙종**肅宗 | 8871-1674 | 46 | 남인, 서인의 당파싸움(기사사화)과 장희빈으로 인한 내환이 잦음. 대동법을 전국으로 확대하고, 백두산 정계비를 세워 국경을 확정함. | 명릉<br>익릉 |

| 20 | **경종**景宗 | 8917-1720 | 4 | 휘는 윤. 숙종의 아들로 장희빈 소생. 신임사화 등 당쟁이 절정에 이름. | 의릉<br>혜릉 |
| 21 | **영조**英祖 | 8921-1724 | 52 | 탕평책을 써서 당쟁을 제거에 힘썼으며, 균역법 시행, 신문고 부활, 동국문헌비고 발간 등 부흥의 기틀을 만듦. 말년에 사도세자의 비극이 벌어짐. | 원릉<br>홍릉 |
| 22 | **정조**正祖 | 8973-1776 | 24 | 휘는 성. 탕평책에 의거하여 인재를 등용하고, 서적보관 및 간행을 위한 규장각을 설치함. 임진자, 정유자 등의 새 활자를 만들고 실학을 발전시키는 등 문화적 황금 시대를 이룩함. | 건릉 |
| 23 | **순조**純祖 | 8997-1800 | 34 | 휘는 공. 김조순(金組淳) 등 안동김씨의 세도정치 시대. 신유사옥을 비롯한 3차례의 천주교 대탄압이 있었음. 1811년 홍경래의 난이 일어남. | 인릉 |
| 24 | **헌종**憲宗 | 9031-1834 | 15 | 휘는 환(奐). 8세에 즉위하여 왕5년에 천주교를 탄압하는 기해사옥이 일어났음. | 경릉 |
| 25 | **철종**哲宗 | 9046-1849 | 14 | 휘는 변. 헌종이 후사 없이 죽자 대왕대비 순원황후의 명으로 즉위함. 왕 2년 김문근(金汶根)의 딸을 왕비로 맞아들여 안동 김씨 세도정치가 시작됨. 진주민란 등 민란이 많았음. 병사함. | 예릉 |
| 26 | **고종**高宗 | 9060-1863 | 44 | 휘는 희(熙). 흥선대원군의 둘째 아들. 대원군과 민비의 세력다툼, 구미열강의 문호개방 압력에 시달림. 1907년 헤이그 밀사사건으로 퇴위함. 임오군란이 일어남. | 홍릉 |
| 27 | **순종**純宗 | 9104-1907 | 3 | 이름은 척(拓). 고종의 둘째 아들. 1910년 일본에 나라를 빼앗겨 35년간 치욕의 일제 시대를 보내게 됨. 이왕(李王)으로 불림. | 선릉<br>순릉 |
| (멸망) | | 1907-1910 | | | |

## 조선 왕의 왕묘 및 시호

### | 조선국(1392~1897년) 왕의 묘호 및 시호 |

| 대 | 묘호 | 시호 | 휘 | 왕자 당시 작위 | 외칭 |
|---|---|---|---|---|---|
| (추존) | **목조**穆祖 | 인문성목대왕<br>仁文聖穆大王 | 이안사<br>李安社 | | |
| (추존) | **익조**翼祖 | 강혜성익대왕<br>康惠聖翼大王 | 이행리<br>李行里 | | |
| (추존) | **도조**度祖 | 공의성도대왕<br>恭毅聖度大王 | 이춘<br>李椿 | | |
| (추존) | **환조**桓祖 | 연무성환대왕<br>淵武聖桓大王 | 이자춘<br>李子春 | | |
| 1 | **태조**太祖 | 강헌대왕<br>康獻大王 | 이성계李成桂<br>이단李旦 | | 강헌왕<br>康獻王 |
| 2 | **정종**定宗 | 공정대왕<br>恭靖大王 | 이방과李芳果<br>이경李敬 | 영안대군<br>永安大君,<br>왕세자 | 공정왕<br>恭靖王 |
| 3 | **태종**太宗 | 공정대왕<br>恭定大王 | 이방원<br>李芳遠 | 정안대군<br>靖安大君,<br>왕세자 | 공정왕<br>恭定王 |
| 4 | **세종**世宗 | 장헌대왕<br>莊憲大王 | 이도<br>李祹 | 충녕대군<br>忠寧大君,<br>왕세자 | 장헌왕<br>莊憲王 |
| 5 | **문종**文宗 | 공순대왕<br>恭順大王 | 이향<br>李珦 | 왕세자 | 공순왕<br>恭順王 |
| 6 | **단종**端宗 | 공의대왕<br>恭懿大王 | 이홍위<br>李弘暐 | 왕세손,<br>왕세자 | 노산군<br>魯山君 |
| 7 | **세조**世祖 | 혜장대왕<br>惠莊大王 | 이유<br>李瑈 | 수양대군<br>首陽大君 | 혜장왕<br>惠莊王 |

| 8 | **예종**睿宗 | 양도대왕<br>襄悼大王 | 이황<br>李晄 | 해양대군<br>海陽大君,<br>왕세자 | 양도왕<br>襄悼王 |
| 9 | **성종**成宗 | 강정대왕<br>康靖大王 | 이혈<br>李娎 | 잘산군<br>乽山君 | 강정왕<br>康靖王 |
| 10 | **연산군**燕山君 | - | 이융<br>李㦕 | 왕세자 | 헌천홍도경<br>문위무왕憲<br>天弘道經文<br>緯武王 |
| 11 | **중종**中宗 | 공희대왕<br>恭僖大王 | 이역<br>李懌 | 진성대군<br>晉城大君 | 공희왕<br>恭僖王 |
| 12 | **인종**仁宗 | 영정대왕<br>榮靖大王 | 이호<br>李峼 | 왕세자 | 영정왕<br>榮靖王 |
| 13 | **명종**明宗 | 공헌대왕<br>恭憲大王 | 이환<br>李峘 | 경원대군<br>慶原大君 | 공헌왕<br>恭憲王 |
| 14 | **선조**宣祖 | 소경대왕<br>昭敬大王 | 이연<br>李昖 | 하성군<br>河城君 | 소경왕<br>昭敬王 |
| 15 | **광해군**光海君 | - | 이혼<br>李琿 | 광해군<br>光海君,<br>왕세자 | 체천흥운준덕홍공신<br>성영숙흠문인무서륜<br>입기명성광렬융봉현<br>보무정중희예철장의<br>장헌순정건의수정창<br>도숭업왕體天興運<br>俊德弘功神聖英肅<br>欽文仁武綏倫立紀<br>明誠光烈隆奉顯保<br>懋定重熙睿哲莊毅<br>章憲順靖建義守正<br>彰道崇業王 |
| 16 | **인조**仁祖 | 헌문대왕<br>憲文大王 | 이종<br>李倧 | 능양군綾陽君,<br>능양대군<br>綾陽大君 | 장목왕<br>莊穆王 |
| 17 | **효종**孝宗 | 선문대왕<br>宣文大王 | 이호<br>李淏 | 봉림대군<br>鳳林大君,<br>왕세자 | 충선왕<br>忠宣王 |
| 18 | **현종**顯宗 | 순문대왕<br>純文大王 | 이연<br>李棩 | 왕세손,<br>왕세자 | 장각왕<br>莊恪王 |
| 19 | **숙종**肅宗 | 현의대왕<br>顯義大王 | 이순李焞 | 왕세자 | 희순왕<br>僖順王 |
| 20 | **경종**景宗 | 덕문대왕<br>德文大王 | 이윤<br>李昀 | | 각공왕<br>恪恭王 |

| 21 | **영조**英祖 | 지행대왕<br>至行大王 | 이금<br>李昑 | 연잉군延礽君,<br>왕세제 | 장순왕<br>莊順王 |
| 22 | **정조**正祖 | 문성대왕<br>文成大王 | 이산<br>李祘 | 왕세손, 동궁 | 공선왕<br>恭宣王 |
| 23 | **순조**純祖 | 연덕대왕<br>淵德大王 | 이공<br>李玜 | 왕세자 | 선각왕<br>宣恪王 |
| 24 | **헌종**憲宗 | 경문대왕<br>經文大王 | 이환<br>李奐 | 왕세손 | 장숙왕<br>莊肅王 |
| 25 | **철종**哲宗 | 희륜대왕<br>熙倫大王 | 이원범李元範<br>이변李昪 | 덕완군<br>德完君 | 충경왕<br>忠敬王 |
| 26 | **고종**高宗 | 태황제<br>太皇帝 | 이재황李載晃<br>이희李熙 | 익성군<br>翼城君 | 광무황제<br>光武皇帝 |

## | 대한제국 (1897~1910년) |

| 대 | 묘호 | 시호 | 휘 | 왕자 당시 작위 | 외칭 |
| --- | --- | --- | --- | --- | --- |
| (추존) | **태조**太祖 | 고황제<br>高皇帝 | 이성계李成桂<br>이단李旦 | 경의군敬義君,<br>효장세자<br>孝章世子 | |
| (추존) | **진종**眞宗 | 소황제<br>昭皇帝 | 이행<br>李緈 | 사도세자思悼<br>世子, 장헌세자<br>莊獻世子, 장종 | |
| (추존) | **장조**莊祖 | 의황제<br>懿皇帝 | 이선<br>李愃 | 왕세손 | |
| (추존) | **정조**正祖 | 선황제<br>宣皇帝 | 이산<br>李祘 | | |
| (추존) | **순조**純祖 | 숙황제<br>肅皇帝 | 이공<br>李玜 | 효명세자<br>孝明世子, 익종 | |
| (추존) | **문조**文祖 | 익황제<br>翼皇帝 | 이영<br>李旲 | 왕세손 | |

| 대 | 칭호 | 휘 | | 기타 호칭 | 외칭 |
|---|---|---|---|---|---|
| (추존) | **헌종**憲宗 | 성황제<br>成皇帝 | 이환<br>李奐 | 덕완군<br>德完君 | |
| (추존) | **철종**哲宗 | 장황제<br>章皇帝 | 이원범李元範<br>이변李昪 | 익성군翼城君,<br>명복 | |
| 1 | **고종**高宗 | 태황제<br>太皇帝 | 이재황李載晃<br>이희李熙 | 왕세자,<br>왕태자,<br>황태자 | 광무황제<br>光武皇帝<br>이태왕<br>李太王 |
| 2 | **순종**純宗 | 효황제<br>孝皇帝 | 이척<br>李拓 | | 융희황제<br>隆熙皇帝<br>이왕李王 |

## | 일제강점기 이후 (1910~1945년) |

1910년 7월, 대한제국이 일본에 의해 강제 병탄되면서 대한제국은 멸망하였다. 이로써 조선, 혹은 대한제국은 더 이상 존재하지 않게 되었으나 구 대한제국의 황족 및 황족의 지위는 병합 조약에 의거, 일본 황실령 34호로 이왕직李王職이 설치되고 일본의 귀족 체제로 흡수, 재편되면서 왕계王係는 이어지게 되었다. 황제는 이왕李王으로, 황태자는 왕세자로 지위가 격하되었으며, 일본의 황족에 준한 대우를 받았다.

창덕궁 이왕으로 불리던 순종이 1926년 사망하며 이왕의 위는 황태자영친왕 은垠이 계승했으며, 영왕과 영왕비 마사코의 아들인 구玖가 이왕세자가 되었다.

| 대 | 칭호 | 휘 | 재위 기간 | 기타 호칭 | 외칭 |
|---|---|---|---|---|---|
| 1 | **고종** | 재황 | 1910 - 1919 | | 이태왕<br>李太王 |



**조선국 왕자 경평군**

| 2 | **순종** | 척 | 1919 - 1926 | | 이왕<br>李王 |
| 3 | **의민황태자**<br>懿愍皇太子 | 은<br>垠 | 1926 - 1945 | 영친왕,<br>황태자 | 이왕<br>李王 |

## | 광복 이후 (1945년~) |

1945년 일본의 패망과 함께 조선이 독립하자 이왕의 지위 또한 소멸했으며, 1948년 대한민국, 조선민주주의인민공화국의 성립과 함께 공식적으로 왕조의 복고 가능성 또한 없어졌다. 따라서 이하의 계보는 조선의 국왕에 대한 것은 아니다.

현재 (사)전주이씨대동종약원은 전통과 문화유산의 보존 등을 위하여 지속적으로 종묘 제례 등을 거행하고 있으며 왕계를 잇는 제주祭主로서 의친왕의 손자인 '이원'을 황사손으로 하며, 영친왕과 이구씨에게 의민황태자 영왕, 회은황태손 등의 시호를 칭하고 있지만 엄밀히 말해 이것은 공식적인 것이 아니라 사시私諡이다.

| 대 | 칭호 | 휘 | 기타 호칭 | 외칭 |
|---|---|---|---|---|
| | **의민황태자**<br>懿愍皇太子 | 은<br>垠 | 영친왕英親王,<br>황태자 | 이왕<br>李王 |
| | **회은황태손**<br>懷愍皇太孫 | 구<br>玖 | 영친왕,<br>황태자 | 이왕세자<br>李王世子 |
| | **황사손**<br>皇嗣孫 | 원<br>源 | | |

## | 추존왕 |

| 대 | 묘호 | 시호 | 휘 | 비고 |
|---|---|---|---|---|
| (추존) | **덕종**德宗 | 의경대왕<br>懿敬大王 | 이장<br>李暲 | 성종에 의해 추존됨. 성종의 아버지. 도원군, 의경세자(懿敬世子). |
| (추존) | **원종**元宗 | 장효대왕<br>章孝大王 | 이부<br>李琈 | 인조에 의해 추존됨. 원래는 대원군(大院君)으로 추봉되었음.인조의 아버지. 선조의 서자. 정원군(선조의 5남), 정원대원군(定遠大院君). |
| (추존) | **진종**眞宗 | 효장대왕<br>孝章大王 | 이행<br>李緈 | 정조에 의해 추존됨. 정조의 양부(養父). 효장세자(孝章世子). |
| (추존) | **장조**莊祖 | 장헌대왕<br>莊獻大王 | 이선<br>李愃 | 고종에 의해 추존됨. 원래는 장종(莊宗)으로 추존. 정조의 생부(生父). 사도세자. 장헌세자. |
| (추존) | **문조**文祖 | 효명대왕<br>孝明大王 | 이영<br>李旲 | 헌종에 의해 추존됨. 원래는 익종(翼宗)으로 추존. 대한제국 선포 후 고종에 의해 문조로 추존. 헌종의 아버지 효명세자. |

## | 비전통 조선국 국왕 |

| 대 | 시호 | 휘 | 비고 |
|---|---|---|---|
| 비정통국왕 | | 이제<br>李瑅 | 흥안군(선조 10남) 이제(李瑅)는 계해정변(인조반정) 후 11개월이 지난 혼란기에 명분파 장수 이괄과 함께 흥안군반정(일명 이괄의 난)을 성공시켜, 음력으로 1624년(2월 11일부터~ 17일까지) 왕으로 추대되어 경복궁 앞에서 즉위식을 거행하고 등극한 조선시대 최 단기 국왕이다. |



조선국 왕자 경평군

# 조선국 국왕 직계 혈통 계보도 분류 및 국왕 계보도

조선의 임금들은 전주 이씨의 조선 태조의 후손들로 1392년부터 1897년까지 혈통이 이어졌다. 이후 나라의 이름을 대한제국으로 바꾸면서 1910년까지 황제가 되어 나라를 다스렸으며, 국권을 빼앗긴 이후로는 국정의 실권은 없지만 "황실의 수장"으로서의 자리가 세습되어 내려왔다.

1. 태조의 자손들

2. 인조의 자손들

3. 고종의 자손들

# 계보도와 가계도

계보도 표기는 조선의 왕가혈통을 중심으로 한 것이다. 왕권승계 관계는 왕과 부자관계 혹은 양자관계, 혈통관계 등으로 표기하였다.

가계도는 친아버지-친아들, 혈족관계를 중심으로 표시하였으며, 유아기에 사망하여 특별한 호칭이 없는 사람도 제외하였다. 그 외의 순서는 태어난 시기를 따져 표기하였다.

## 태조의 자손들(태조 혈통 계보)

다음은 조선을 건국한 태조의 자손들이다. 태조를 중심으로 한 혈통계보로 제1대 태조부터 광해군과 흥안군까지 계보이다.

제1대 태조이성계부터 ⇨ 제15대 광해군선조 2남 ⇨ 마지막 흥안군선조 10남까지이며, 인조반정1623년 4월 11일 후 11개월이 지난 혼란기에 명분파에 의하여 흥안군은 음력으로 1624년2월 11일부터 17일까지 왕으로 추대되어 경복궁 앞에서 즉위식을 거행하고 등극한 조선시대 최 단기 국왕이다.



조선국 왕자 경평군

# 인조의 자손들(인조 혈통 계보)

다음은 제16대 인조의 자손들이다. 인조를 중심으로 한 혈통계보로 제16대부터 제25대 철종까지 계보이다.

제16대 인조부터 광해군과는 숙질간 ⇨ 제17대 효종봉림대군 ⇨ 제23대 순조정조의 차남 ⇨ 제24대 헌종조손간 ⇨ 제25대 철종헌종의 7촌간까지이다.

# 고종의 자손들(고종 혈통 계보)

다음은 대한제국의 초대 황제 고종의 자손들이다. 고종을 중심으로 한 혈통계보로 제26대부터 제27대 순종까지 계보이다.

제26대 고종부터 철종의 17촌간 ⇨제27대 순종까지로 조선왕조 27대 국왕혈통 계보도이다.

# 조선국 국왕 계보도

- 1대 태조
- 2대 정종 / 3대 태종
- 양녕대군 / 4대 세종
- 5대 문종 / 7대 세조
- 6대 단종 / 덕종 / 8대 예종
- 9대 성종
- 10대 연산군 / 11대 중종
- 폐세자 이고 / 12대 인종 / 13대 명종 / 덕흥대원군
- 순회세자 / 14대 선조
- 15대 광해군 / 원종 / 흥안군(비정통국왕)
- 폐세자 이지 / 16대 인조
- 소현세자 / 17대 효종 / 인평대군
- 18대 현종 / 복녕군
- 19대 숙종 / 의원군
- 20대 경종 / 21대 영조 / 안흥군
- 장조(사도세자) / 이진익
- 진종(의소태자) / 22대 정조 / 은언군 / 이병원
- 문효태자 / 23대 순조 / 전계대원군 / 남연군
- 문조 / 25대 철종 / 흥선대원군
- 24대 헌종 / 26대 고종
- 27대 순종 / 의민태자



조선국 왕자 경평군

# 조선왕조 최고 기록과 봉작, 품계

# 500년의 역사, 최고와 최초의 기록들

 조선 마지막 왕인 순종 임금은 2세 때에 세자로 책봉되어 32년간을 세자 신분으로 지냈다.

 조선조에는 죽은 후에 왕으로 추존된 인물이 5명인데, 덕종은 세조(수양대군)의 아들로서 세조 1년에 세자로 책봉되었으나 즉위 전에 죽었다. 인수대비의 남편이며 슬하에는 월산대군과 성종, 명숙공주 등 3명을 두었다.

원종은 선조의 5남으로 1627년에 왕으로 추존되었다. 인조 등 4남을 두었다.

진종은 영조의 아들로 사도세자와 4촌. 6세에 세자로 책봉되었으나 즉위 전에 죽었다. 양자인 정조가 즉위하자 진종으로 추존되었다.

장조는 유명한 사도세자로서 영조의 둘째 아들이며 정조의 아버지. 부인은 홍봉한의 딸인 혜경궁 홍씨. 당파싸움의 희생양이 되어 아버지 영조에 의해 죽고 1899년 장조로 추존되었다.

익종은 순조의 아들이며 헌종의 아버지. 4세에 세자로 책봉되고 19세 때(순조 27) 대리청정으로 참정하였으나 4년 만에 죽고 뒤에 익종으로 추존되었다.

 세종대왕이 18명으로 가장 많고, 다음이 성종 16명, 2대 정종이 15명 순이다. 딸은 태종이 17명이며, 성종이 12명, 중종과 선조가 11명이었다.

 안변한씨가 1위(태조비: 신의왕후, 덕종비:소혜왕후, 예종비: 장순왕후, 성종비: 공혜왕후, 예종비: 안순왕후, 인조비: 인열왕후)로 가장 많고, 파평윤씨와 여흥민씨가 4명, 청송심씨와 안동김씨가 3명이다.

**자식을 많이 낳은 왕비** 세종대왕비 소헌왕후 심씨는 8남2녀를 낳았다. 성종의 제9비 숙의홍씨도 7남3녀로 공동1위이다.

**가장 짧은 기간 재위한 임금** 12대 인종이며 재임 기간 9개월이었다. 16대 흥안군이며 재임 기간은 7일이었다.

**가장 오랫동안 재위한 임금** 21대 영조로서 51년 7개월로서 반세기 동안 왕좌를 지켰다.

**가장 단명한 임금** 단종애사의 주인공 6대 단종으로서 17세에 사약을 받고 죽었다.

**가장 장수한 임금** 21대 영조로서 83세까지 장수했다

**가장 많은 부인을 둔 임금** 3대 태종과 9대 성종으로서 12명의 부인을 두었으며, 세종대왕은 6명이었다.

**가장 길게 벼슬에 있었던 인물** 조선말엽의 정원용으로서 20세에 급제하여 마지막 영의정을 지낼 때까지 72년간 관직에 있었으며 그는 지극히 검소하여 청백리에 올라있기도 하다.

**호조판서 최장기간 인물** 영의정 정태화의 후손인 정홍순으로 무려 11년간을 호조판서로 재임한 유일무이한 인물. 그는 재정문제에 대한 당대 제일인자의 명성을 날렸다.

**홍문관 대제학 최장기간 인물** 당대의 대문장가 서거정(달성서씨)으로 23년간 재임했다.

**가장 여러 임금 보좌 인물** 태종, 세종, 문종, 단종, 세조, 예종, 성종까지 7대

의 임금을 보좌한 김세민(경주김씨)으로 70년 동안 봉직하면서 7대의 임금을 보좌하는 대기록을 남겼다.

**가장 장수한 인물** 여중추부사 권황(안동)과 죽림칠현의 한 사람인 홍유손으로 모두 99세까지 살았다.

**가장 귀양살이 오랜 인물** 다산 정약용으로 28세 때에 급제하여 벼슬길에 올랐으나 종교문제로 19년간 강진에 유배됨.

**예조판서 최장 기간 인물** 범옹 신숙주로 무려 15년간 예조판서에 재임하는 기록을 남겼다. 그는 뛰어난 어문학자로서 7개 국어에 능통했으며 외교문서는 거의 신숙주의 손을 거쳤다.

**영의정 최장 기간 인물** 유명한 재상 황희정승으로 18년간 지속적으로 재임하는 대기록을 남겼다. 그는 조선 제일의 청백리 관료이자 가장 대표적인 신하이다.

**영의정 최다역임 인물** 최석정(전주최씨)으로서 56세에 영의정이 된 후 8번을 지냈다. 그는 소론의 영수이었다.

**이조판서 최다역임 인물** 42세에 이조판서가 된 박종덕(반남박씨)으로서 무려 18번이나 이조판서에 올랐다. 관료들의 인사권을 쥐고 있는 관직으로서 임금의 절대적인 신임이 있어야 하는 만큼 그는 공평한 인사에 최선을 다한 인물이다.

**한성판윤 최다역임 인물** 이가우(연안이씨)로서 34세에 급제한 후 10번을 한성판윤에 올랐다.

**판서직(장관) 최다역임 인물** 박종래로서 이조, 예조, 병조, 형조, 공조 등 5조판서를 돌아가며 총 15회 지냈다.

`사헌부 수장 최다역임 인물`　13년간 해마다 대사헌에 임명된 권상하(안동권씨)이며 송시열의 수제자이다.

`책을 가장 많이 저술한 인물`　『지봉유설』의 저자 이민구(전주이씨)는 24세에 장원급제한 사람으로서 문장이 뛰어나고 저술을 좋아해서 무려 4천여 권의 책을 저술하였다.

`호를 가장 많이 가진 인물`　유명한 추사체의 창시자 김정희. 그는 약 200개의 호를 지어썼다. 완당, 추사, 노과 등등…

`사직상소를 가장 많이 올린 인물`　영의정이었던 정태화는 37번이나 사직상소(사직서)를 올려 전무후무한 기록을 가지고 있다.

`최연소로 과거에 급제한 인물`　15세의 이건창으로 1866년(고종3) 강화도 별시 문과에 합격했다. (김종서는 16세에 합격했다.)

`최연소로 장원 급제한 인물`　17세의 박호(밀양박씨)는 1584년(선조17) 친시 문과에 장원급제했다. (임진왜란 때 전사.)

`무과출신 급제자중 최연소 인물`　17세의 남이(의령남씨)로 1457년(세조3) 무과에 장원급제. (유자광의 모함으로 주살됨.)

`최연소로 세자에 책봉된 인물`　영조의 아들 사도세자는 2세에 세자로 책봉되었으나 그만 뒤주에 갇혀 죽는 비운의 주인공이 되었다. 사도세자는 10세에 결혼하여 최연소 결혼 기록도 가지고 있다.

`최연소로 영의정이 된 인물`　세종대왕의 손자인 이준(임영대군의 아들)으로서 28세 때 영의정에 특서되었다.

**병조판서 최연소 역임 인물** 권람의 사위인 남이로 27세에 병조판서가 되었다.

**대제학 최연소 역임 인물** 한음 이덕형으로 31세의 나이에 만인의 존경 대상이었던 벼슬의 꽃 홍문관 대제학에 올랐다.

**최초로 기독교 신자가 된 인물** 평북 의주 출신인 이성하로서 고종 11년에 영국 선교사로부터 세례를 받고 한국최초의 기독교 신자가 되었다.

**최초로 천주교 세례교인 인물** 정약용의 매부인 이승훈이 북경에서 그라몽신부에게 세례를 받고 한국 최초의 천주교 신자가 되었다.

**최초로 좌정승이 된 인물** 조선개국 일등공신 배극렴이다. 그는 이성계보다 10살이 많았는데 개국 후 처음으로 좌정승(문하 좌시중)이 되었다.

**최초로 한성판윤이 된 인물** 성석린이 1395년에 초대 한성판윤부사로 임명되는 기록의 보유자가 됐다.

**과거급제 않고 영의정이 된 인물** 황희 정승의 아들 황수신이다. 그는 조상의 음덕으로 벼슬길에 오른 대표적인 인물이다.

**일본에 관해 저술한 최초의 책** 신숙주가 일본 방문을 한 후 저술한 『해동제국기』이다. 일본의 내막을 상세하게 적은 책으로 최초의 일본 안내서가 되었다.

**현존하는 최초의 족보** 세종 5년에 간행된 문화유씨의 「영락보」라고 하는데 불행히도 전하지 않으며, 현존하는 최초의 족보는 1476년의 「안동권씨세보」로 알려져 있다.



조선국 왕자 경평군

# 조선시대 봉작 및 관직표 (18품 30계): 정1품부터 종4품까지

| 품계 / 구분 | | 정1품 | 종1품 | 정2품 | 종2품 | 정3품 | 종3품 | 정4품 | 종4품 |
|---|---|---|---|---|---|---|---|---|---|
| 봉작 | 내명부 | 빈 | 귀인 | 소의 | 숙의 | 소용 | 숙용 | 소원 | 숙원 |
| | 종친 | 현록대부<br>흥록대부 | 소덕대부<br>가덕대부 | 숭헌대부<br>승헌대부 | 중의대부<br>정의대부 | 명선대부<br>창선대부 | 보신대부<br>자신대부 | 선휘대부<br>광휘대부 | 봉성대부<br>광성대부 |
| | 종친처 | 부부인 | 군부인 | 현부인 | 현부인 | 신부인 | 신인 | 혜인 | 혜인 |
| | 문관 | 대광보국<br>숭록대부<br>보국숭록대부 | 숭록대부<br>숭정대부 | 정헌대부<br>자헌대부 | 가의대부<br>가선대부 | 통정대부<br>통훈대부 | 중직대부<br>중훈대부 | 봉정대부<br>봉열대부 | 조산대부<br>조봉대부 |
| | 문관처 | 정경부인 | 정경부인 | 정부인 | 정부인 | 숙부인 | 숙인 | 영인 | 영인 |
| | 무관 | 숭록대부 | 숭록대부<br>숭정대부 | 정헌대부<br>자헌대부 | 가의대부<br>가선대부 | 절충장군<br>어모장군 | 건공장군<br>보공장군 | 진위장군<br>소위장군 | 정략장군<br>선략장군 |
| | 무관처 | 정경부인 | 정경부인 | 정부인 | 정부인 | 숙부인 | 숙인 | 영인 | 영인 |
| 관직 | 의정부 | 영의정<br>좌우의정 | 좌우찬성 | 좌우참찬 | | | | 사인 | |
| | 6조 | | | 판서 | 참판 | 참의, 참지<br>(병조) | | | |
| | 승정원 | | | | | 승지 | | | |
| | 의금부 | | (판사) | (지사) | (동지사) | | | | 경력 |
| | 한성부 | | | 판윤 | 좌우윤 | | | | 서윤 |
| | 사헌부 | | | | 대사헌 | | 집의 | 장령 | |
| | 사간원 | | | | | 대사간 | 사간 | | |
| | 홍문관 | (영사) | | 대제학 | (제학) | 부제학<br>직제학 | 전한 | 응교 | 부응교 |
| | 성균관 | | | (지사) | (동지사) | 대사성 | 사성 | 사예 | |
| | 춘추관 | (영사) | | (지사) | (동지사) | (수찬관) | (편수관) | (편수관) | (편수관) |
| | 군기시 | | | | | 정 | 부정 | | 첨정 |
| | 관상감 | (영사) | | | | 정 | 부정 | | 첨정 |
| | 사역원 | | | | | 정 | 부정 | | 첨정 |
| | 경연 | (영사) | | (지사) | (동지사) | (참찬관) | | (시감관) | |
| | 세자시강원 | (사) | (이사) | (빈객) | (부빈객) | | (보덕) | (필선) | |
| | 내수사 | | | | | | | | |
| | 장원서 | | | | | | | | |
| | 내시부 | | | | 상선 | 상다 | 상약 | 상전 | 상책 |
| | 외관 | | | | 관찰사 | 목사,<br>대도호부사 | 도호부사 | | 군수 |
| | 훈련원 | | | (지사) | | 도정 | 부정 | | 첨정 |
| | 5위 합동<br>참모본부 | | | | 장(將)<br>★★★★ | 상호군<br>★★★ | 대호군<br>★★ | 호군<br>연대장 | 부호군<br>대대장 |
| | 지방 군관 | | | | 병사<br>군사령관<br>★★★★ | 수사<br>군단장<br>★★★ | 절제사<br>사단장<br>★★ | 우후 | 첨절제사<br>만호 |

# 조선시대 봉작 및 관직표: 종5품 이하

| 품계 / 구분 | | 종5품 | 정6품 | 종6품 | 정7품 | 종7품 | 정8품 | 종8품 | 정9품 | 종9품 |
|---|---|---|---|---|---|---|---|---|---|---|
| 봉작 | 내명부 | 상복, 상식 | 상침, 상공 | 상정, 상기 | 전빈, 전의 | 전설, 전제 | 전찬, 전식 | 전등, 전채 | 주궁, 주상 | 주치, 주우 |
| | 종친 | 근절랑 신절랑 | 집순랑 종순랑 | | | | | | | |
| | 종친처 | 온인 | 순인 | | | | | | | |
| | 문관 | 봉직랑 봉훈랑 | 승의랑 승훈랑 | 선교랑 선무랑 | 무공랑 | 계공랑 | 통사랑 | 승사랑 | 종사랑 | 장사랑 |
| | 문관처 | 공인 | 선인 | 선인 | 안인 | 안인 | 단인 | 단인 | 유인 | 유인 |
| | 무관 | 현신교위 창신교위 | 돈용교위 진용교위 | 여절교위 병절교위 | 적순부위 | 분순부위 | 승의부위 | 수의부위 | 효력부위 | 전력부위 |
| | 무관처 | 공인 | 선인 | 선인 | 안인 | 안인 | 단인 | 단인 | 유인 | 유인 |
| 관직 | 의정부 | | | | | | 사록 | | | |
| | 6조 | | 좌랑 | 별제 | | | | | | |
| | 승정원 | | | | 주서 | | | | | |
| | 의금부 | 도사 | | | | | | | | |
| | 한성부 | 판관 | | | 참군 | | | | | |
| | 사헌부 | | 감찰 | | | | | | | |
| | 사간원 | | 정언 | | | | | | | |
| | 홍문관 | 부교리 | 수찬 | 부수찬 | 박사 | | 저작 | | 정자 | |
| | 성균관 | | 전적 | | 박사 | | 학정 | | 학록 | 학유 |
| | 춘추관 | (기주관) | (기사관) | (기사관) | (기사관) | (기사관) | (기사관) | | (기사관) | |
| | 군기시 | 판관 | 별제 | 주부 | | 직장 | | 봉사 | 부봉사 | 참봉 |
| | 관상감 | 판관 | | 교수, 주부 | | 직장 | | 봉사 | 부봉사 | 참봉 |
| | 사역원 | 판관 | | 교수, 주부 | | 직장 | | 봉사 | 훈도 | 참봉 |
| | 경연 | | (검토관) | | (사경) | | (설경) | | (전경) | |
| | 세자시강원 | | (사서) | | (설서) | | | | | |
| | 내수사 | 별좌 | 별제 | 별제 | | 전회 | | 전곡 | | 전화 |
| | 장원서 | | 장원 | 별제 | | | | | | |
| | 내시부 | 상노 | 상세 | 상촉 | 상원 | 상설 | 상세 | 상문 | 상변 | 상원 |
| | 외관 | 도사, 현령 | | 현감, 교수 | | | | | | 훈도 역습 |
| | 훈련원 | 판관 | | 주부 | 참군 | | | 봉사 | | |
| | 5위 합동 참모본부 | 부사직 | 사과 대위 | 부사과 | 사정 중위 | 부사정 소위 | 사맹 준위 | 부사맹 상사 | 사용 하사관 | 부사용 |
| | 지방 군관 | | | 절제도위 | | | | | | |



조선국 왕자 경평군

# 조선시대 무관직 품계표



## 조선시대 무관직 계급

▶ 정1품: 도제조 (참모총장급 ★★★★), 종1품: 제조 (군사령관급 ★★★★)

▶ 정2품: 도총관 (군단장급 ★★★), 임진왜란 이후 품계

　　종2품: 부총관 (중장급 ★★★)

▶ 정3품: 병마절제사 (사단장급 ★★),  종3품: 병마첨절제사 (여단장급준장 ★)

▶ 정4품: 호군(護軍), 군호 (연대장 대령급 )

　　종4품: 부호군(副護軍) 첨정 병마동첨절제사, 만호 (대대장급 중령급)

▶ 정5품: 사직(司直) (소령급), 종5품: 부사직(副司直) (중대장급)

▶ 정6품: 사과(司果) (대위급),

　　종6품: 부사과(副司果), 부장(部將) (중위-대위급)

▶ 정7품: 사정(司正) (중위급),  종7품: 부사정(副司正) (고참 소위급)

▶ 정8품: 사맹(司猛) (소위급), 종8품: 부사맹(副司猛) (상사급)

▶ 정9품: 사용(司勇) (하사관), 종9품: 부사용(副司勇)

※ 오위도총부: 오위를 통솔하기 위해 설치한 관청(일종의 군 사령부, 역시 조선 후기에는 궁궐 경호로 임무가 축소됨), 오위에는 겸직으로 도총관(都摠管 정2품: 군단장급 ★★★ ), 부총관(종2품), 장(정3품 당상관)이 있었고, 단직으로 상호군, 대호군, 호군, 부호군 등이 있었다.

※ 5위(오위): 중위는 경기도·경상도·전라도를 방위하고, 전위는 평안도, 후위는 강원도·함길도, 좌위는 충청도, 우위는 황해도를 방위했다.

※ 오위도총부 기능: 임진왜란 이후에는 도성의 경비만 담당하였다. 현재 수도방위사령부와 같은 기능을 수행, 조선 중기에는 오위도총부 수장인 오위도총관을 주로 종친들이 겸직하여 한성(도성)의 치안을 방위하였다.

※ 조선시대 문무급제: 장원급제 하면 정6품, 별제 급제하면 종6품이 된다.

　　조선왕실문화연구소에서 역사적 사명을 띠고 역사적 사실을 재조명하는 연구서적을 편집하는 기회를 2000년도에 자연스레 얻었다. 원고를 모으고 정리하여 한 권의 책을 만들어가는 일, 누군가는 맡아서 해야 하는 일이지만 막상 시작하고 보니 신경 쓰일 일이 많았다.

　　출판을 위하여 물심양면으로 도와주신 전국대학총장연합회 교수님들에게 심심한 감사를 드립니다.

　　정사正史와 야사野史를 판가름하는 기준은 국가에서 공인한 사서인지에 대한 여부로서, 그 기록의 신뢰도와는 크게 관련이 없는 단어이다. 예를 들어 "허구虛構의 일화라도 실록實錄에 적혀 있다면 정사正史"이다. 역사적 가치와는 별개로 국가에서 공식적으로 이 책이 이 시대를 다룬 "역사서歷史書이다"라고 공인하지 않으면 나머지 역사서歷史書는 모두 야사野史이다.

　　『연려실기술燃藜室記述』—이긍익이 저술한 백과사전식 사서. 야담집의 성향이 강하지만 기사본말체로 서술되어 사서의 형식을 갖추고 있다. 이긍익은 이 책에서 "정치적인 내용을 인과적으로 분류 분석하였고, 객관적이고 실증적으로 서술했다". 여기에 사견을 최대한 배제하였으며, 인용 시에는 반드시 근거를 달았다. 이게 야담집이라고 하면서도 다른 야담집과는 달리 이 곳에 배치된 이유이다. 실제로 연려실기술은 역사서

취급을 받았으며, 연려실기술에 기록된 일화를 사실로 믿은 결과 "사실과는 다른 이미지가 대중들에게 각인된 사례"가 많다.

『승정원일기承政院日記』는 사실 야사가 아니라 역사적 1차 사료이다. 『승정원일기』는 국가에서 공식적으로 편찬한 기록문서記錄文書이다. 중요한 사료이기는 하지만 역사서歷史書의 형식을 갖춰 편성된 책은 아니기 때문에 정사에도 야사에도 포함되지 않는다.

『승정원일기』를 근거로 한 『조선국 왕자 경평군』은 조선왕조 6대조선조부터 광해군, 흥안군, 인조, 효종, 현종까지 국왕 시대를 이해하는 데 중요한 사료이므로, 『승정원일기』가 역사적 오류를 바로잡고 관련 석박사 논문이 많이 나와서 한국사에 조그만 보탬이 되길 소원한다.

乙巳年 로마린다국제학교 總長

이 해 덕 拜上

『승정원일기承政院日記』를 근거로 한 『조선국 왕자 경평군朝鮮國王子 慶平君』이 연천군문화원장의 5년간 사료모집과 연구결과로 출간하게 되어 경평군파慶平君派 종손承旨公을 대표하여 심심深心한 감사를 드립니다.

경평군 후손慶平君後孫은 파시조派始祖 경평군慶平君을 비롯하여 중시조中始祖 영양군嶺陽君, 영흥군嶺興君, 영주군嶺洲君, 영림군嶺臨君 등의 4군四君으로 구성되어 후손後孫이 약 8,000여 명에 이르는 것으로 알고 있습니다.

부디 崇祖敦宗과 眞理不變을 宗中의 座右銘으로 삼아 國家와 民族에 봉사하길 기원하면서, 출판에 수고하신 여러 교수님들과 연천군문화원 관계자 그리고 宗親 여러분에게 이 모든 영광을 올립니다.

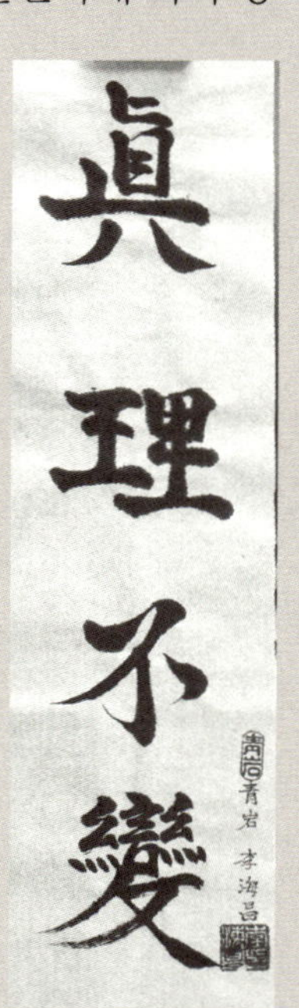

全州李氏慶平君派宗會長

李 海 昌 拜上

경평군파종중의 종손 승지공承旨公 문중을 대표하여 400년 만에 『승정원일기』효종부터 현종까지를 근거로 파시조 경평군慶平君 할아버지를 재평가하는 『조선국 왕자 경평군朝鮮國王子 慶平君』이 출판되어 먼저 후손後孫으로서 감사 올립니다.

지난 5년 동안 자료수집과 연구研究를 주관하신 경기도 연천군문화원 이준용 문화원장님과 로마린다국제대학교 이해덕 총장님 그리고 경평군파종중 이해창 종회장님, 영양군종중 이갑주 종회장님, 영흥군종중 이을용 부회장님, 영주군종중 대모시문중 이정남 직전회장님, 익흥군종중 이원주 총무님, 운계군종중 이해윤 종회장님을 비롯하여 그간 협조해주신 여러 교수님들과 출판사 이주현 사장님과 편집자 여러분의 노고에 종손가承旨公를 대표하여 심심深心한 감사를 올립니다.

전주이씨경평군파 승지공종중 종회장

이 우 석 拜上

2023년
전주이씨 경평군파 시제 및 정기총회
(종훈)
숭조돈종
(표어)
본지백세
- 일시 : 경평군파 시제 및 총회(2023년 11월 19일(양력) 일요일 오전 09시 30분
본빈한씨 기신제(2023년 10월 23일(음력) 오전 09시 30분)
- 주관 : 전주이씨 경평군파 종손 승지공 종중
- 주최 : 전주이씨 경평군파 종중(직계후손 4개종중)
목룡봉양회(인성군파 종중 외 산하종중단체)